王龍溪哲學系統之建構

——以「見在良知」說為中心

高瑋謙 著

國立編譯館◎主編

臺灣學生書局印行

二○○九年十月出版

蔡 序

（一）

　　民國三十八年（1949），中共建政，尊馬列而貶孔聖。從清算鬥爭到文化大革命，一連串的狂飆行動，致使天下百姓一窮二白。最後，中共也承認文革是「十年浩劫」。

　　知過而能改，靈臺恢復清明，乃能回歸理性，終於發現中華文化的傳統，並非一無是處。儒家之學，孔聖之教，乃屬常理常道。苟能在踐行時善加「因、革、損、益」，自能守常應變，得其「時中」。此理本常在，何嘗有斷滅！只因後人不知省思，未能更新，故不免滋生流弊，妨礙進步。此仁人志士之所以動心忍性，奮其孤憤，省察民族文化之優長與短缺，並疏導儒、道、佛三教之價值方向，確立中華民族返本開新的文化道路。是即半世紀來，臺、港、海外的新儒家所開顯的精神方向與學術主張。

　　近二十年來，兩岸老中青三代的學人，在交流溝通的學術活動中，秉持存異求同的態度，逐漸取得多方面的共識，正可作為今後異地同心、分工合作的基礎。這一點，應該是炎黃子孫、中華兒女可以稍感欣慰的一步進展。但前路漫漫，仍需一代一代的人真誠接續，乃可期於終成。

（二）

我為什麼要在一篇書序中，鄭重說出上面一大段話？因為我已見到兩岸的青壯代，對於儒學的研討表述，都能提出自己的見解和感受。這表示新一代的青年學人，已經透顯出他們深入探索和獨立述解的智能。為了免於「苗而不秀，秀而不實」，所以特先略述中華民族在二十世紀堅苦卓絕的奮鬥精神，以相策勉。同時也殷切寄盼新一代的學人能夠懇篤精勤，接續文化慧命，以開創中華人文的新紀元。現在，我再從兩岸青年俊才中各舉一人以作例證。

一位是任教於北京清華大學哲學系的彭國翔博士。他從大學三年級起，便和我隔海通信。他的博士論文《良知學的展開——王龍溪與中晚明的陽明學》，由我向學生書局推薦出版。因而也為該書寫了序文。另一位是任教於臺灣南華大學哲學系的高瑋謙博士。他和我相識多年，如今他的博士論文《王龍溪哲學系統之建構——以「見在良知」說為中心》，已再作修訂，即將由學生書局出版。他也約我撰寫書序。他們二位都注目於中晚明的陽明學，彼此的見解或有同異，卻都能言之成理，持之有故。對於學術上不同的論述，我向來都執持「開放、尊重」的態度。因為對學術作深入的探討和客觀的思考分判，比結論之或同或異更為重要。

明代的儒學，自以陽明學為代表。而彭、高二君，又以王龍溪作為論述的主線，或重視「四無」對「四有」的更進一解，或認定「見在良知」之說，才是龍溪義理系統的核心。從兩人之書以及與二君同年輩的其他青壯學者之論著，我已感受到後起之秀的學術風華。稍假時日，必將成為學術之楨幹。

（三）

在此，我願意就「四有、四無」與「見在良知」，略述一己之見以供參考。彼此的異同，可視為他山之石；而從信持上說，則各尊所聞，各行所知，亦可無諍。

依陽明最後的裁定，良知學的「教法」，實只一套。（故曰「自初學以至聖人，只此功夫。」）而「四無」則是通過「四句教」而達到的化境。在「四無」處，實無所謂「教法」。故最後陽明亦說，依四句教，則「中人上下，無不接著」。而不再說另有一套教法專接利根。而且他還指出：「利根之人，世亦難遇。本體、功夫，一悟全透。此顏子、明道所不敢承當，豈可輕易望人！」這表示，「四無」境界，不宜視為功夫。

至於「見在良知」，實乃通義，固無可疑。疑者只是他誤會不解而已。在陽明學中，良知乃先天生成（現成良知），也是現前具足（見在良知）。它不但是先天具足的本體，而且是「活體」（能妙運生生），故可隨時呈現。既無須「歸寂」而得，也不由「修證」而有。所以說為「見在良知」。（直下肯定，當下即是。）

反過來說，雖然良知具足，但在「致」的過程中，也可以隨時隨事修其偏以證現本體，故「修證」工夫，如有需要，也人人可做。而修證派的人，也並不主張良知是後天修得，不是先天本有。至於「歸寂」，則如同靜坐，可要可不要。你覺得有此必要，便去靜坐歸寂；我覺得無此必要，便不必去靜坐。不能因為你主張歸寂，便指說「知善知惡」的良知，不是真良知。（我在《王陽明哲學》與《王學流衍——江右王門思想研究》二書中，皆有討論，可參閱。）

（四）

再說，見在具足的良知，雖可隨時呈現，但它此刻若未落實於事，則必須有工夫以「致」之，乃能落實起用。故講王學，不能只泛說良知之學，而必揭示「致良知」三字以爲宗旨。良知自覺、自致，一念警覺，良知便能致於物以正物成物。若不推致吾心良知之天理於事事物物，又如何正物、成物？此理平實簡易，豈難知耶！

若問「本體」之外，還另有工夫否？我們的回答是：本體呈現即是工夫，故曰「即本體即工夫」（不離本體而言工夫）。說即本體即工夫，是承體起用；反過來，說即工夫即本體，便是即用見體。若無工夫以「致」此良知，則良知只是潛隱自存的實存、實有，而不是致於物以起用的創生實體。這種「兩即」的句式，一頭說，同時是本體，亦同時是工夫（即本體即工夫）；另一頭又說，同時是工夫，亦同時是本體（即工夫即本體）。說爲二句，不過是迴環言之，反覆鄭重而已。

由「即體即用、體用不二」，還可以進而說「亦無體亦無用」一類的話，如此，便已達於「四無」之境。若從四無說工夫，便只說是「一體而化」，工夫無有工夫相，是之謂「無工夫的工夫」。

以上三、四兩大段，是綜述一些相關的用語，以供讀者參證。

（五）

高君瑋謙，是《鵝湖月刊》的編輯委員，並常有文發表。他經歷艱苦的求學過程而有所成，甚足佩慰。他對龍溪學做過深入的研究，也有自得之見。他修訂後的博士論文，從王龍溪哲學的「思想

背景」、「義理傳承」、「創發開展」、「核心概念」以及「本體觀」、「工夫論」與「歷史評價」等，通盤地建構起龍溪的哲學系統，實已顯示他在學術上爭先馳騁的銳氣。來日或從容涵泳，或相續鑽研與抒發，應可預期他會做出精實的成果。或有積學之士，別有卓見，亦可另起學術之高潮。天下有志者，曷興乎來！是為序。

東海大學榮譽教授　蔡仁厚
戊子冬臘八十屆年於臺中北軒

王 序

　　在唐、牟兩位大師的啟發與引導之下，當前青壯派投入陽明良知學之研究行列的學人，先後有王財貴、林月惠、彭國翔、高瑋謙等人，均有深入傑出的研究成果。

　　高瑋謙先生，是鵝湖團隊的生力軍，由師大國文系、中央哲研所、再文化哲研所博士班，獲博士學位。《王龍溪哲學系統之建構》，就是他的學位論文。此承續他的碩士論文《王門天泉證道研究》，在析論陽明四句教與錢緒山「四有說」、王龍溪「四無說」的義理傳承之外，再更全面也更上層樓的標舉「見在良知」，將深藏在「四無說」底層的核心理念抉發出來，故有「『四無說』的義理基礎在『見在良知』」的論定說解。

　　牟宗三先生認為「見在良知」本是良知之存有論的存有問題，而無工夫義；而唐君毅先生則將龍溪之學畫歸於「悟本體即工夫」的王門支派，直接肯定了「見在良知」的工夫義。故高瑋謙先生之「即本體即工夫」的詮釋論點，較近於唐先生。

　　本論文的撰寫，作者的自我定位，就在哲學系統的建構，而不在思想史的探索。先就孔孟、陸王的心學傳統，論述王龍溪哲學的思想背景；再專就陽明的致良知教，闡明王龍溪哲學的義理傳承；而「四無說」的提出，則凸顯了王龍溪哲學的創發開展。這一專家

哲學的系統建構，分就核心概念的析論、本體觀的解悟與工夫論的架構三階段進行。最後歸結在王龍溪哲學的歷史評價，對陽明後學「脫略工夫」的質疑，劉蕺山「虛玄而蕩」的批判，與黃梨洲「流入佛老」的譏刺，均本王龍溪之哲學系統本身，一一做出理論性的回應，說龍溪之學不僅不「近於禪」，也不「近於老」，反而顯發了以良知二字「範圍三教之宗」的師門傳統。不過，另一方面也對王龍溪之「取徑高明」的究竟進路，在方便教法上不免帶來「躐等之病」，而給出了「立教不當」的論斷。

致良知教重在實踐，王財貴、高瑋謙在良知學的理論研析之外，更著重的是儒學人文化成的外王志業。十幾年來兩位儒者均本其真性情，投入了兒童讀經的新時代志業，而卓然有成。王財貴帶頭開創，高瑋謙追隨奮起，鵝湖團隊堅持了三十五年的文化奮鬥，不論是《月刊》或《學誌》的流傳，均限於學術文化界，而真正能深入民間、扎根鄉土而開花結果的，卻是兒童讀經的推動，許給在迷亂年代成長的新生代，一個可以期待的美好未來。

經多年來的辛勤耕耘，兒童讀經的社會運動，已在全球華人地區遍地開花，不再花果飄零，而可以靈根自植，這是何等重大突破而令人感動的大事。王、高兩家堪稱讀經家庭，除了自家承擔讀經志業，夫妻檔也共同開辦在家自學的讀經班，幾乎無個人生活空間，子女都在讀經班成長，甚至進入各大學哲研所深造，儼然經典傳家，這樣的使命感與行動力，真正體現了陽明「致良知」的實踐精神，也延續了王龍溪「見在良知」的義理命脈。

以是之故，《王龍溪哲學系統之建構》，不僅是一部理論性的學術論著，在概念清晰、論證謹嚴的背後，則是生命存在感與文化

使命感的融攝印證。本人說是指導教授，實則是這一即理論即實踐
之研究歷程的見證者。故這一部學術論著，讀來不覺沉重，心中湧
現的是「學而時習」的「悅」與「有朋遠來」的「樂」，而走向這
一學術生涯漫漫長路的最後支撐，該是「人不知而不慍」的「君
子」人格吧！願與普天之下的有心人共勉分享。

王邦雄　序於淡江中文系

民國九十八年二月

第一章　前　言

一

　　王龍溪（名畿，字汝中，別號龍溪，1498-1583）為王陽明（名守仁，字伯安，世稱陽明先生，1472-1528）門下最重要的弟子之一，對王陽明的學說思想有非常深切的體會，特別是對於王陽明晚年所揭櫫的「四句教」：「無善無惡是心之體，有善有惡是意之動，知善知惡是良知，為善去惡是格物。」更有獨到之慧解。故王龍溪後來在天泉證道中另提「四無」新說，實乃因為頓悟「四句教」首句「無善無惡心之體」而來，王陽明曾允其為「傳心秘藏」，更視之為「天機發泄」。❶依此，則王龍溪可謂得王陽明思想之真傳也。

　　而王龍溪在經過天泉證道上王陽明的一番印可之後，根據《明儒學案》作者黃梨洲（名宗羲，字太沖，號南雷，世稱梨洲先生，1610-

---

❶　依〈天泉證道記〉所載，陽明對於龍溪提出「四無」之說嘗評論曰：「汝中所見，我久欲發，恐人信不及，徒增躐等之病，故含蓄到今，此是傳心秘藏，顏子明道所不敢言者。今既已說破，亦是天機該發泄時，豈容復秘？」見王畿：《王龍溪全集》（臺北：華文書局，1970 年），第一冊，卷一，〈天泉證道記〉，頁 92。

1695）的說法：「自此印正，而先生之論大抵歸於四無。」❷或許正基於這樣一種普遍的印象，後儒中遂有以為龍溪「四無」之說「談不離口」者。❸其實若從《王龍溪全集》中作一文獻上的考察，則除了述及天泉證道一事外，幾乎找不到直接表示「四無」的語句，反而更多的是圍繞在「良知」這個概念而論及本體與工夫方面的陳述。所以，細玩梨洲「先生之論大抵歸於四無」之意，當指龍溪無論是談本體或是論工夫總不脫「四無」之意旨，而非直接搬弄「四無」的文句。因此，如果跳開天泉證道上「四無」說這一種絕無僅有的表達方式，直探「四無」說背後的根本洞見而抉發其義理基礎，則「見在良知」恐怕是更為核心的表達吧！

何謂「見在良知」呢？簡言之，即強調良知具有「見在性」是也，亦即顯表「良知」為「當下具足且隨時可以呈現」者也。❹良知既「當下具足」且「隨時可以呈現」，則不僅成聖有當下必然的根據，道德實踐亦成為即時可見之行。若然，則吾人隨時可從「見在良知」處立基以作工夫也。龍溪云：「若果信得良知及時，只此知是本體，只此知便是工夫。良知之外，更無致法；致知之外，更無養法。」❺因此，所謂的「體」與「用」，「本體」與「工

---

❷　黃宗羲：《明儒學案》（臺北：華世出版社，1987 年），上冊，卷十二，〈浙中王門學案二〉，頁 239。

❸　許敬庵〈九諦〉中之「諦九」曾云：「其後四無之說，龍溪子談不離口。」參見同上，中冊，卷三十六，〈泰州學案五〉，頁 868。

❹　牟宗三先生曾云：「夫『見在良知』之語原只示良知本有，可隨時呈露。」參見氏著：《從陸象山到劉蕺山》（臺北：臺灣學生書局，1984 年），第五章，頁 414。

❺　王畿：《王龍溪全集》，第三冊，卷十六，〈魯江草堂別言〉，頁 1137。

夫」，似乎皆一齊凝合於「當下」之中。

　　因此，若依龍溪「見在良知」的概念，良知既「當下具足且隨時可以呈現」，則直接順承此良知本體以為工夫，更將心、意、知、物一齊泯化而歸於無善無惡之境，當該是義理上自然可以推導出來的結論。若無對於「見在良知」之頓悟與肯認，亦將從何而言「四無」之「體用顯微只是一機，心意知物只是一事」的理境呢？所以，從義理上來分析，「見在良知」這個概念在龍溪的思想體系中無疑是居於核心的地位，較諸「四無」說更能凸顯「本體」與「工夫」的意涵，而且把「四無」說所隱含之「即本體即工夫」的洞見表達得更為親切明白，甚至於吾人可說「四無」之理境亦必先悟得「見在良知」方有下手處也，故筆者認為「四無」說的義理基礎在「見在良知」。❻

　　黃梨洲曾曰：「自姚江指出良知人人現在，一反觀而自得，便人人有個作聖之路。故無姚江，則古來之學脈絕矣。」❼由此看來，「見在良知」的觀念並非龍溪憑空捏造，實傳承自陽明的思想。然而嚴格地說來，陽明生前並無「見在良知」這個詞彙的固定用法，正式提出「見在良知」這個明確的概念並依此闡述其學說思想者當屬龍溪。龍溪拈出此說後，曾招來同門如聶雙江（名豹，字文蔚，號雙江，1487-1563）、羅念庵（名洪先，字達夫，號念菴 1504-1564）和劉獅泉（名邦采，字君亮，號獅泉，生卒不詳）等人的批評，甚至引發後續許多的辯難。實際說來，此一概念所引起的誤解與爭辯，並不亞

---

❻　關於此一論斷之充分討論，請參見本書第五章第四節。

❼　黃宗羲：《明儒學案》，上冊，卷十，〈姚江學案〉，頁 179。

於從天泉證道上所衍生的「無善無惡」說之辯論，形成了中晚明陽
明後學一個聚焦的話題。

此一話題的形成與所造成的影響，不論從哲學史或思想史的角
度來說，無寧是有其非常深刻而重大的指標性意涵。首先，龍溪
「見在良知」說的提出，象徵著儒家從孔孟以來以至王陽明這個心
學傳統邁向更高妙圓融的意境發展。陽明之良知教已是顯教❽，龍
溪的「見在良知」說則將良知「當下具足且隨時可以呈現」的特性
發揮得淋漓盡致，更是顯教中的顯教，依此當可進一步開出儒家的
圓教理論。❾其次，龍溪基於「見在良知」說的觀點而提出「即本
體即工夫」的主張，不僅激化了王學內部有關「致良知」工夫的探
討❿，同時也反應了中晚明陽明學在工夫論問題上追求「究竟工
夫」的一致趨向⓫，成為陽明後學共同的問題意識。最後，由於龍
溪「見在良知」說主張「即本體即工夫」，導致中晚明陽明學在發

---

❽ 牟宗三先生曰：「蓋王學者顯教也。……良知為一圓瑩之純動用，而無所謂
隱曲者，此即所謂『顯』。」參見氏著，《從陸象山到劉蕺山》，第六章，
頁 451。

❾ 參見牟宗三：《圓善論》（臺北：臺灣學生書局，1985 年），第六章，頁
243-335；王財貴：《從天臺圓教論儒家心學建立圓教之可能性》（臺北：中
國文化大學哲學研究所博士論文，1996 年），第四章，頁 181-239。

❿ 參見林月惠：〈本體與工夫合一──陽明學的展開與轉折〉，收在氏著：
《良知學的轉折──聶雙江與羅念庵思想之研究》（臺北：臺大出版中心，
2005 年），附錄二，頁 664-671。

⓫ 參見彭國翔：《良知學的展開──王龍溪與中晚明的陽明學》（臺北：臺灣
學生書局，2003 年），第三章，頁 368。

展上出現所謂「虛玄而蕩」或「情識而肆」之流弊❷，這恐怕不是龍溪始料所能及的。雖然這不全然由於龍溪的思想所造成，還包括泰州學派王心齋（名艮，字汝止，號心齋，1483-1540）、王東崖（名襞，字宗順，號東崖，1511-1587）、顏山農（名鈞，字子和，號山農、耕樵，1504-1596）、羅近溪（名汝芳，字維德，號近溪，1515-1588）、何心隱（原名梁汝元，字夫山，1517-1579）、以至李卓吾（名贄，號卓吾，又號溫陵居士，1527-1602）等人的思想所影響，以及實際說來更多人偽義襲之風自然流衍所致。❸總之，如果說龍溪「見在良知」說的提出，構成了中晚明陽明思想發展上的一個問題主軸，當不為過。

　　職是之故，對於王龍溪哲學系統中之核心概念——「見在良知」說之意涵進行徹底而深入的研究，應當具有非常重大的意義和價值。它不僅可以讓吾人對於龍溪哲學之核心要義有更為精確地掌握，同時可以讓吾人對於中晚明陽明學之義理開展有更為深微地理解。

二

　　既然「見在良知」說在王龍溪的哲學系統中具有核心要義之地位，而且對於中晚明陽明學之義理開展又具有如此舉足輕重的思想

---

❷ 劉蕺山曰：「今天下爭言良知矣，及其弊也，猖狂者參之以情識，而一是皆良；超潔者蕩之以玄虛，而夷良於賊，亦用知者之過也。」見劉宗周著，戴璉璋、吳光主編：《劉宗周全集》（臺北：中央研究院中國文哲研究所籌備處，1996年），第二冊，語類卷八，〈證學雜解〉，頁325。

❸ 參見唐君毅：《中國哲學原論・原教篇》（臺北：臺灣學生書局，1984年），第十四章，頁366-391；第十七章，頁442-465。

價值，那麼到目前為止學界之研究成果又是如何呢？

首先，日本學者岡田武彥先生曾對中晚明的陽明學提出「王門三派」的說法，其中包括以王龍溪、王心齋為中心的「現成派」（左派）、以聶雙江、羅念庵為中心的「歸寂派」（右派）以及以鄒東廓（名守益，字謙之，號東廓，1491-1562）、歐陽南野（名德，字崇一，號南野，1496-1554）為中心的「修證派」（正統派）。岡田先生認為「現成派」由於持「現成良知」之說，故不重視工夫；「歸寂派」與「修證派」雖然不同，但都強調在真切的工夫中去復得良知本體。❶在岡田先生這種看法下，龍溪以「見在良知」說為中心之學說思想似乎專講本體論，而無工夫論可言。這樣的見解頗值得商榷。

其次，大陸學界通常的觀點也是先區分「本體派」與「工夫派」或者「現成派」與「工夫派」兩大系統，然後在兩大系統內部再作進一步的劃分。如屠承先先生便將王門諸子分別歸屬在「本體派」與「工夫派」兩大系統，再進一步分成六個流派。其中屬於㈠「本體派」系統的有：「絕對派」（未舉例）、「虛無派」（王龍溪、周海門）、「日用派」（王心齋、羅近溪、何心隱）；屬於㈡「工夫派」系統的有：「主靜派」（聶雙江、羅念庵、劉兩峰）、「主敬派」（鄒東廓、季彭山、劉獅泉）、「主事派」（錢緒山、張陽和、歐陽南野、陳明水）。❶這一做法基本上也是將「本體」與「工夫」對立起來，

---

❶ 參見岡田武彥著，吳光、錢明、屠承先譯：《王陽明與明末儒學》（上海：上海古籍出版社，2000年），第三章，頁103-105。

❶ 參見屠承先：〈陽明學派的本體功夫論〉，《中國社會科學》，第 6 期（1990 年），頁 130。另參見錢明：《陽明學的形成與發展》（南京：江蘇

似乎講本體者便忽略工夫，講工夫者便不重視本體。這種見解不無理論上的盲點。蓋如陽明所云：「合著本體的，是工夫；做得功夫的，方識本體。」❻本體與工夫原是一體之兩面，如何可以截然分割？

　　港臺學界比較有代表性如牟宗三和唐君毅兩位先生的看法。牟宗三先生的意見主要寫在《從陸象山到劉蕺山》一書當中，他論王學的分派只取其中重要的三支：一曰「浙中派」：以錢緒山（名德洪，字洪甫，號緒山，1496-1574）、王龍溪為主；二曰「泰州派」：以羅近溪為主；三曰「江右派」：以聶雙江、羅念庵為主。他並說明此所謂分派不是以義理系統來分，而是以地區來分。這與黃梨洲作《明儒學案》時所採取的分類方式是一樣的，只是牟先生對於孰為陽明嫡傳，孰不相應於王學，有不同於黃梨洲的觀點。❼牟先生對於龍溪的「見在良知」說曾有專章討論（第四章〈「致知議辯」疏解〉），基本上他對龍溪的見解是持肯定的態度，視其為符合王門良知教之義理，惟牟先生並不認同可以就著「見在良知」本身談工夫，他說：「現成具足者（即人心之真體用）並無工夫義。如何恢復此具足者才是工夫」。❽由此看來，牟先生並不真能正視龍溪「即

古籍出版社，2002 年），中篇，第三章，頁 132-157；楊國榮：《心學之思——王陽明哲學的闡釋》（北京：三聯書店，1997 年），第十章，頁 287-300，亦有類似的區分。

❻　見陳榮捷：《王陽明傳習錄詳註集評》（臺北：臺灣學生書局，1988 年），〈傳習錄拾遺〉，第 48 條，頁 417。

❼　參見牟宗三：《從陸象山到劉蕺山》，第三章，頁 266-311。

❽　參見同上，第四章，頁 364。

本體即工夫」的工夫義。唐君毅先生則認為陽明後學可以概括在
「悟本體即工夫」與「由工夫以悟本體」這兩種基本型態之下。前
者主要有王龍溪、王心齋、羅近溪等人，後者主要有錢緒山、季彭
山（名本，字明德，號彭山，1485-1563）、鄒東廓、聶雙江、羅念庵等
人。而在這兩種基本型態之下，還可以再依每個人論學風格之差異
來區分成不同的型態。❶唐君毅先生說：「王龍溪之學，亦似有此
現成良知之說，故人亦可本其說以成其狂肆。然實則龍溪言現成良
知，乃悟本體，而即此本體以為工夫；非悟本體後，更無去蔽障嗜
欲工夫者也。」❷由此看來，唐先生較能正視龍溪依「見在良知」
說所開出之「即本體即工夫」之工夫義。

　　事實上，隨著大陸經濟的改革與思想的開放，近幾年來亦有一
些探討陽明後學的專著：如錢明先生的《陽明學的形成與發展》、
吳震先生的《陽明後學研究》、彭國翔先生的《良知學的展開──
王龍溪與中晚明的陽明學》，頗能代表大陸少壯學者的研究成果，
值得吾人加以關注。❷以下剋就這三本書對於「見在良知」說的看
法，略作一番檢討。

　　錢明先生曾將「現成良知」分成兩個子命題：一是「良知具
足」，強調良知本體的先天完備性；一是「良知見在」，強調良知

---

❶　參見唐君毅：《中國哲學原論·原教篇》，第十三至十六章，頁363-441。

❷　參見唐君毅：《中國哲學原論·原教篇》，第十四章，頁376。

❷　關於這三本專著的研究得失，林月惠女士曾作專文加以評論，詳實細膩，頗
　　值得參考。參見氏著：〈本體與工夫合一──陽明學的展開與轉折〉，收在
　　氏著：《良知學的轉折──聶雙江與羅念庵思想之研究》，附錄二，頁 631-
　　721。

本體後天的顯現性。如此，是將「見在良知」納入「現成良知」來
理解。❷不過，錢先生卻將「良知具足」視為完成良知的反命題，
將「良知見在」視為對體現良知的否定。❷由此看來，錢先生似乎
將龍溪主張「現成良知」的說法看成是對於致良知工夫的否定，若
然，則一旦肯定良知本體的先天完備性和後天的顯現性便必然與肯
定致良知工夫的必要性之間構成衝突矛盾的關係，此豈真能相應於
龍溪言「見在良知」之實義乎？蓋龍溪雖於本體方面盛言「見在良
知」說，於工夫論上亦開出「從心上立根」和「好惡無所作」之工
夫。故不當以為一主「見在良知」之說即表示完全不作致良知之工
夫，此恐因未能深察以致過度簡化問題，遂得出不甚恰當的推論。❷

　　吳震先生則指出「當時」、「當下」、「見在」三詞，從廣義
上說，與「現成」一詞之意相同，故「見在良知」亦與「現成良
知」詞義相同。❷而且根據他的分析，「現成良知」當該具有兩層
意思：一是指良知的先天性，一是指良知的顯在性。前者意指良知
是超越了經驗現象的本質存在，後者則意謂良知不能完全脫離後天
經驗世界而存在。換言之，「現成良知」意謂著作為「先天性」的
良知同時又具有「顯在性」。❷這些說法都很有參考價值。但是吳

---

❷　參見錢明：《陽明學的形成與發展》，下篇，第一章，頁 172。

❷　同上，頁 175。

❷　關於龍溪「見在良知」說下可開出一套完備的工夫理論之相關探討，請參見
　　本書第七章第一節至第三節。

❷　參見吳震：《陽明後學研究》（上海：上海人民出版社，2003 年），序章，
　　頁 2-3。

❷　同上，頁 8。

先生曾批判地指出：從孟子以孩提愛敬之情來證明人性本善以來，到了陽明學的「現成良知」說，終於全面露出了其理論上的重大缺陷。即孟子既不能對道德情感與道德理性作出嚴格的規定，則「以愛敬為良知」的那種「現成良知」理論，正有可能導致「以知覺為本體」的知覺主義。㉗從吳先生這樣的見解來看，其對於龍溪「現成良知」說似乎未能有貼切的把握，即連對於孟子以情善證性善的理路恐怕亦未能有恰當的了解。㉘

　　至於彭國翔先生對「見在良知」的分析是：一是肯定良知的「在」，即良知的當下存有性；一是指出良知的「見」（通「現」），即良知的活動性。而良知既具有先驗的本體屬性，又體現為經驗的感性知覺，故龍溪所謂的「見在良知」即是指良知本體在感性知覺中的當下呈現。㉙彭先生並且強調龍溪本人其實並未使用過「現成良知」這一表達方式，儘管「見在良知」與「現成良知」兩者的意涵具有相當的重疊性，但仔細分析，「見在」與「現成」其實在意義上並不相同，尤其容易在理解上引導出不同的方向。與龍溪同時或之後的學者往往更多的是在「現成良知」的意義上理解龍溪的「見在良知」，在這種極細微的轉變中，很可能便包含著理解的差異以及同一用語使用下焦點意識的分化。㉚其實，

㉗　同上，頁 15-17。

㉘　關於此一問題之詳細討論，請參見本書第二章第一節以及第五章第一、二兩節。

㉙　參見彭國翔：《良知學的展開——王龍溪與中晚明的陽明學》，第二章，頁 69。

㉚　同上，第二章，頁 67-68；及第六章，頁 411。

「見在良知」與「現成良知」兩個概念，表面語意上容或不盡相同，然而其內在義理實可相通。中晚明學者對「見在良知」說的批評，關鍵不在表面語意的差別上，其實是在義理系統上彼此根本有別。彭先生之過度細究反倒凸顯出其對龍溪「見在良知」說體貼之不盡，故其闡述「見在良知」之意涵時用語亦有不十分精當者。㉜

由此看來，對於龍溪哲學之核心要義「見在良知」說之研究，到目前為止學界雖已累積了相當的成果可供參考，然而能真正做到相應地理解並予以系統地表出者，似乎尚有待於來茲。

三

當然，要做到對中國古聖先賢的學問有真正相應地理解並不容易，這牽涉到研究中國哲學的方法論問題。㉝

誠如牟宗三先生在〈研究中國哲學之文獻途徑〉一文中強調：

㉛　關於「見在良知」與「現成良知」兩個概念異同之析論，請參見本書第五章第一節末尾及註㉖。

㉜　關於彭先生闡述「見在良知」之意涵時用語有不十分精當者之批評，請參見林月惠：〈本體與工夫合一──陽明學的展開與轉折〉，收在氏著：《良知學的轉折──聶雙江與羅念庵思想之研究》，附錄二，頁703-705。

㉝　對於傳統中國哲學的研究，方法論的問題無疑地越來越受到當代學者們的重視，無論是勞思光先生所提出的「基源問題研究法」，或是傅偉勳先生所提的「創造的詮釋學」，都是這方面頗具代表性的成果，值得吾人加以關注。參見勞思光：《中國哲學史》（臺北：三民書局，1984 年），第一冊，〈序言〉，頁 1-20；以及傅偉勳：《從創造的詮釋學到大乘佛學》（臺北：東大圖書股份有限公司，1990 年），頁 1-46。又馮耀明先生生亦曾提出所謂「概念相對論」的詮釋方法，可一併參考。參見馮耀明著：《中國哲學的方法論問題》（臺北：允晨文化實業股份有限公司，1989 年），頁 289-310。

研究中國哲學不能迴避「文獻途徑」，這和研究西方哲學的途徑不同。因為西方哲學有很強的系統性，概念較為分明，所以西方哲學之研究大體可以獨立於古典學之研究。反之，中國哲學的文獻多半欠缺嚴格的系統，所以中國哲學的研究者必須從文獻解讀入手，由解讀文獻而往裡面透入。但牟先生所謂「文獻途徑」並不是指重視訓詁考據，而是要對古聖先賢所說的話有一生命上的感應，知道他們說這些話的社會背景、文化背景是什麼，然後對於文句有恰當的了解，進一步形成恰當的概念，如是才能進到思想問題。若對於他們的生命沒有感應，又把他們的文化背景抽離掉，而孤立地看這些話，那便完全不能懂。❸❹

牟宗三先生這樣的方法論之主張，其實背後同時預設了他對中國哲學這種真理的特殊性之見解。他指出真理大體可分為兩種：一種叫做「外延的真理」（extensional truth），一種叫做「內容的真理」（intensional truth）。外延的真理是指科學的真理，如自然科學的真理或是數學的真理；可是像儒家、道家、佛家所講的內容，它們不是外延的真理，但它們也具有真實性，所以我們在外延的真理以外，也一定要承認有所謂內容的真理。外延的真理可以脫離我們主

---

❸❹　參見牟宗三：〈研究中國哲學之文獻途徑〉，原刊於《鵝湖月刊》，第 121 期（1985 年 7 月），今收入《牟宗三先生全集》（臺北：聯經出版公司，2003 年），第 27 冊，頁 329-347。關於牟先生這種「文獻途徑」的研究方法並非只是一般所謂「考證的途徑」或「歷史的途徑」，而是建立在「文字訓解」與「義理詮釋」底循環關係上，構成一種「詮釋學的循環」。參見李明輝：〈牟宗三先生的哲學詮釋中之方法論問題〉，收入李明輝主編，蔡仁厚等著：《牟宗三先生與中國哲學之重建》（臺北：文津出版社，1996 年），頁 21-37。

觀的態度而作出客觀的肯斷（objectively asserted），所以它具有普遍性，這種普遍性屬於「外延的普遍性」（extensional universality）；而內容的真理雖然不能脫離我們主觀的態度而必繫屬於主體（subject），但它也具有相應的普遍性，這種普遍性屬於「內容的普遍性」（intensional universality）。㉟

　　如果吾人對於牟宗三先生關於兩種真理及其普遍性之不同的說法可以接受的話，那麼在面對中國儒家、道家、佛家思想時，當該融納文獻於主體生命之中去進行體會和了解，方能期望得到真正相應的成果。牟先生云：「了解有感性之了解，有知性之了解，有理性之了解。彷彿一二，望文生義，曰感性之了解。義義釐清而確定之，曰知性之了解。會而通之，得其系統之原委，曰理性之了解。」然牟先生復強調：「理性之了解亦非只客觀了解而已，要能融納于生命中方為真實，且亦須有相應之生命為其基點。否則未有能通解古人之語意而得其原委者也」㊱

　　本文在研究方法上主要是採取牟先生所謂的「文獻途徑」，以企求對於龍溪的智慧能有相應地理解。換言之，在研讀文獻的過程中，並非把龍溪的話語推出去當成純然認知的對象，加以解讀、分

㉟　參見牟宗三：《中國哲學十九講》（臺北：臺灣學生書局，1983 年），第二講，頁 19-43。

㊱　參見牟宗三：《心體與性體》（臺北：正中書局，1985 年），〈序〉，頁 1-2。另外，牟先生在其〈客觀的了解與中國文化之再造〉一文中亦曾指出：「客觀的了解」不能單靠「理解力」，還得有「相應的生命性情」。參見氏著：〈客觀的了解與中國文化之再造──「當代新儒學國際研討會」主題演講〉，收入《當代新儒學論文集·總論篇》（臺北：文津出版社，1991年），頁 11。

析或歸納而已，而是把這些話語納入自家的生命當中，反覆地思索、涵泳與體證，讓所有的義理儘可能地通過自己理性的考察與檢驗，然後方逐漸形成一些明確的概念，再將這些明確的概念進一步加以融會貫通，最終架構成為一個嚴謹的思想體系。

　　或許有人不免對這種研究方法的客觀性和有效性產生質疑，然而正如牟先生所指出的：「我們可有個總標準來決定你講的對不對。有三個標準，一個是文字，一個是邏輯，還有一個是『見』（insight）。我們要了解古人必須通過文字來了解，而古人所用的文字儘管在某些地方不夠清楚，他那文字本身是 ambiguous，但也並不是所有的地方通通都是 ambiguous，那你就不能亂講。另外還有一點要注意的，你即使文字通了，可是如果你的『見』不夠，那你光是懂得文字未必就能真正懂得古人的思想。」❸❼可見，中國學問固然是繫屬於主體的學問，但也並非漫無章法而可任憑個人好惡加以隨意詮釋的，它必須依據「文字」、「邏輯」和「見」三個標準。而依據這三個標準，將可以使這種「文獻途徑」的研究方法獲致相當的客觀性和有效性。❸❽

---

❸❼　參見牟宗三：《中國哲學十九講》，第四講，頁71。

❸❽　牟宗三先生在《現象與物自身》一書之序言中亦曾云：「在了解文獻時，一忌浮泛，二忌斷章取義，三忌孤詞比附。須剋就文句往復體會，可通者通之，不可通者存疑。如是，其大端義理自現。一旦義理浮現出來，須了解此義理是何層面之義理，是何範圍之義理，即是說，須了解義理之『分齊』。分者分際，義各有當。齊者會通，理歸至極。此而明確，則歸於自己之理性自在得之，儼若出自於自己之口。其初也，依語以明義。其終也，『依義不依語』。『不依語』者，為防滯於名言而不通也。凡滯於名言者其所得者皆是康德所謂『歷史的知識』，非『理性的知識』。〔……〕我們通過文獻而

　　根據以上的研究方法，本文嘗試以「見在良知」說為中心，對王龍溪的思想進行一哲學的理解、詮釋與建構，冀能宣暢龍溪之本懷，抉發其思想之精義；同時對其學說在歷史上獲得的主要評價進行回顧與檢討，以求還原其思想本來之面目，確立其哲學應有之價值。如此一來，庶幾可以讓吾人對於以「見在良知」說為核心要義之王龍溪哲學有更為相應而精確的掌握。基本上來說，本文在寫作的目標上比較偏重在一個哲學系統之建構與反省，而比較不重在思想史方面的檢討。

　　然而欲充分掌握王龍溪整個的哲學系統，仍不得不對其哲學思想之來龍去脈進行全面之爬梳，故本文在論述的進程上，首先從儒家的「心學傳統」論起，以明王龍溪哲學之思想背景；其次再闡述王陽明之「致良知」教，以明王龍溪哲學之義理傳承；接著再針對其「四無」新說之提出進行深度探討，以彰顯王龍溪哲學之創發開展；再來就著其「見在良知」說所引發的爭辯析論其根本意涵，以點出王龍溪哲學之核心概念；進一步依此「見在良知」說之根本意涵，去闡發王龍溪關於本體觀和工夫論方面的見解，從而架構出王

了解之，即是通過名言而期望把我們的生命亦提昇至理性之境。如果自己的生命根本未轉動，於那客觀的義理根本未觸及，焉可動輒說『依義不依語』耶？」此段文字的意思相當程度可與上文相發明也。蓋所謂其初也，「依語以明義」，即強調初步解讀文獻時必須依據「文字」和「邏輯」；其終也，「依義不依語」，即強調解讀文獻最終不能滯於名言，必須有足夠的「見」以會而通之。牟先生復以康德「歷史的知識」和「理性的知識」來區分「滯於名言者」與「不滯於名言者」，可見，其哲學詮釋的最高標準實通極於吾人之理性也。參見氏著：《現象與物自身》（臺北：臺灣學生書局，1984年），〈序〉，頁9。

龍溪的哲學系統；最後，再針對龍溪哲學思想在歷史上獲得的主要評價，進行一番回顧與反省。依此，則王龍溪之哲學系統與思想定位於焉完成。

第二章　王龍溪哲學之思想背景 ——儒家「心學傳統」

　　任何哲學思想都不會憑空產生，或受到傳統觀念的啟發，或基於對時代問題的回應，或源於個人實踐的體悟。從先秦儒家到宋明儒者，「心即理」這個概念或隱或顯地成為儒家思想傳承上的一個統緒，它標誌著儒家的道德實踐是「由仁義行」的自律道德，而不是「行仁義」的他律道德，此一思想傳承的統緒可名之曰「心學傳統」。王龍溪正是在此儒家「心學傳統」的思想背景底下，受到王陽明「致良知」教的啟迪，再加上個人獨到的體悟，而有其哲學思想之創發。所以要研究王龍溪的哲學思想，當首先敘述儒家的「心學傳統」，以明其哲學產生之思想背景，從而掌握其思想之歷史淵源。以下概分三節來加以探討。

第一節　儒家「心學傳統」釋義

　　儒家思想傳統，溯自先秦，中經兩漢，下逮宋明，而燦然大備，其中衍生的流派甚多，若欲從中指出其一脈相承之統緒，則究竟誰能代表儒家的正宗，可以說頗難論定。僅舉其犖犖大者言之：

孔子生前已有曾子「一貫」與子貢「多學而識」之體悟上的不同；孔子以後又有孟子、荀子思想之異。❶兩漢以傳經爲儒，五經各有其師承學脈，孰爲正傳，莫衷一是。❷董仲舒「爲群儒首」，作〈天人三策〉、《春秋繁露》發揮「天人相應」之說❸；揚雄鄙諸儒章句之陋，擬《易》而作《太玄》、仿《論語》而作《法言》❹，然彼二人之思想果切合孔孟乎？唐韓愈作〈原道〉、〈原性〉等篇，以儒學道統之傳承自許；李翱作《復性書》，對儒學內在義理亦多所發明，惟彼等可謂把握儒學核心義理否？逮至宋明，儒學昌盛，大家輩出，周、張、二程，學說同異且暫不論，朱、陸鵝湖之會，「尊德性」與「道問學」之辯，即爲儒門一大公案。❺王陽

---

❶　若依《韓非子・顯學》中所載：「自孔子之死也，有子張之儒，有子思之儒，有顏氏之儒，有孟氏之儒，有漆雕氏之儒，有仲良氏之儒，有孫氏之儒，有樂正氏之儒。」則可見孔子沒後，儒分爲八，見仁見智，各有所得，究竟誰能代表儒家正宗的思想呢？參見陳奇猷校注：《韓非子集釋》（臺北：華正書局，1982 年），卷十九，頁 1080。

❷　根據班固：《漢書》（北京：中華書局，1997 年），第三十卷，〈藝文志〉的記載，五經之傳承，《易》有孟、施、梁丘等十三家，《書》有歐陽、大小夏侯等九家，《詩》有魯、齊、韓等六家，《禮》有后氏、戴氏等十三家，《春秋》有公羊、穀梁等二十三家，流派之多，統緒之雜，後世即如考辨精詳，恐亦不易斷定孰爲正統之傳。又參見徐復觀：《中國經學史的基礎》（臺北：臺灣學生書局，1996 年），頁 69-186。

❸　班固：《漢書》，第五十六卷，〈董仲舒傳〉。

❹　同上，第八十七卷，〈揚雄傳〉。

❺　黃宗羲：《宋元學案》，第四冊，第五十八卷，〈象山學案〉，頁 1885-1886。

明倡「致良知」說，以為「真聖門正法眼藏」❻，而議者卻訾其為禪。❼

　　故欲於此儒家之大傳統中，羅列出代表儒家正統思想之譜系，則不得不確立一個標準，以為取捨之依據。總的來說，儒家首重心性修養與道德實踐，故視之為「成德之教」，當無疑義。惟「成德之教」之本質內涵當依何者為規定，則有待進一步詳究。王陽明嘗曰：

　　　聖人之學，心學也。堯、舜、禹之相授受曰：「人心惟危，道心惟微，惟精惟一，允執厥中。」此心學之源也。中也者，道心之謂也。道心精一之謂仁，所謂中也。孔孟之學，惟務求仁，蓋精一之傳也。而當時之弊，固已有外求之者，故子貢致疑於多學而識，而以博施濟眾為仁；夫子告之以「一貫」，而教以「能近取譬」，蓋使之求諸心也。迨於孟氏之時，墨氏之言仁，至於摩頂放踵；而告子之徒又有仁內義外之說，心學大壞。孟子闢義外之說，而曰：「仁，人心也。」「學問之道無他，求其放心而已矣。」又曰：「仁義禮智，非由外鑠我也，我固有之，弗思耳矣。」蓋王道息而伯術行，功利之徒，外假天理之近似以濟其私，而以欺於人曰：「天理固如是。」不知既無其心矣，而尚有所謂天理者

---

❻　王守仁：《王陽明全書》（臺北：正中書局，1976 年），第四冊，《年譜》，頁 125。

❼　參見陳榮捷〈王陽明與禪〉一文，收入氏著：《王陽明與禪》（臺北：臺灣學生書局，1984 年），頁 73-81。

乎？

自是而後，析心與理為二，而精一之學亡。世儒之支離，外
索於形名器數之末，以求明其所謂物理者，而不知吾心即物
理，初無假於外也。佛老之空虛，遺棄其人倫事物之常，以
求明其所謂吾心者，而不知物理即吾心，不可得而遺也。至
周、程二子，始復追尋孔孟之宗，而有「無極而太極」，
「定之以仁義中正，而主靜」之說，「動亦定，靜亦定，無
內外，無將迎」之論，庶幾精一之旨矣。

自是而後，有象山陸氏，雖其純粹和平，若不逮於二子，而
簡易直截，直有以接孟子之傳，其議論開闔，時有異者，乃
其氣質意見之殊，而要其學之必求諸心，則一而已矣。故吾
嘗斷以陸氏之學，孟氏之學也。❽

依王陽明的說法：「聖人之學，心學也。」此「心學」之義，非一
般指謂「陸王心學」（相對於「程朱理學」）時之狹義地專指學派而
言，乃是就著儒家「成德之教」之本質內涵而廣義地言之，泛指一

---

❽　王守仁撰：〈陸象山先生全集序〉，此處引文錄自陸九淵：《象山全集》
　　（臺北：中華書局，1987 年）卷首，與《王陽明全書》中所載〈象山文集
　　序〉文字略有出入。如「孔孟之宗」，《王陽明全書》作「孔顏之宗」；
　　「議論開闔」，《王陽明全書》作「議論開闡」。案：當以《象山全集》所
　　載為是。蓋《王陽明全書》所載此文，註明是「庚辰」（1520 年）所作，而
　　《象山全集》卷首刊載此文，則標示「正德辛巳七月」（1521 年）撰寫，後
　　者恐是前者之修訂稿也。參考楊祖漢：《儒家的心學傳統》（臺北：文津出
　　版社，1992 年），第四章，註 4，頁 190-191。

切符合此本質內涵之思想與學說。❾故堯舜禹「精一執中」之傳，孔子之「求仁」，孟子之「義內」，周濂溪之「主靜立極」，程明道之「動亦定靜亦定」，陸象山之「簡易直截」，皆可謂之「心學」。此即表示凡同屬於此一義理方向者，皆可稱為「心學」，或亦可名之曰「心學傳統」，以別於專指「陸王」一派特殊義理型態之「心學」也。

　　反之，如子貢之疑於「多學而識」，以博施濟眾為仁，已有「外求」之弊；墨子之「摩頂放踵以利天下」，告子之「仁內義外」之說，已使「心學大壞」；乃至世儒之「支離」，佛老之「空虛」，乃「析心與理為二，而精一之學亡」。凡此種種思想型態皆不可歸入「心學傳統」也。

　　由此可見，陽明所論「心學」之旨在於：一、仁義必內求於心；二、無心則無所謂天理；三、吾心即物理，物理即吾心。合此三者，一言以蔽之，即「心即理」是也。故陽明所謂：「聖人之學，心學也。」此「心學」之義，即以「心即理」為其本質內涵；而所謂儒家的「心學傳統」，亦即以「心即理」一義作為聖學宗傳之標準也。

　　何以「心即理」一義如此重要，足以作為儒家聖學宗傳之標準耶？前言儒家乃一「成德之教」，既為成德之教，當以「道德」為首出，以「成聖」為歸宗。若僅剋就道德層面而論，「心即理」中的「心」可以是指「道德主體」，「理」可以是指「道德法則」，

---

❾　參見蔡仁厚：《新儒家的精神方向》（臺北：臺灣學生書局，1984 年），頁227。

那麼，「心即理」實際上是指出了道德主體與道德法則的同一性。道德之所以為道德，或說真實的道德實踐之所以可能，關鍵就在於道德主體與道德法則是否為同一。唯有道德主體與道德法則同一，道德實踐才會表現為「由仁義行」之真實純粹，而非「行仁義」之義襲虛偽。這對於所有以聖賢人格為終極追求的儒者而言，無疑是至關重要的。康德道德哲學中提到的意志底「自律」（autonomy）與「他律」（heteronomy）的區分，或許有助於說明「心即理」在儒家成德之教中的重要性。康德說：

> 意志底自律是意志底特性，由於這種特性，意志（無關乎意欲底對象之一切特性）對其自己是一項法則。因此，自律的原則是：除非我們的抉擇底格律同時也作為普遍法則而被包含於同一意志中，否則不要以其他方式作抉擇！〔……〕「上述的自律原則是唯一的道德原則」這點卻可單靠分析道德底概念而得到極有力的證明。❿

康德以「意志對其自己就是一法則」規定「自律」，換言之，「自律」即是「意志自我立法」。對康德來說，道德實踐的主體是「意志」，意志所立的法即是「道德法則」，而此「道德法則」並非基於任何感性底性好或外在的對象所決定，正是依於可普遍性的法則而包含於「意志」本身之中，故謂「意志底自律是意志底特性」，

---

❿ 伊曼努埃·康德著，李明輝譯：《道德底形上學之基礎》（臺北：聯經出版社，1990年），第二章，頁67。

這乃是分析而必然的。故康德單靠分析道德底概念，便可以得到以下的結論：「自律原則是唯一的道德原則」。

　　反之，康德則認為：「意志底他律為一切虛假道德原則之根源。」⓫康德說：

> 如果意志底在其格律之適於普遍的自我立法以外的任何地方──也就是說，它越出自己之外，在其任何一個對象底特性中──尋求應當決定它的法則，便一定形成他律。這樣一來，並非意志為自己制定法則，而是對象透過它對意志的關係為意志制定法則。這種關係（不管它是基於意志，還是基於理性底表象）只能使假言令式成為可能：我應當做某事，因為我想要另一事物。反之，道德的（亦即定言的）令式表示：縱然我不想要其他事物，我應當如此這般行動。譬如，前者表示：如果我想維持名譽，我就不該說謊；而後者表示：縱然說謊不會帶給我絲毫恥辱，我也不該說謊。因此，道德令式必須抽去一切對象，使對象對意志完全無影響，因而實踐理性（意志）不單是管理外來的興趣，而是只顯示它自己的頒布命令的威權（作為最高的立法）。⓬

相較於「意志底自律」是「意志底自我立法」，「意志底他律」則是「意志越出自己之外去尋求決定它的法則」。在這樣的情況下，

⓫　　同上，頁 67。

⓬　　同上，頁 67-68。

道德主體與道德法則是分開的，套在陽明「心即理」之義下來說，就是「析心與理為二」，如此便成了「他律道德」。他律道德只能表示為「假言令式」（hypothetical imperative），譬如：「如果我想維持名譽，我就不該說謊。」這樣的行為是有條件的，其行動的格律並非由道德意志本身而發。反之，自律道德卻只能表示為「定言令式」（categorical imperative），譬如：「縱然說謊不會帶給我絲毫恥辱，我也不該說謊。」這樣的行為是無條件的，其行動的格律是由道德意志本身而發。對前者來說，這樣的行為「僅作為另一事物底手段而為善的」；對後者而言，這樣的行為卻「被表明為自身即善的」。❸

　　所以，不談道德則已，若欲把握道德的真實義，則必須符合康德「意志底自律」的原則。而陽明所揭櫫的「心即理」一義，無疑是符合此「意志底自律」的原則的，故足以作為儒家聖學宗傳之標準。

　　尤有進者，對儒家「心即理」的傳統而言，作為道德主體的「心」，不僅僅是道德意志（實踐理性）而已，同時還具有道德情感的向度。所謂「理義之悅我心，猶芻豢之悅我口」（《孟子·告子上》）❹，這「心悅理義」之「悅」，雖是一種道德情感，不過卻不是感性的，而是由本心所發的一種動力，可稱為「本心之情」。❺

---

❸　同上，頁35。

❹　以下凡徵引四書之文字，皆根據朱熹：《四書章句集註》（臺北：鵝湖出版社，1984年），只於引文後面標示章節，不另作註，特此說明。

❺　牟宗三先生說：「正視心之意義，然後方能說悅理，感興趣于法則，此是本心底悅，本心底興趣，本心所發的動力，本心底道德之情，尊敬之情，不是

換言之，對儒家「心即理」的傳統而言，道德主體既是道德法則的制定者，同時也是道德法則的實踐者。可是，對康德而言，道德主體只是道德法則的制定者，它本身卻無執行道德法則的力量。這其中的關鍵是：在道德主體的問題上，康德預設了理性與情感二分的架構，而將道德情感排除於道德主體之外。即在這理性與情感二分的架構中，儘管他仍堅持意志底自律原則（僅就意志底自我立法而言），但因道德動力落在感性當中，遂使道德主體喪失自我實現的力量。❶

關於儒家與康德之間的這種差異，牟宗三先生在其譯註康德《實踐理性底批判》一書的「案語」中曾有精闢的說明，可增進吾人對此一問題之了解。牟先生曰：

> 依孟子之學，道德的必然性是性分之不容已，此不容已不是強制，是從「本心即性」之本身說，不是關聯我們的習心說，「由仁義行」之義務亦是如此。自願、悅，是這本心之悅，不是感性的喜愛或或性好之傾向。心悅理義，心即理

一說悅便是感性的。康德只說法則影響于情感而起尊敬之情這特殊的情感——道德之情，這是先驗地可知者，這是情感上的一個結果，這不是感性的，而是實踐的。但他不知道即這非感性的道德之情亦可以反上來而為原因，此即本心之情。因為可以是原因而為本心之情，故亦可為法則之基礎。」參見牟宗三譯註：《康德的道德哲學》（臺北：臺灣學生書局，1983年），頁262。

❶ 有關康德「道德情感」一問題的詳細探討，可參見李明輝先生〈孟子的四端之心與康德的道德情感〉一文，《儒家與康德》（臺北：聯經出版社，1990年），頁105-145。

義，此心與理義（道德法則）為必然地一致。一說法則不函恐懼或違犯法則之顧慮。如康德所說，那是關聯著習心說，因為感性的習心不必願服從此法則。但就本心即理說，則不如此。本心即理亦非即不戒懼，但此時之戒懼上升而自本心說，轉為即戒懼即自然，即惺惺即寂寂，勿忘勿助長，亦自然亦戒懼，此即從本心上（從本體上）說的敬，而明道即以此敬說於穆不已，「敬則無間斷」，在人之本心是如此，在道體亦是如此，此即是我的性，因而也就是性體之神聖性，意志之神聖性。此時法則亦命令亦非命令。命令是性分之不容已之自命自令，「非命令」意即此本心之自願如此，自然流行，所謂「堯舜性之」，此即「心即理」之義。康德不承認此義。因為他一說法則即是關聯著我們的習心之意說，但是他亦說意志之自律。〔……〕今既有自律之意志，則必即立此理，即從此理，不，即是此理，不但如此，而且必悅此理，不得有不悅之可能。但是康德既不在此自律之意志上說它是本心，而只把它看成是理性，又把這只是理性的自律意志（自由意志）看成是個必然的預設、設準，而無智的直覺以朗現之，如是，它不但不是我們的性，而且有不有亦不能定知，只是分解的必然上的一個預設；〔……〕彼千言萬語只環繞此中心而說。若知意志自律即是本心，則其為朗現而非只是一預設，乃是必然的。如是，不但它必然地與理一致，而且它本身即是理，這神聖性也是必然的。如是，進而視之為我們的性，這也是必然的。此即孟子學之所至。康德未能

至此。⑰

康德雖說「自律原則是唯一的道德原則」，可是其所謂「自律」僅止於「意志底自我立法」一義。若論及道德實踐底動力，則歸諸現實的意志（意念）對道德法則所產生的敬畏之情，而不能直從道德主體中產生真實的動力；論及道德實踐底主體（自由意志），則看成只是個必然的預設、設準（postulate），卻不能將之視為一種呈現。故其論道德，只是純從理上作分析，卻未能落到實踐上有一積極的肯定。此中最根本的關鍵還在於康德認為人是有限的存有，不可能具有「智的直覺」，故意志之自由只是個「純然的理念」，其客觀實在性無法在任何一個可能的經驗中被顯示。⑱

　　若依孟子學來說，不僅道德法則是由道德主體所制定，道德實踐的動力仍然來自於道德主體本身。此道德主體在孟子稱為「本心」。而本心即「理」，故道德法則必由道德主體所自立自命，所謂「仁、義、禮、智，非由外鑠我也，我固有之也。」（《孟子·告子上》）；同時，本心即「情」，故強調「心悅理義」，此悅不是感性的喜愛，乃是本心之悅或本心之情；同時，本心即「性」，故道德的必然性是「性分之不容已」，此不容已不是強制，而是道德理性本然如此。總此三個面向以觀，本心即「理」，則道德法則非

---

⑰　牟宗三譯註：《康德的道德哲學》，頁 261-262。

⑱　在《道德底形上學之基礎》一書最後談到「自由如何可能」時，康德曾云：「自由只是個純然的理念，其客觀實在性決無法依自然法則被顯示，因而也無法在任何一個可能的經驗中被顯示。」見伊曼努埃·康德著，李明輝譯：《道德底形上學之基礎》，第三章，頁 91。

外鑠；本心即「情」，則道德動力不旁落；本心即「性」，則道德
意志非預設。由此可見儒家論道德之具體與真切，本心當下可以呈
顯，本心亦當下可以發用，道德實踐果真是人倫日用間之實理實事
也。

依上所論，可知儒家的心學傳統，不止在形式上符合於康德
「意志自律」之原則，而且在實質上，透過「本心」之肯認與證
實，「心即理」一義乃成為真正道德實踐之指標。順著康德「自律
原則是唯一的道德原則」之主張，吾人於此更可宣稱：「心即理」
為儒家成德之教唯一的判準。凡儒者之學，同於此者謂之同德，異
於此者謂之異端。個人體證或講學型態容或因為氣質偏向與時代背
景而有所不同，但對於「心即理」一義之把握則不容有所偏差。
儒家所以嚴斥佛老二氏者以此，儒者相互辨論印證之重點亦在於
此。⑲

更深一層來說，儒家心學傳統中所說的「心即理」，不單只侷
限於道德實踐的側面，還包含了由此道德實踐所通向之存有論的領
域。亦即此「心」不單只是「道德主體」，同時可以通於「性」、
「天」而為「宇宙生化的本體」；此「理」亦不單只是「道德法
則」，同時可通於「性理」、「天理」而為宇宙萬物的「存有之
理」。故就成德之教而言，儒家是即「道德」即「宗教」的；就學
問而言，儒家之「道德哲學」（moral philosophy）即函一「道德的形

---

⑲　參見王財貴：《王龍溪良知四無說析論》（臺北：臺灣師範大學國文研究所
　　碩士論文，1990 年 6 月），第一章，刊見《臺灣師範大學國文研究所集刊》
　　第 35 期（1991 年 6 月），頁 374。

上學」（moral metaphysics）。**❷⓪**

　　《論語》中的孔子是以其渾然圓滿之生命示現心、理、天道是一的境界，《孟子》則展現「即心說性」「盡心知性知天」之「道德的進路」（moral approach），《中庸》、《易傳》則表現「天命之謂性」「乾道變化，各正性命」之「宇宙論的進路」（cosmological approach）。可是這兩種進路最終仍可匯歸於一。**❷①**《大學》只列舉出一個實踐的綱領，在內聖之學的義理方向上不很明確。宋明儒中周濂溪、張載乃承《中庸》、《易傳》之進路者，至程明道言「一本」義而主客觀面皆飽滿，下開胡五峰、劉蕺山「以心著性」一系；陸象山、王陽明乃直承孟子之進路而表現為「一心之朗現、一心之申展、一心之遍潤」之型態；程伊川、朱子則以《大學》為主，將道體性體提練為「只存有而不活動」的理，遂成為「他律道德」，不得視之為儒家思想之正統也。**❷❷**此為儒家「心學傳統」發展之大較，以下試述其詳。

第二節　先秦儒家確立之心學宏規

　　儒家思想傳統所以特重道德性，主要是根源於「憂患意識」。憂患意識表現於周初的文化精神中首先是「敬」的觀念之出現，此「敬」的觀念與宗教的虔敬近似而實不同。宗教的虔敬是人把自己

---

❷⓪　參見牟宗三：《心體與性體》，第一冊，頁 6-10。

❷①　參見牟宗三：《中國哲學的特質》（臺北：臺灣學生書局，1984 年），第八講，頁 59。

❷❷　參見牟宗三：《心體與性體》，第一冊，頁 42-50。

的主體性解消而徹底歸皈於神的心理狀態，可是周初的敬卻是消解
自己的官能欲望於自己所負的責任前面以凸顯出自己主體的積極性
與理性作用。故上古時代中已有的「天」、「天命」等觀念，乃通
過憂患意識所生的「敬」，步步下貫而投注到吾人行為的合理與否
上來。如《詩・周頌・維天之命》：「維天之命，於穆不已；於乎
不顯，文王之德之純。」㉓這是將不易把握的天命通過文王具體的
德來作行為的啟示，因此文王便成了天命的具體化。雖然周初人文
精神已有所覺醒，人們開始對自己的行為有了責任心，但他們行為
的根源與保障，依然是傳統宗教中的天命，因此離真正人性論的出
現尚有一段很遠的距離。㉔

　　孔子以其渾全通透的德性生命與強烈的歷史文化意識，一方面
承繼《詩》《書》中言帝、天、天命之超越意識的傳統，一方面反
省周朝禮樂典章制度之本質，轉從主觀面挺立道德主體、開闢價值
之源──仁，以契接傳統天命之思想並暢通周文禮樂之意義。故自
孔子言「仁」，始建立了吾人「真實的主體性」（real subjectivity），
而中國文化也才算真正進入自覺反省的階段。㉕

　　孔子言「仁」，首先自吾人心中之不忍不安處加以指點。如宰
我欲短喪，孔子反問曰：「食夫稻，衣夫錦，於汝安乎？」（《論

㉓　凡以下徵引五經之文字，皆根據《十三經注疏》（臺北：藝文印書館，1989
　　年），只於引文前後標註章節或篇名，不另作註，特此說明。

㉔　參見徐復觀先生〈周初宗教中人文精神的躍動〉一文，《中國人性論史・先
　　秦篇》（臺北：臺灣商務印書館，1987 年），第二章，頁 15-35。

㉕　參見牟宗三：《中國哲學十九講》，第三講，頁 60-62；以及氏著：《心體與
　　性體》，第一冊，頁 21。

語·陽貨》）若當下感到不安，便表示真實生命尚未僵固；若當下
安，則表示內心麻木而不仁矣。可見，「仁」是吾人真實的生命，
隨時可與存在的情境相感通。孔子曰：

> 仁遠乎哉？我欲仁，斯仁至矣。（《論語·述而》）

> 有能一日用其力於仁矣乎？我未見力不足者。蓋有之矣，我
> 未之見也。（《論語·里仁》）

孔子認為「仁」德乃普遍地存在每個人的生命之中，只要願意反躬
而求，切實踐履，便能實現仁德，何遠之有？故曰：「我欲仁，斯
仁至矣。」又有些事情可能是吾人能力所不及者，但實踐仁德之
事，卻完全操之在我，故曰：「有能一日用其力於仁矣乎？我未見
力不足者。」仁德既內在於己，且人人皆有實踐仁德的能力，那
麼，道德實踐的根據與動力皆充足矣。這便是孔子透過「仁」的指
點建立了吾人「真實的主體性」之重大意義所在。孔子又曰：

> 人而不仁，如禮何？人而不仁，如樂何？（《論語·八佾》）

> 禮云禮云，玉帛云乎哉？樂云樂云，鐘鼓云乎哉？（《論
> 語·陽貨》）

客觀的禮樂若無主體的仁德以真實化之，則形同虛矯之文飾；反
之，吾人主體之踐仁卻可以活化禮樂之真實意義，使禮樂恢復感人

的力量。由此可見孔子倡言「仁」教以挽救「周文疲弊」之用心，
其意義蓋十分深遠矣！孔子又云：

> 吾十又五而志於學，三十而立，四十而不惑，五十而知天
> 命，六十而耳順，七十而從心所欲不踰矩。（《論語·為
> 政》）

> 不怨天，不尤人，下學而上達，知我者其天乎！（《論語·憲
> 問》）

在孔子一生為學進德的歷程中，至五十歲而證知超越的天命之存
在，亦即常常感到自己與天之間有一種親和感❷，這從孔子一面說
是「知天命」；然而從另一方面說，就在此「下學而上達」的實踐
中亦隨時感到上天能夠知我，故曰：「知我者其天乎！」這是孔子
實踐「仁」德至於純亦不已的境界時對天命的遙契也。❷綜此，可
見孔子由「踐仁」以「知天」所完成之圓滿的聖賢人格型範。

孔子立教雖未明言「仁」是「心」、是「理」、是「性」、是
「天」，而一切名言概念卻都渾化於其整全圓滿的道德生命而如如
表現之，所謂「聖人懷之，眾人辯之以相示也」。❷而繼孔子之
後，孟子乃首先將儒家心學宏規加以理論展開的第一人。象山說：

---

❷　參見蔡仁厚：《孔孟荀哲學》（臺北：臺灣學生書局，1984 年），頁 111。

❷　參見牟宗三：《中國哲學的特質》，第六講，頁 37-40。

❷　郭慶藩輯：《莊子集釋》（臺北：華正書局，1985 年），卷一下，〈齊物
論〉，頁 83。

「夫子以仁發明斯道，其言渾無隙縫。孟子十字打開，更無隱遁。」❷❾

　　孟子因與公都子討論性善性不善的問題，而引發其提出「四端之心」的說法，更由此「四端之心」以論證其「性善」之思想。孟子云：

> 乃若其情，則可以為善矣，乃所謂善也。若夫為不善，非才之罪也。惻隱之心，人皆有之；羞惡之心，人皆有之；恭敬之心，人皆有之；是非之心，人皆有之。惻隱之心，仁也；羞惡之心，義也；恭敬之心，禮也；是非之心，智也。仁、義、禮、智，非由外鑠我也，我固有之也，弗思耳矣。
> （《孟子·告子上》）

惻隱、羞惡、恭敬、是非，都是「本心」活動的相貌，其表現出來的是仁、義、禮、智之「理」，而仁、義、禮、智之理則為「本性」中所固有。故不僅是「性即理」，同時是「心即理」，總之，心、性、理三者是一。「心」是主觀性原則，「性」是客觀性原則；「心」顯活動義，「性」顯根據義。客觀根據的「性」要通過主觀活動的「心」才能具體化，才能呈現其真實的意義。❸❶

　　「心」與「性」的關係既是如此，那麼「心」、「性」與

---

❷❾　陸九淵：《象山全集》，卷三十四，〈語錄〉，頁 3。

❸❶　參見牟宗三：《圓善論》，第一章，頁 20-27；另參見氏著：〈《孟子》演講錄（六）〉一文，《鵝湖月刊》第三十卷第五期（2004 年 11 月），頁 2-8。

「天」的關係又是如何呢?孟子云:

> 盡其心者,知其性也;知其性,則知天矣。(《孟子·盡心
> 上》)

孟子既從道德實踐上表示本心即性,又說盡心可以知性知天,那麼,不僅心是道德意義的心,性亦是道德意義的性,天亦是道德意義的天。孟子嘗云:「萬物皆備於我,反身而誠,樂莫大焉。」(《孟子·盡心上》)則心即函一無限的申展,具備一「體物而不可遺」的絕對普遍性。是則心本可與天合而為一矣。程明道云:「只心便是天,盡之便知性,知性便知天,當下便認取,更不可外求。」❸❶明道此種說法,正可與孟子的生命智慧相呼應。故心、性、天同為一「道德創生實體」。心性是主觀地、道德實踐地言之,天是客觀地、本體宇宙論地言之。透過道德實踐而使心性彰顯其絕對普遍性,則即與天為一矣。❸❷

　　相較於《孟子》「盡心知性知天」之「道德的進路」,《中庸》、《易傳》則表現「天命之謂性」「乾道變化,各正性命」之「宇宙論的進路」。然而《中庸》、《易傳》是否即是「通過存有以解釋價值」❸❸呢?《中庸》云:

---

❸❶　程顥、程頤:《二程集》(臺北:漢京文化事業有限公司,1983 年),第一冊,〈遺書〉卷二上,〈二先生語二上〉,頁 15。

❸❷　參見牟宗三:《心體與性體》,第一冊,頁 26-27。

❸❸　參見勞思光:《中國哲學史》,第二冊,第一章,頁 103。

天命之謂性，率性之謂道，修道之謂教，道也者不可須臾離
也，可離非道也。（《中庸章句·第一章》）

《易傳》云：

大哉乾元，萬物資始，乃統天，雲行雨施，品物流行，大明
終始，六位時成，時乘六龍以御天，乾道變化，各正性命，
保合太和，乃利貞，首出庶物，萬國咸寧。（《易·乾卦·彖
傳》）

一陰一陽之謂道，繼之者善也，成之者性也。（《易·繫辭上
傳第五章》）

《中庸》由天命說性，《易傳》由乾元統天說到性、命，由一陰一
陽說到善、性，都好像是從形上本體（如天、乾元）或宇宙氣化（如
陰陽）說起，以解釋人性或道德之事，故不免有「通過存有以解釋
價值」之嫌。若以存有來規定道德，則不屬於自律道德，那麼，
《中庸》、《易傳》當不能歸於儒家正統之列，然則《中庸》、
《易傳》是否如此呢？《中庸》復云：

唯天下之至誠，為能盡其性；能盡其性，則能盡人之性；能
盡人之性，則能盡物之性；能盡物之性，則可以贊天地之化
育；可以贊天地之化育，則可以與天地參矣。（《中庸章句·
第二十二章》）

> 誠者非自成己而已也，所以成物也。成己仁也，成物知也。
> 性之德也，合外內之道也，故時措之宜也。（《中庸章句·第
> 二十五章》）

《易傳》亦云：

> 昔者聖人之作易也，幽贊神明而生蓍，參天兩地而倚數，觀
> 變於陰陽而立卦，發揮於剛柔而生爻，和順於道德而理於
> 義，窮理盡性以至於命。（《易·說卦傳第一章》）

《中庸》言「誠」，雖兼超越、內在兩面而說，而從盡其性推到盡
人之性、盡物之性以至於參贊天地之化育；從成己之仁與成物之智
而見性德之合內外，皆可見由下往上，由內而外推擴之意。此則與
孟子言「盡心知性知天」及言「擴充」之義相類。

　　至於《易傳》以為聖人作《易》之意旨，在於「和順於道德而
理於義，窮理盡性以至於命」。程明道曾云：「『窮理盡性以至於
命』三事一時並了，元無次序。不可將窮理作知之事。若實窮得
理，即性命亦可了。」❸❹若「窮理」不可作「知」的事看，則不論
所窮之理是「宇宙生化之理」或是「性命之理」，都不可作「外在
知解對象的理」來看，蓋如此則必有先後次序，不可說「三事一時
並了，元無次序。」故此理必通徹天道性命而內在於吾人性分之

---

❸❹　程顥、程頤：《二程集》，第一冊，〈遺書〉卷二上，〈二先生語二上〉，
　　頁15。

中，故窮究而澈知之即朗現之也。此乃道德實踐中「知行合一」之事也，故曰「若實窮得理，即性命亦可了。」❸

可見，《中庸》、《易傳》雖有從天道說性命的語句，但不是「通過存有以解釋價值」，而是在「天道性命相貫通」之澈知中，轉從道體以說性體。此只當視為繼孔子「踐仁以知天」、孟子「盡心知性知天」之後一圓滿的發展，不當視為與孔孟相反之兩途。先秦儒家如此相承相呼應而確立心學之宏規，宋明儒者亦即就此心學宏規存在地呼應之而作出不同型態之闡揚也。❸

第三節　宋明儒者闡揚之心學型態

宋明儒中就此心學宏規而存在地呼應之者首推周濂溪（名敦頤，字茂叔，世稱濂溪先生，1017-1073）。他以《中庸》之誠體合釋《易傳》之乾道，而歸於《論語》中的仁：

> 誠者，聖人之本。「大哉乾元，萬物資始」，誠之源也。「乾道變化，各正性命」，誠斯立焉。純粹至善者也。故曰：「一陰一陽之謂道，繼之者善也，成之者性也。」「元亨」，誠之通；「利貞」，誠之復。大哉《易》也，性命之源乎？❸

---

❸　參見牟宗三：《心體與性體》，第二冊，頁 95-102。

❸　參見牟宗三：《心體與性體》，第一冊，頁 35。

❸　周敦頤：《周子通書》（臺北：中華書局，四部備要本，1978 年），〈誠上第一〉，頁 1。

　　聖，誠而已矣。誠，五常之本，百行之源也。靜無而動有，
　　至正而明達也。五常百行，非誠非也，邪暗塞也。故誠則無
　　事矣。至易而行難，果而確，無難焉。故曰：「一日克己復
　　禮，天下歸仁焉。」**❸❽**

濂溪將「乾道」變化視爲「誠體」流行之始終的過程，此一劈頭即
把握住先秦儒家形而上的智慧。蓋《中庸》曰：「天地之道可一言
而盡也，其爲物不貳，則其生物不測。」（《中庸章句·第二十六
章》）「不貳」，即專純精一之意，亦即誠也。故誠體可以代表天
道。又曰：「誠者，天之道；誠之者，人之道。」（《中庸章句·第
二十章》）天之道以誠爲本體，人之道以誠爲工夫。故誠體可同時
通於性與天道。在乾道創生萬物的過程中，雖經過元、亨、利、貞
不同的階段，實亦不外誠體之成始成終的過程。故透過「誠」，吾
人可以更親切地把握到宇宙創造之眞幾也同時是人人本具的誠體之
性。此亦合於《中庸》「率性之謂道」之意。

　　濂溪又曰：「聖，誠而已矣。誠，五常之本，百行之源也。」
此即將代表天道的誠體收攝到吾人道德本性之中，聖人之爲聖人亦
不過充分朗現此誠體之全幅意蘊罷了！濂溪復引《論語》「一日克
己復禮，天下歸仁焉。」以歸結此意，證明濂溪非寡頭地只從天道
以論道德本性，亦有從道德本性以證成天道者也。

　　總之，道德主體固然根源於客觀的天道，而客觀的天道之眞實
意義亦有待道德主體之印證與彰顯。只要澈知道德的眞實意義，則

---

❸❽　同上，〈誠下第二〉，頁 1。

內在感悟較深，先自主體說起；或超越體證較切，先自客體說起，均無不可。亦皆未離先秦儒家「天道性命相貫通」之軌範也。

　　對於「天道性命相貫通」之義，張橫渠（名載，字子厚，世稱橫渠先生，1020-1077）表達得更為明確，其《正蒙》一書之思想，大抵以此義理為中心而展開。其言曰：

> 天所性者通極於道，氣之昏明不足以蔽之。天所命者通極於性，遇之吉凶不足以戕之。〔……〕故思知人，不可以不知天。盡其性，然後能至于命。知性知天，則陰陽鬼神皆吾分內爾。[39]

> 性其總，合兩也；命其受，有則也。不極總之要，則不至受之分。盡性窮理而不可變，乃吾則也。[40]

> 盡其性能盡人物之性，至於命者亦能至人物之命。莫不性諸道，命諸天。我體物未嘗遺，物體我知其不遺也。至於命，然後能成己成物，不失其道。[41]

依橫渠的看法，天、性、命三者，實可通而為一。性通極於道，命通極於性，皆有其定然不可移之則存焉。故對性而言，「氣之昏明

---

[39]　張載：《張載集》（臺北：漢京文化事業有限公司，四部刊要本，1983年），《正蒙·誠明篇第六》，頁21。

[40]　同上，《正蒙·誠明篇第六》，頁22。

[41]　同上，《正蒙·誠明篇第六》，頁22。

不足以蔽之」；對命而言，「遇之吉凶不足以戕之」。性與命皆根
源於天，故「思知人，不可以不知天」。但透過盡性，然後能至于
命；透過知性，然後知天也，故「盡性」是關鍵。能盡其性而至於
命，則能盡人物之性而至人物之命，乃至於體物不遺而不失其則，
則能知天之所以為天也。此見橫渠言「天道性命相貫通」之切當精
闢。橫渠又云：

> 心能盡性，人能弘道也；性不知檢其心，非道弘人也。❷
>
> 大其心，則能體天下之物，物有未體，則心為有外。世人之
> 心，止於聞見之狹。聖人盡性，不以見聞梏其心，其視天下
> 無一物非我，孟子謂盡心則知性知天，以此。天大無外，故
> 有外之心，不足以合天心。❸

相較而言，「天」是客觀超越地說，「性」是主觀內在地說，故透
過盡性可以彰顯天道的真實意義。進一步，則「性」亦是客觀根據
地說，「心」乃是主觀活動地說，故曰：「心能盡性，人能弘道
也；性不知檢其心，非道弘人也。」透過道德本心之具體覺用，可
以使潛存的性體、道體之真實意義全幅朗現，攝客於主，攝理歸
心，更能彰顯儒家「心即理」之道德意涵。

　凡此，可見橫渠不僅本體宇宙論地說天道下貫為性命，亦同時

---

❷　同上，《正蒙・誠明篇第六》，頁 22。
❸　同上，《正蒙・大心篇第七》，頁 24。

道德實踐地說盡心知性知天，兩面通而為一矣。

　　至程明道（名顥，字伯淳，世稱明道先生，1032-1085）雖亦本於《中庸》、《易傳》而自客觀面言天道、天理，但〈識仁篇〉與〈定性書〉中皆已自主觀面言仁體、心體與性體，又以其圓融之智慧盛言「一本」之義，則主觀面與客觀面皆已充實飽滿，更能彰顯儒家圓教之模型。明道云：

　　　　道，一本也。或謂以心包誠，不若以誠包心；以至誠參天地，不若以至誠體人物，是二本也。知不二本，便是篤恭而天下平之道。❹

　　　　言體天地之化，已剩一體字，只此便是天地之化，不可對此個別有天地。❹

　　　　天人本無二，不必言合。❹

　　　　若不一本，則安得「先天而天不違，後天而奉天時」？❹

　　　　只心便是天，盡之便知性，知性便知天，當處便認取，更不

---

❹　程顥、程頤：《二程集》，第一冊，〈遺書〉，卷十一，〈明道先生語一·師訓〉，頁 117-118。

❹　同上，第一冊，〈遺書〉，卷二上，〈二先生語二上〉，頁 18。

❹　同上，第一冊，〈遺書〉，卷六，〈二先生語六〉，頁 81。

❹　同上，第一冊，〈遺書〉，卷二上，〈二先生語二上〉，頁 43。

可外求。❹

依一般的說法，天地之化是天地之化，人只能從旁去參贊，這樣說是二本；若依明道的看法，聖人之心與天地之化本是如如為一的，離開聖人之心別無所謂天地之化，這便是「一本」。故曰：「只此便是天地之化，不可對此個別有天地。」又曰：「天人本無二，不必言合。」

不過，值得注意的是明道所謂「道，一本也」，並不只是抽象地反顯一個道體以為根本之意，乃是具體地消融分別對待而透顯一個真實的本體之意。亦即不只是從「體」上顯一本，更主要的是從「用」上顯一本。通體達用，一體而化，才是明道言「一本」之真實義，此是圓頓境之一本也。❹

《易·乾卦·文言》曰：「夫大人者與天地合其德，與日月合其明，與四時合其序，與鬼神合其吉凶，先天而天弗違，後天而奉天時。天且弗違，而況于人乎？況于鬼神乎？」明道云：「若不一本，則安得『先天而天不違，後天而奉天時』？」此中之一本，即通貫著先天與後天而具體圓融地說。蓋大人的生命透過真實的道德實踐，朗現本心至大無外之理境，則所謂天地之化亦不外乎聖人之存神過化也。故明道又云：「只心便是天，盡之便知性，知性便知天，當處便認取，更不可外求。」分解地說，心、性、天各有其立言之分際；圓融地說則心、性、天本來是一，只要當下充盡本心，

<hr>

❹　同上，第一冊，〈遺書〉，卷二上，〈二先生語二上〉，頁 15。
❹　參見牟宗三：《心體與性體》，第二冊，頁 94-95。

便能知性知天。此知乃自證自明之知，而非認知推度之知。明乎此，則無心外之理，亦無心外之天，反躬自證，可以默契道妙矣！

　　明道既以「一本」為究竟了義，則「心性天是一」之圓教模型便已徹底朗現，這是由濂溪開始，通過橫渠，所必然臻至之理境。

　　至於南宋胡五峰（名宏，字仁仲，世稱五峰先生，1105-1161），則承北宋三家之後，襲用橫渠「成性」之詞，而明確地在理論上先將心、性對揚，再以「盡心成性」表示二者之可以合一。心與性之關係經胡五峰的闡釋，除更能彰顯其獨立客觀的意義外，其凝合之必然性亦更朗然而無可疑。其《知言》云：

> 天命之謂性。性，天下之大本也。堯、舜、禹、湯、文王、
> 仲尼六君子先後相詔，必曰心，而不曰性，何也？曰：心也
> 者，知天地宰萬物以成性者也。六君子盡心者也，故能立天
> 下之大本，人至于今賴焉。⑩

「性」雖為「天下之大本」，然至隱至奧，不易為人所澈知，故曰：「性也者，天地鬼神之奧也。」⑪而「心」也者，乃「知天地宰萬物以成性者也」。此心之「知」，非認識論之「知」，而是本體宇宙論的「通澈義」，通澈之即實現之。故「知天地」即「主天地」或「官天地」之義，這是由「仁心體物而不遺」而來，「宰萬

---

⑩　胡宏：《胡宏集》（北京：中華書局，1987 年），附錄一，《宋朱熹胡子知言疑義》，頁 328。

⑪　同上，頁 333。

物」之義亦然。故五峰曰：「萬物生於天，萬事宰於心。」❺又曰：「仁者，天地之心也。」❺故性雖至奧至秘，而非心不彰；通過「盡心」，足以「成性」。惟此「成性」，非「本無今有」之成，而是「形著」之成，即因心之形著而使性成為具體真實之存有也。所謂「六君子盡心者也，故能立天下之大本」，即表明此義。此中之「立」，亦是「形著」之立，非「本無今有」之立。此言惟因「盡心」，才能使作為天下之大本的「性」得以具體而真實地挺立。

故「性」與「心」之關係實即「抽象地說」與「具體地說」之關係，「形式地說」與「真實地說」之關係，「客觀地說」與「主觀地說」之關係。性為「自性原則」，心為「形著原則」。❺經此心性分設而以「形著」表彰其凝合，則心體活動之超越根源益固，而性體存有之實性益明，性天所包含之全幅內容即透過盡心之道德實踐以明澈之朗現之，而最後必歸於心性天是一。

胡五峰「以心著性」之義理型態，乃是由《中庸》、《易傳》之以「於穆不已之天命」言性體，而欲復返孔、孟，會通孔子之「仁」與孟子之「心性」者，所必有的發展也。❺

相較於胡五峰為順承北宋三家而繼續開發，陸象山（名九淵，字子靜，世稱象山先生，1139-1193）則是直承孟子而孤峰特起。嘗自謂其

---

❺　同上，頁 6。

❺　同上，頁 4。

❺　參見牟宗三：《心體與性體》，第二冊，頁 446。

❺　同上，頁 447。

學無所受,「因讀《孟子》而自得之」。❺❻其所自得者為何?蓋孟子「仁義內在」、「本心即性」之旨是也。故其平日教人「辨志」、「先立其大」、「明本心」、「存養」等,皆預設《孟子》一書之義理而不另作新說。唯「心即理」三字至象山始正式揭出,使孟子學說之宗趣更顯簡切明白。其在〈與李宰書〉中曾引孟子諸說以證「心即理」之義:

> 孟子曰:「心之官則思,思則得之,不思則不得也。」又曰:「存乎人者,豈無仁義之心哉?」又曰:「至於心,獨無所同然乎?」又曰:「君子之所以異於人者,以其存心也。」又曰:「非獨賢者有是心也,人皆有之,賢者能勿喪耳。」又曰:「人之所以異於禽獸者幾希,庶民去之,君子存之。」去之者,去此心也。故曰:「此之謂失其本心。」存之者,存此心也。故曰:「大人者不失其赤子之心。」「四端」者,即此心也。「天之所與我」者,即此心也。人皆有是心,心皆具是理,心即理也。故曰:「理義之悅我心,猶芻豢之悅我口。」所貴乎學者,為其欲窮此理,盡此心也。❺❼

此處象山徵引孟子之言,不啻若從自家口中而出,信手拈來,左右逢源,對於孟子義理之嫻熟,可謂古今無匹。嘗告人云:「竊不自

---

❺❻　陸九淵:《象山全集》,卷三十五,〈語錄〉,頁29。

❺❼　同上,卷十一,〈與李宰書〉,頁5-6。

揆，區區之學，自謂孟子之後，至是而始一明也。」❺❽誠無愧於其言也。孟子言「本心」、言「赤子之心」、言「四端之心」，皆不外指點吾人道德實踐之主體乃一當下具體真實之存有也。非獨賢者有之，即匹夫匹婦亦有之，此乃人心之所同然者。所不同者唯在於「庶民去之，君子存之」而已。去之者，去此心也。存之者，亦存此心也。象山進一步發揮云：「人皆有是心，心皆具是理，心即理也。」亦即作為吾人道德實踐之主體不只是「心」，同時也是「理」。惟此「心」即是「理」，此心方為仁、義、禮、智內在而不容已之道德本心；惟此「理」即是「心」，此理方為道德本心所自發自律而非外鑠於我之理，故總歸於「心即理」是也。象山又云：

> 近來論學者，言擴而充之，須於四端上逐一充，焉有此理？孟子當來，只是發出人有是四端，以明人性之善，不可自暴自棄。苟此心之存，則此理自明。當惻隱處自惻隱，當羞惡，當辭遜，是非在前，自能辨之。又云：當寬裕溫柔，自寬裕溫柔；當發強剛毅，自發強剛毅；所謂「溥博淵泉，而時出之」。❺❾

落到工夫上講，象山認為孟子所言「擴充」之義，並非於四端上逐一擴充，乃是直接從本心之存養下手。蓋所謂惻隱、羞惡、辭讓、

---

❺❽　同上，卷十，〈與路彥彬書〉，頁4。
❺❾　同上，卷三十四，〈語錄〉，頁2。

是非等四端，其實都不過是「本心」自然流露之情，其表現出來的
仁、義、禮、智之理，亦不過是「本性」中所固有之理。性即理，
而心即性，故「心即理」矣！若吾人能時時存養此道德本心，則道
德之理亦自坦然明白，成為吾人道德實踐所依循之法則，當惻隱處
自能惻隱，當羞惡處自能羞惡，當辭遜處自能辭遜，一切是非在
前，本心自能辨之，根本不假外求。此即象山承孟子之旨而有的簡
易之教也！

　　對比於象山之學的「簡易」，朱子（名熹，字元晦，號晦翁、晦
庵、遯翁，諡文公，1130-1200）之學不免為「支離」。簡易與支離之
判，關鍵即在於對「心即理」一義是否有真切的把握。《朱子語
類》載：

　　　問心性情之辨。曰：「程子云：『心譬如穀種，其中具生之
　　　理是性，陽氣發生處是情。』推而論之，物物皆然。」⑥

　　　性、情、心，惟孟子、橫渠說得好。仁是性，惻隱是情，須
　　　從心上發出來。「心，統性情者也。」⑥

朱子承伊川之緒，將孟子的「本心即性」拆開而成心、性、情三
分。仁、義、禮、智是「性」，惻隱、羞惡、辭讓、是非是

---

⑥　黎靖德編：《朱子語類》（臺北：文津出版社，1986 年），第一冊，卷五，
　　頁 95。
⑥　同上，卷五，頁 93。

「情」，而「心」乃「統性情者也」。仁、義、禮、智屬「理」，故「性即理」；惻隱、羞惡、辭讓、是非屬心之發動，發動處屬「氣」，故心與情皆氣邊事。故對於朱子而言，性即理，心不即理。試看《朱子語類》所載：

> 問：「靈處是心，抑是性？」曰：「靈處只是心，不是性。性只是理。」⑥

> 問心之動、性之動。曰：「動處是心，動底是性。」⑥

> 所覺者，心之理也；能覺者，氣之靈也。⑥

> 心者，氣之精爽。⑥

> 心有善惡，性無不善。⑥

所謂心是「靈處」、「動處」，皆表示心是活動原則，其自身有能動性；至於性，則只是活動所依據的理（所謂「動底」），其自身並不具備能動性。因此若依朱子的說法，「性」只是靜態的理，是心

---

⑥　同上，卷五，頁 85。
⑥　同上，卷五，頁 88。
⑥　同上，卷五，頁 85。
⑥　同上，卷五，頁 85。
⑥　同上，卷五，頁 89。

所覺的對象，並無主體應有的活動義；「心」本身雖能覺，具活動義，卻只是「氣之靈」，亦非真正的道德主體。固然，朱子嘗云：「心包萬理，萬理具於一心」❻，然心對於理底關係，並非如康德「意志底自我立法」之意，而只是一種認知上的賅攝。故在朱子，並無一個獨立意義的道德主體，亦即無一個能立法的道德主體。其論道德，必歸於「他律道德」而非「自律道德」，明矣！故牟宗三先生判朱子「別子為宗」，不列入儒家心學正統，良有以也。❻❽王龍溪曾云：

> 晦菴以尊德性為存心，以道問學為致知，取證於「涵養須用敬，進學則在致知」之說，以此內外交養。「知」是心之虛靈，以主宰謂之心，以虛靈謂之知，原非二物，舍心更有知，舍存心更有致知之功，皆伊川之說有以誤之也。❻❾

> 天下無心外之理，無心外之物，後儒以推極知識為致知，以窮至事物之理為格物，是為求助於外，或失則支。❼⓿

龍溪認為朱子將「尊德性」與「道問學」看成內外兩件事，乃取證於伊川「涵養須用敬，進學在致知」之說，於是舍「心」更有「知」，舍「存心」之外更有「致知」之功，皆伊川之說有以誤之

---

❻　同上，卷九，頁 155。
❻❽　參見牟宗三：《心體與性體》，第一冊，頁 54。
❻❾　王畿：《王龍溪全集》，第一冊，卷四，〈留都會記〉，頁 328。
❼⓿　同上，卷五，〈竹堂會語〉，頁 355。

也。龍溪更以「天下無心外之理，無心外之物」為判準，斷定朱子「格物致知」之說乃求助於外，或失則「支」。「支」者，「離」也。析心與理為二，自非儒家心學正統。龍溪又云：

> 夫學有嫡傳，有支派，猶家之有宗子與庶孽也。良知者，德性之知。性無不善，故知無不良。明睿所照，默識心通，顏子之學，所謂嫡傳也。多學而識，由於聞見以附益之，不能自信其心，子貢子張，所謂支派也。蓋良知不由聞見而有，而聞見莫非良知之用。多識者所以蓄德，德根於心，不由多識而始全，內外毫釐之辨也。顏子沒而聖學亡，後世所傳者，子貢子張支派學術，沿流至今，非一朝一夕之故。先師所倡良知之旨，乃千聖絕學，孔門之宗子也；漢唐以來，分門傳經，訓詁註述之徒，所謂庶孽者。❼

依龍溪之見，孔門學術有「嫡傳」，有「支派」。嫡傳與支派之分，來自「內」「外」之辨也。求理於心，是為「內」；求理於物，則為「外」矣。求理於心，則必先肯定「心即理」；求理於物，蓋自信不及，故不能直下肯認「心即理」也。顏子之學，「默識心通」，蓋求理於心者也，故為嫡傳。子貢子張，「多學而識」，蓋求理於物者也，故為支派矣。可見，「心即理」一義確為衡定是否合於儒家正統思想之規準。顏子沒而聖學亡，後世所傳者大抵為子貢子張支派學術，而龍溪承陽明「良知」之教，謂「先師

---

❼　同上，第二冊，卷九，〈與陶念齋〉，頁 633-634。

所倡良知之旨，乃千聖絕學，孔門之宗子也；漢唐以來，分門傳
經，訓詁註述之徒，所謂庶孽者。」由此可見龍溪批判之犀利，亦
可見其思想之抉擇矣。

　　故龍溪哲學思想所遠紹者乃儒家的「心學傳統」，漢唐傳經諸
儒乃至伊川、朱子不列入其中，至其直接血脈傳承則來自陽明的
「致良知」教也。

第三章　王龍溪哲學之義理傳承
──王陽明「致良知」教

　　如上所述，王龍溪哲學之思想背景乃整個儒家的「心學傳統」，其中「心即理」一義是貫串歷代正統儒者不同思想型態之間的共同原則，此一共同原則發展至王陽明又展現為「致良知」教的特殊型態，直接而深遠地影響王龍溪的思想。據〈王龍溪先生傳〉所載：王龍溪，本名畿，字汝中，浙之山陰人。明弘治十一年戊午（1498 年）出生，嘉靖二年癸未（1523 年）年二十六正式進入王陽明門下拜師受學，此時王陽明已五十二歲，正是大倡「致良知」教之時，王龍溪居師門一年，即「大悟，盡契師旨」。故自言曰：「我是師門一唯參。」又曰：「致良知三字，及門誰不聞，惟我信得及。」❶時四方之士來學於越者甚眾，王龍溪與錢緒山疏通其大旨，而後卒業於文成，一時稱為「教授師」。❷可見其對王陽明「致良知」教體悟之深切。故吾人若欲精確地掌握王龍溪哲學之義理傳承，則不得不對於王陽明之「致良知」教進行較為全面地理

---

❶　王畿：《王龍溪全集》，第一冊，卷首，〈王龍溪先生傳〉，頁 19。
❷　黃宗羲：《明儒學案》，上冊，卷十一，〈浙中王門學案一〉，頁 225。

解。以下即分從「心即理」、「知行合一」、「致良知」與「四句教」四個側面來加以鋪陳探討。

第一節　心即理

「心即理」一義既為儒家心學傳統當中共同的原則,則從先秦儒家以至宋明儒者之正宗,實依著此共同的原則而展開其言說系統,其間義理型態雖不免有開闔隱顯之別,然大方向總依此原則而前進。尤其從孟子到象山再到陽明,發揮「心即理」之義十分簡切明白,更能彰顯儒家「自律道德」之特色。孟子言「仁義內在」、「本心即性」,確立儒家成德之教的理論基礎,此固大有功於聖門。象山繼孟子之後正式揭出「心即理」之說,其言簡易直截,令人聞之足以振拔。陽明繼象山之後,在儒家心學傳統的基礎上另揭「致良知」教,使人於修養工夫上直下有個入路,其發明「心即理」一義更為顯豁矣。

若依時節因緣之不同來說,陽明乃生於「此亦一述朱,彼亦一述朱」❸的時代,故陽明雖與象山同主「心即理」之說,然象山之說「心即理」是直接承繼孟子而來,陽明之說「心即理」卻是從朱子學說中轉出。據《陽明年譜》所載,陽明從十八歲謁婁一齋,語宋儒格物之學開始,便深契「聖人必可學而至」;二十一歲侍龍山公于京師,遍求朱子遺書讀之,並取官署竹子格理沉思❹,不得而

---

❸　同上,上冊,卷十,〈姚江學案序〉,頁 179。
❹　陳來先生曾引陽明《遺言錄》中所載,考證陽明「格竹」之事不可能發生在

遇疾，遂「自委聖賢有分」。三十七歲被貶龍場，因念聖人處此更有何道，忽中夜大悟格物致知之旨，始知「聖人之道，吾性自足，向之求理於事物者誤也。」此一悟即悟「心即理」也。三十八歲倡「知行合一」之說，五十歲另揭「致良知」之教，乃至晚年立「四句教」為宗旨❺，其實亦皆不外「心即理」一義之展轉引申。惟其立說設教，因經歷與朱子學說對勘權衡之過程，故較諸象山更顯理論上之周密性與完備性，亦使得「心即理」的內涵獲得更為深廣的開展。

　　陽明言「心即理」首先即是針對朱子向心外求理之論作一根本的扭轉，以期返回自己本心上用工夫。《傳習錄》卷上載：

> 愛問：「『知止而後有定』，朱子以為『事事物物皆有定理』，似與先生之說相戾。」先生曰：「於事事物物上求至善，卻是義外也。至善是心之本體，只是明明德到至精至一處便是。然卻未嘗離卻事物。本注所謂：『盡夫天理之極，而無一毫人欲之私』者，得之。」❻

二十一歲之時，而當在十八歲之前。《遺言錄》第四十九條曰：「某十五、六時，便有志聖人之道，但于先儒格致之說若無所入，一向姑放下了，一日寓書齋，對數筆竹，要去格他理之所以然。〔……〕」此說頗有根據，可供參考。參見氏著：〈《遺言錄》《稽山承語》與王陽明晚年思想〉，收在吳光主編：《陽明學研究》（上海：上海古籍出版社，2000 年），頁 154。

❺　關於陽明此段學思歷程之演變，參見《王陽明全書》，第四冊，《年譜》，卷一，頁 79-148。

❻　陳榮捷：《王陽明傳習錄詳註集評》，卷上，第 2 條，頁 29。

按朱子「事事物物皆有定理」之說，見諸《大學或問》論「知止而後有定」句下，其言曰：「蓋明德新民，固皆欲其止於至善，然非先有以知夫至善之所在，則不能有以得其所當止而止之。〔……〕知止云者，物格知至，而於天下之事，皆有以知其至善之所在，是則吾所當止之地也。能知此止，則方寸之間，事事物物皆有定理矣。」❼依朱子之意，必先透過格物致知的工夫，方知天下事事物物至善之所在；先知得天下事事物物至善之所在，然後才能有以得其所當止而止之。此說顯然視心與理爲二，把至善之理看成是客觀的存有，爲心所認知之對象。殊不知「至善」是「心之本體」，只是「明明德到至精至一處」便是。如果能在心上下工夫，使內心無一毫人欲之私，那麼至善之理便自然會在心體上呈現，根本無待外求。關於此義，陽明有進一步的發揮：

> 愛問：「至善只求諸心，恐於天下事理有不能盡。」先生曰：「心即理也，天下又有心外之事，心外之理乎？」愛曰：「如事父之孝，事君之忠，交友之信，治民之仁，其間有許多理在，恐亦不可不察。」先生嘆曰：「此說之蔽久矣，豈一語所能悟，今姑就所問者言之。且如事父不成去父上求箇孝之理，事君不成去君上求箇忠的理，交友、治民不成去友上民上求箇信與仁的理，都只在此心。心即理也，此心無私欲之蔽，即是天理，不須外面添一分。以此純乎天理

---

❼　朱傑人等編：《朱子全書·大學或問》（上海：上海古籍出版社；合肥：安徽教育出版社，2002 年），第六冊，頁 510。

之心，發之事父便是孝，發之事君便是忠，發之交友、治民
便是信與仁，只在此心去人欲、存天理上用功便是。」❽

依陽明之見，事父之「孝」，事君之「忠」，交友之「信」，治民
之「仁」，這些道德之理都不可在事物上求，都只由本心而發。此
猶如孟子與告子辨「義內」「義外」時云：「且謂長者義乎？長之
者義乎？」（《孟子·告子上》）用康德的話來說，即「意志底自律
是意志底特性，由於這種特性，意志（無關乎意欲底對象之一切特性）
對其自己是一項法則。」（見前引）所以只要肯定「心即理」，那
麼道德法則必定由道德主體所自發自律，不由任何外在對象所決
定。故陽明曰：「心即理也，此心無私欲之蔽，即是天理，不須外
面添一分。」明乎此，則道德實踐的本質功夫當從此心之去人欲、
存天理下手，一旦此心能無私欲之蔽，發之事父便是孝，發之事君
便是忠，發之交友、治民便是信與仁，功夫何等簡易直截。若如朱
子強調「即物而窮其理」之功夫，則不僅取徑迂曲，且不免流於義
襲而取也。陽明〈答顧東橋書〉中曾批評云：

> 朱子所謂格物云者，在即物而窮其理也。即物窮理是就事事
> 物物上求其所謂定理者也，是以吾心而求理於事事物物之
> 中，析心與理為二矣。夫求理於事事物物者，如求孝之理於
> 其親之謂也。求孝之理於其親，則孝之理其果在吾之心邪？
> 抑果在於親之身邪？假而果在於親之身，則親沒之後，吾心

---

❽　陳榮捷：《王陽明傳習錄詳註集評》，卷上，第3條，頁30。

遂無孝之理歟？見孺子之入井，必有惻隱之理。是惻隱之
理，果在孺子之身歟？抑在於吾心之良知歟？其或不可以從
之於井歟？其或可以手而援之歟？是皆所謂理也。是果在於
孺子之身歟？抑果出於吾心之良知歟？以是例之，萬事萬物
之理莫不皆然，是可以知析心與理為二之非矣。夫析心與理
而為二，此告子義外之說，孟子之所深闢也。❾

既然朱子所謂「格物」是「即物而窮其理」之意，亦即「就事事物
物上求其所謂定理」，則「理」在外，「心」在內，心是「能
知」，理是「所知」，顯然「析心與理為二」。陽明指出，「理」
若果真存在於事事物物之中，那麼事事物物一旦消亡了，其理是否
也同時不存在了呢？然而，由親人亡故之後，孝親之理仍然存在，
可見孝親之理不由對象決定，而是由良知決定。再譬如見孺子之將
入於井而生惻隱之心，此中所含惻隱之理可由孺子身上得見乎？或
是由吾人良知所自覺生起乎？事實上，就道德行為發生的過程作一
考察，當不難發現外在事物之存在只是一客觀的「事實」，本身並
不足以決定道德之「價值」；真正道德之價值當由「道德主體」依
著此客觀的事實做出相應之判斷，而後乃有種種「道德之理」產
生。所以包括見孺子入井而判斷應否從之於井，或援之以手等等諸
理，亦非由對象所決定，而是以良知為主做出因時因地制宜之決
定。以是例之，萬事萬物之理莫不皆然。故「理」必由「心」發，
不由「物」得，若求「理」於「物」，便同於告子「義外」之說。

---

❾　同上，卷中，第135條，頁171-172。

「義外」者，猶如康德所謂「意志底他律」也。

　　陽明之所以反覆辯難於朱子之說者，蓋必將朱子「求理於物」轉為「求理於心」。此就儒家心學傳統而言，固只是祖述先聖先賢之說，然對朱子一脈之思想統緒而言，則不啻為一「哥白尼式之革命」也。❿

第二節　知行合一

　　「知行合一」是王陽明在龍場悟道後次年於貴陽所提倡的說法，其目的也是為了導正朱子「知先行後」的理論。蓋依朱子的見解，「知、行常相須，如目無足不行，足無目不見。論先後，知為先；論輕重，行為重。」又云：「致知、力行，用功不可偏。偏過一邊，則一邊受病。如程子云『涵養須用敬，進學則在致知。』分明自作兩腳說，但只要分先後輕重。論先後，當以致知為先；論輕重，當以力行為重。」⓫將「知」、「行」分作兩邊說，且強調「知先行後」，此自是與朱子主張「非先有以知夫至善之所在，則不能有以得其所當止而止之」（見前引）的說法一致，把「格物窮理」看成道德實踐的首要之務，故又曰：「萬事皆在窮理後。經不正，理不明，看如何地持守，也只是空。」⓬所以，「窮理」是「踐履」的先決條件。《朱子語類》載：

❿　　參見李明輝：《儒家與康德》，頁 1-2。

⓫　　黎靖德編：《朱子語類》，第一冊，卷九，頁 148。

⓬　　同上，頁 152。

王子充問：「某在湖南，見一先生只教人踐履。」曰：「義理不明，如何踐履？」曰：「他說：『行得便見得。』」曰：「如人行路，不見，便如何行。今人多教人踐履，皆是自立標致去教人。自有一般資質好底人，便不須窮理、格物、致知。聖人作箇《大學》，便使人齊入於聖賢之域。若講得道理明時，自是事親不得不孝，事兄不得不弟，交朋友不得不信。」**⓭**

朱子認為吾人必先窮究得事物的道理明白後，道德行為才有依循的準則，若義理不明，如何踐履？反之，若講求得道理明白時，事親自不得不孝，事兄自不得不弟，交友自不得不信。這種說法仍不免將道德法則視為外在認知的對象，卻沒有「意志自我立法」之義。故朱子所說的心只是一種認知的作用，不具有本心義；理也只能從客觀的事物上去窮究，而不是由本心所自發的道德律令。由此看來，朱子之所以將「知」、「行」分拆成先後兩件事來看，背後的原因其實仍在於不能肯定「心即理」之故。

若依陽明之義，工夫只在去除私欲之蔽上用，當本心完全呈現時，仁義禮智之理亦必呈現，此仁義禮智之理因著本心之覺而呈現時，亦必由內在產生一股實踐的動力。故當肯定「心即理」時，亦當肯定本心之「知」與道德之「行」是一體無二的，這便是陽明言「知行合一」背後的義理根據。陽明〈答顧東橋書〉云：「外心以

⓭ 同上，頁152-153。

求理，此知行所以二也。求理於吾心，此聖門知行合一之教。」❹
正是此意。

就在此「心即理」一義之基礎上，陽明有時也從「知行本體」
的概念來解釋知行之所以合一的道理。《傳習錄》卷上載：

> 愛因未會先生知行合一之訓，與宗賢、惟賢往復辯論，未能
> 決，以問於先生。先生曰：「試舉看。」愛曰：「如今人儘
> 有知得父當孝，兄當弟者，卻不能孝，不能弟，便是知與行
> 分明是兩件。」先生曰：「此已被私欲隔斷，不是知行的本
> 體了。未有知而不行者；知而不行，只是未知。聖賢教人知
> 行，正是要人復那本體，不是著你恁地便罷。故《大學》指
> 箇真知行與人看，說『如好好色，如惡惡臭。』見好色屬
> 知，好好色屬行，只見那好色時已自好了，不是見了後又立
> 箇心去好；聞惡臭屬知，惡惡臭屬行，只聞那惡臭時已自惡
> 了，不是聞了後別立箇心去惡。〔……〕就是稱某人知孝，
> 某人知弟，必是其人已曾行孝行弟，方可稱為知孝弟，不成
> 只是曉得說些孝弟的話，便可稱為知孝弟。又如知痛，必已
> 自痛了方知痛；知寒，必已自寒了；知饑，必已自饑了，知行
> 如何分得開？此便是知行的本體，不曾有私意隔斷的。聖人
> 教人，必要是如此，方可謂之知，不然只是不曾知。此卻是
> 何等緊切著實的工夫！如今苦苦定要說知行做兩箇，是什麼
> 意？某要說做一箇，是什麼意？若不知立言宗旨，只管說一

---

❹　陳榮捷：《王陽明傳習錄詳註集評》，卷中，第133條，頁167。

箇兩箇，亦有甚用。」⑮

徐橫山（名愛，字曰仁，號橫山，1488-1518）所說的今人儘有知得父當孝，卻不能孝，知得兄當弟，卻不能弟者，這是一般意義下說的知行，未必是道德意義下說的知行。此「知」只是知識意義中的「知道」，「行」亦只是鬆泛意義中的「做到」，知道不一定能做到，故知不一定能行。而陽明顯然是從道德意義去論說知行，故曰：「此已被私欲隔斷，不是知行的本體了。未有知而不行者；知而不行，只是未知。」既然知而不行，只是未知，可見陽明所說的知，是上提到道德本心去說的。道德本心上說的「知」，即是「良知之知」，良知之知善知惡，即涵著好善惡惡，不如此則不可謂為良知，蓋良知必涵著良能故也。「良知」屬「知」，「良能」屬「行」，說良知必涵著良能，故知與行必然合一。陽明說的「知行本體」，當即是孟子所說的「良知良能」。⑯陽明多方舉證知行合一之例，亦總表彰此意而已。⑰聖賢教人知行，正是要復那「知行

---

⑮　同上，卷上，第 5 條，頁 33。

⑯　陽明〈答陸原靜書〉曰：「若是知行本體，即是良知良能。雖在困勉之人，亦皆可謂之生知安行矣。」見陳榮捷：《王陽明傳習錄詳註集評》，卷中，第 165 條，頁 234。

⑰　楊祖漢先生曰：「但由陽明所舉的證明知行合一的例子看，則知行的意義不只是良知良能之義。如以見好色為知，好好色為行，此是從感性的知覺、性好上說知行。以知痛必已自痛了，知饑寒必已自饑了寒了說知行，是以經驗為行，經驗之結果為知。以某人知孝知弟必是其人已行孝行弟說知行之本一，則是日常語言之習慣用法。以上之例子，都不能表示知行是良知良能之義。當然舉例證義只能取其少分相似，例子常不能和所要表達的義理完全一

本體」，故只在去除私欲上用功，不讓本體受蔽，未有知而不行者也。《傳習錄》卷上續云：

> 愛曰：「古人說知行做兩箇，亦是要人見箇分曉，一行做知的功夫，一行做行的功夫，即功夫始有下落。」先生曰：「此卻失了古人宗旨也。某嘗說知是行的主意，行是知的功夫；知是行之始，行是知之成。若會得時，只說一箇知，已自有行在；只說一箇行，已自有知在。古人所以既說一箇知，又說一箇行者，只為世間有一種人，懵懵懂懂的任意去做，全不解思惟省察，也只是箇冥行妄作，所以必說箇知，方纔行得是；又有一種人，茫茫蕩蕩懸空去思索，全不肯著實躬行，也是箇揣摩影響，所以必說一箇行，方纔知得真。此是古人不得以補偏救弊的說話，若見得這箇意時即一言而足。今人卻就將知行分作兩件去做，以為必先知了，然後能行。我如今且去講習討論，做知的工夫，待知得真了，方去做行的工夫，故遂終身不行，亦遂終身不知。此不是小病痛，其來已非一日矣。某今說箇知行合一，正是對病的藥；又不是某鑿空杜撰，知行本體原是如此。今若知得宗旨時，即說兩箇亦不妨，亦只是一箇；若不會宗旨，便說一箇，亦濟得甚事，只是閒說話。」**⑱**

致，陽明為了說明他的主張，故多方取譬，吾人心知其意可也，不必執著於文字。」此說既指出陽明所舉例子之限制，又能體貼陽明之心意，可謂曲盡其致。參見氏著：《儒家的心學傳統》，第五章，頁 233-234。

⑱ 陳榮捷：《王陽明傳習錄詳註集評》，卷上，第 5 條，頁 33-34。

陽明認為古人既說一箇知，又說一箇行者，原是補偏救弊的話，今人（暗指朱子）卻將「知」與「行」分為兩件不同的工夫去做，以為必先知了，然後能行，遂致天下人終身不行，亦遂終身不知。惟陽明必欲主張「知行合一」之說，一方面固然是為了救治朱子「知先行後」理論之弊病，另一方面亦可說是「知行本體原是如此」。故陽明曰：「知是行的主意，行是知的功夫；知是行之始，行是知之成。若會得時，只說一箇知，已自有行在；只說一箇行，已自有知在。」「知」與「行」只是「良知」「良能」一體而現之成始成終的活動，良知既已知善知惡，則良能之好善惡惡亦必直貫下來完成其道德行為，故「知」與「行」原是一體。

陽明〈答顧東橋書〉云：「知之真切篤實處即是行，行之明覺精察處即是知。知行工夫，本不可離。」⑲可見不僅知行本體原是如此，知行工夫亦本不可離，其簡易直截處即落在於「致良知」也。《傳習錄》卷下云：

> 或疑知行不合一，以「知之匪艱」二句為問。先生曰：「良知自知，原是容易的，只是不能致那良知，便是『知之匪艱，行之惟艱』。」⑳

良知本明，自然知善知惡，但人往往為私欲所蒙蔽，以致於不能致那良知，這便是「知之匪艱，行之惟艱」的原因所在。所以，工夫

---

⑲　同上，卷中，第 133 條，頁 166。
⑳　同上，卷下，第 320 條，頁 372。

的關鍵不在「格物窮理」，而在於「致良知」。果能致得良知在，
便可復那「知行本體」，這是何等緊切著實的工夫。

　　由此可見，陽明倡「知行合一」說，其義理根據在「心即
理」，其工夫落實處則在「致良知」。

第三節　致良知

　　「致良知」是陽明在平定宸濠之亂後，總結以前不同時期的教
法而提出來的學說總綱。陽明曾說：「吾良知二字，自龍場已後，
便已不出此意，只是點此二字不出，與學者言，費多少辭說。今幸
見出此意，一語之下，洞見全體，真是痛快。」❷❶故知陽明「良
知」說之提出並非容易，乃「從百死千難中得來」。❷❷《陽明年
譜》中五十歲條目下載曰：

　　　　自經宸濠、忠泰之變，益信良知真足以忘患難、出生死，所
　　　　謂考三王、建天地、質鬼神、俟後聖，無弗同者。乃遺書守
　　　　益曰：「近來信得致良知三字，真聖門正法眼藏。往年尚疑
　　　　未盡，今自多事以來，只此良知無不具足。譬之操舟得舵，
　　　　平瀾淺灘，無不如意。雖遇顛風逆浪，舵柄在手，可免沒溺
　　　　之患矣。」❷❸

---

❷❶　錢德洪撰：〈刻文錄敘說〉，《王陽明全書》，第一冊，卷首，頁 11。

❷❷　同上。

❷❸　王守仁：《王陽明全書》，第四冊，《年譜》，卷一，頁 124-125。

歷經政治的險惡、軍事的詭譎，陽明通權達變，沉著應付，終能脫離困境，轉危為安，益信良知真足以忘患難、出生死，其拈出「致良知」三字，以為「真聖門正法眼藏」，此非書齋裡咬文嚼字得來，蓋從艱難險阻中「又一番證透」也。❷❹

　　如果說「心即理」代表儒家心學傳統的「通義」的話，那麼，「致良知」則是陽明滲透於此儒家心學傳統之後所拈出之「別義」。當然，此別義並非在義理思想上與「心即理」之通義有本質的差別，只不過是在表達方式上有所不同罷了。然一番拈動一番新，陽明以「良知」說「心」，除了對治朱子扣緊《大學》言致知之義外，尚有其時節因緣之特殊意義存焉！

一、「良知」之涵義

　　其實，陽明「良知」一詞，探本溯源乃取自孟子「良知良能」之說，然卻為其內涵注入更為豐富的意義。孟子云：

> 人之所不學而能者，其良能也；所不慮而知者，其良知也。孩提之童，無不知愛其親者；及其長也，無不知敬其兄者。親親，仁也；敬長，義也。無他，達之天下也。（《孟子·盡心上》）

---

❷❹　錢緒山曰：「良知之說發于正德辛巳年，蓋先生再罹寧藩之變、張許之難，而學又一番證透。」見氏撰：〈刻文錄敘說〉，《王陽明全書》，第一冊，卷首，頁10。

從文字表面來看，孟子此處言「良知」似乎只從孩提之童幼時「知愛」、長時「知敬」立說，然而若推原其意，孟子乃就吾人生命表現的切近處加以指點，指點出人人普遍具有的「本心」。本心能自發地知愛知敬，此就是人之「良知」。本心自發地知愛即能愛，知敬即能敬，故說「良知」即包涵「良能」。此乃「本心」不慮而知、不學而能的本質作用也。

　　故推擴來說，「良知」固可不限定於只是知愛、知敬、知仁、知義，即連知禮、知是非亦是人之良知。陽明即依此義而把「良知」提上來代表「本心」，並以之綜括孟子所說的「四端之心」。陽明云：

> 良知只是箇是非之心，是非只是箇好惡。只好惡，就盡了是非；只是非，就盡了萬事萬變。又曰：是非兩字是箇大規矩，巧處則存乎其人。❷❺

> 良知只是一箇天理自然明覺發現處，只是一箇真誠惻怛，便是他本體。故致此良知之真誠惻怛以事親便是孝，致此良知之真誠惻怛以從兄便是弟，致此良知之真誠惻怛以事君便是忠，只是一個良知，一個真誠惻怛。❷❻

當陽明說「良知只是箇是非之心，是非只是箇好惡」，這是將孟子

---

❷❺　陳榮捷：《王陽明傳習錄詳註集評》，卷下，第288條，頁341。
❷❻　同上，卷中，第189條，頁270。

所說的「是非之心，智也」和「羞惡之心，義也」兩者一起收到良知上講；當陽明說「良知只是一箇真誠惻怛」，從「惻怛」方面說是「仁心」，從「真誠」方面說，則「恭敬之心」亦含攝其中。如是，孟子所說的「四端之心」一起皆可收攝於陽明所說「良知」當中。㉗

又陽明曰：「良知只是一箇天理自然明覺發現處，只是一箇真誠惻怛，便是他本體」。亦即良知依著他真誠惻怛的本性，在種種特殊的機緣上，便自然而然地表現為各種不同的天理。如在事親上便表現為孝，在從兄上便表現為弟，在事君上便表現為忠，又何嘗只表現為「四端」而已？良知之真誠惻怛無已，則落在事事物物中所彰顯之天理亦無窮無盡。凡一切天理莫不從良知之自然明覺發現處流出，故陽明總說「良知之天理」㉘。天理既從良知之自然明覺發現處流出，則此天理絕不是良知之對象，乃即在良知本身之真誠惻怛處，此即陽明言「吾心之良知，即所謂天理也」㉙之真實義。「良知」與「天理」是一不是二，捨良知之所在別無所謂天理，離卻天理亦不得謂之良知。

關於陽明以「良知」統括孟子「四端之心」之意，龍溪曾有以下精闢的說法：

　　先生曰仁統四端，知亦統四端，良知是人身靈氣，醫家以手

㉗　參見牟宗三：《從陸象山到劉蕺山》，第三章，頁 218。
㉘　陳榮捷：《王陽明傳習錄詳註集評》，卷中，第 135 條，頁 172。
㉙　同上。

足痿痺為不仁，蓋言靈氣有所不貫也。故知之充滿處即是仁，知之斷制處即是義，知之節文處即是禮。說箇仁字，沿習既久，一時未易覺悟，說箇良知，一念自反，當下便有歸著，喚醒人心，尤為簡易，所謂時節因緣也。㉚

所謂「仁」統「四端」，「知」亦統「四端」者，以良知猶如人身靈氣，本無所不貫，故「知之充滿處」即是「仁」，「知之斷制處」即是「義」，「知之節文處」即是「禮」。仁、義、禮三德實是「良知」在不同分際下之表現而已。陽明以「知」統「四端」，表面上似乎偏重在表顯「是非之心」一端，其實仁、義、禮、智皆為本心當體所發之實德實理，諸實德實理之間本可相通，故舉任何一端以綜攝代表本心均無不可。況依龍溪看來，說箇「仁」字，沿習既久，一時未易覺悟，說箇「良知」，使人「一念自反，當下便有歸著，喚醒人心，尤為簡易」，所謂「時節因緣」也。

依此，陽明之說「良知」實較諸往聖先賢設言立教更易為人當下有所把握，故陽明之良知教乃顯教也。㉛陽明云：

良知原是完完全全，是的還他是，非的還他非，是非只依著他，更無有不是處，這良知還是你的明師。㉜

㉚　王畿：《王龍溪全集》，第一冊，卷四，〈東遊會語〉，頁290。

㉛　牟宗三先生曰：「蓋王學者顯教也。……良知為一圓瑩之純動用，而無所謂隱曲者，此即所謂『顯』。」參見氏著，《從陸象山到劉蕺山》，第六章，頁451。

㉜　陳榮捷：《王陽明傳習錄詳註集評》，卷下，第265條，頁325。

> 人若知道這良知訣竅，隨他多少邪思，這裡一覺，都自消
> 融，真箇是靈丹一粒，點鐵成金。㉝

就著道德判斷而言，良知原是「完完全全」，能夠明辨一切是非，只依著這良知，是的還他是，非的還他非，便可有真正的道德行為出現，絲毫不待外求。每個人若是能把握住「良知」這個訣竅，則一切的邪思妄念自然能夠覺察，覺察之即能消融之，此真所謂「靈丹一粒，點鐵成金」。陽明如此言良知，一者表明良知本身當下具足，原無少欠；再者表明良知本身具有實踐的動力，即知即行。在陽明這樣親切淺顯的表達下，道德實踐變成至簡至易之事，人人當下可付諸行動。

然而，「良知」二字在陽明的思想系統中，不僅代表「道德實踐的主體」，同時也代表「宇宙生化的本體」。陽明曰：

> 良知是造化的精靈。這些精靈，生天生地，成鬼成帝，皆從
> 此出，真是與物無對。人若復得他完完全全，無少虧欠，自
> 不覺手舞足蹈，不知天地間更有何樂可代？㉞

從陽明指出「良知是造化的精靈」來看，良知不獨表現在「知善知惡，為善去惡」的道德行為當中，同時也表現在「生天生地，成鬼成帝」的宇宙生化當中。事實上，透過道德實踐復得良知完完全全

㉝　同上，卷下，第 209 條，頁 293。
㉞　同上，卷下，第 261 條，頁 323。

時，當下便可使人超越形軀之限制，體證到與物無對的一體感。人一旦能體證到這種與物無對的一體感，自不覺手舞足蹈，不知天地間更有何樂可代？孟子云：「萬物皆備於我，反身而誠，樂莫大焉！」早已點出此意，陽明此說正可與之遙相呼應，同樣表達了「仁者與天地萬物為一體」之意境。《傳習錄》卷下又載：

> 朱本思問：「人有虛靈，方有良知。若草木瓦石之類，亦有良知否？」先生曰：「人的良知，就是草木瓦石的良知。若草木瓦石無人的良知，不可以為草木瓦石矣。豈惟草木瓦石為然？天地無人的良知，亦不可為天地矣。蓋天地萬物，與人原是一體。其發竅之最精處，是人心一點靈明。風雨露雷，日月星辰，禽獸草木，山川土石，與人原只一體。故五穀禽獸之類，皆可以養人。藥石之類，皆可以療疾。只為同此一氣，故能相通耳。」❸❺

依一般的理解，總認為只有人才具有良知，草木瓦石等植物或無生物當不具有良知。可是從陽明的回答中明白表示，良知不獨為人的良知，亦為草木瓦石的良知，甚至遍及一切而為天地萬物的良知。若草木瓦石無人的良知，不可以為草木瓦石矣；天地無人的良知，亦不可為天地矣。其主要原因在於「天地萬物，與人原是一體」。

---

❸❺　同上，卷下，第 274 條，頁 331。

陽明〈詠良知詩〉云：「無聲無臭獨知時，此是乾坤萬有基。」❸⑥
正說明良知為宇宙萬有之存在根據。宇宙萬有同以良知為其存在之
根據，即代表了良知的絕對性。對此良知的絕對性，客觀地稱理而
談，或許不難索解；然而，欲主觀地有親切的體證，則有待吾人返
回自身良知下一番真實的工夫。陽明曰：「其發竅之最精處，是人
心一點靈明」，這便將作為宇宙生化本體之良知收歸於人心一點靈
明來把握。果能恢復此人心之一點靈明，則天地萬物同在此良知的
遍潤之中，當下便可親證萬物一體之意境。陽明〈大學問〉云：

> 大人之能以天地萬物為一體也，非意之也，其心之仁本若是
> 其與天地萬物而為一也。豈惟大人，雖小人之心亦莫不然，
> 彼顧自小之耳。是故見孺子之入井，而必有怵惕惻隱之心
> 焉，是其仁之與孺子而為一體也。孺子猶同類者也，見鳥獸
> 之哀鳴觳觫，而必有不忍之心焉，是其仁之與鳥獸而為一體
> 也。鳥獸猶有知覺者也，見草木之摧折而必有憫恤之心焉，
> 是其仁之與草木而為一體也。草木猶有生意者也，見瓦石之
> 毀壞而必有顧惜之心焉，是其仁之與瓦石而為一體也。是其
> 一體之仁也，雖小人之心亦必有之，是乃根於天命之性而自
> 然靈昭不昧者也，是故謂之明德。❸⑦

---

❸⑥　王守仁：《王陽明全書》，第二冊，《詩錄》，卷三，〈詠良知四首示諸
　　生〉，頁 206-207。

❸⑦　同上，第一冊，《文錄》，卷一，〈大學問〉，頁 119。

由當下怵惕惻隱之心的呈現，然後吾人能真實地感受到與孺子、鳥獸、草木與瓦石同為一體，這是透過道德本心的活動而證成「心外無物」之義。換言之，當道德本心呈顯之時，吾人可以體證到天地萬物同在此仁心的遍潤底下而不能外之。早在孔子之時便有「一日克己復禮，天下歸仁焉」（《論語·顏淵》）的話，至程明道時亦有「仁者渾然與物同體」（〈識仁篇〉）之言，其實皆已點出此意，只是陽明此處之發揮更為親切明白罷了！依陽明之見，此大人之所以能以天地萬物為一體之意境，並非出於推理或揣想，而是道理本來如此，所謂「其心之仁本若是其與天地萬物而為一」是也。又此「一體之仁」之心，不獨大人有之，小人亦有之，這是「根於天命之性而自然靈昭不昧者也」，是故謂之「明德」。陽明復云：

> 天命之性，粹然至善。其靈昭不昧者，此其至善之發見，是乃明德之本體，而即所謂良知者也。至善之發見，是而是焉，非而非焉，輕重厚薄，隨感隨應，變動不居，而亦莫不自有天然之中，是乃民彝物則之極，而不容少有議擬增損於其間也。㊳

此「靈昭不昧」者，便是「至善」之發見處，便是「明德」之本體，亦即所謂「良知」也。人若能依此良知靈昭不昧所發見之至善而行，是其所是，非其所非，自能泛應曲當，合於天然之中。

　　明白了良知靈昭不昧、知是知非之特質後，一切工夫可收歸於

㊳　同上，頁120。

「致良知」上用。陽明云：

> 爾那一點良知，是爾自家底準則。爾意念著處，他是便知
> 是，非便知非，更瞞他一些不得。爾只要不欺他，實實落落
> 依著他去做，善便存，惡便去，他這裡何等穩當快樂。此便
> 是「格物」的真訣，「致知」的實功。若不靠這些真機，如
> 何去格物？我亦近年體貼出來如此分明，初猶疑只依他恐有
> 不足，精細看，無些小闕。❸❾

良知是人人心中的準則，當意念生起時，良知便能知是知非，只要
吾人絲毫不自欺，完全依著它落實去做，便自然能夠為善去惡。這
便是「格物」的真訣，「致知」的實功。寥寥數語，陽明已為吾人
點出「致良知」工夫的精義。如果說單提「良知」是揭示為學的
「頭腦」，那麼「致良知」便進一步指出為學的「入路」；如果說
言「良知」是指出道德實踐的主體，那麼「致良知」便是指出道德
實踐的工夫。由此而優入聖域，通達萬物一體之境，又何少欠哉！

二、「致良知」工夫之展開

如前所述，陽明早年曾苦心參究朱子的「致知格物」說而無所
得，後來於龍場一悟，「始知聖人之道，吾性自足」，乃將朱子那
套往外格物窮理之工夫路徑加以轉向，重新返回自己本心上下工
夫。陽明為了徹底扭轉朱子之「致知格物」說，故遂亦就著朱子之

---

❸❾　陳榮捷：《王陽明傳習錄詳註集評》，卷下，第 206 條，頁 291。

解《大學》，而落在心、意、知、物的關係中，改以「致良知」教的觀點解之，開出另一套不同的工夫理論。其說散見於〈大學古本序〉、〈大學問〉及《傳習錄》各卷，茲以三處文字相互參照說明之。〈大學問〉云：

> 然心之本體則性也，性無不善，則心之本體本無不正也，何從而用其正之之功乎？蓋心之本體本無不正，自其意念發動而後有不正，故欲正其心者，必就其意念之所發而正之。凡其發一念而善也，好之真如好好色，發一念而惡也，惡之真如惡惡臭，則意無不誠而心可正矣。❹

由於「心」之本體即是「性」，而「性」本身粹然至善，則「心」之本體本無不正，又何從用其正之之功乎？故必就心之發動處才可著力也。❹「心之發動處」即是「意」❹，凡意念之發全然依循心體之理，則謂之「善」；若意念之發受到私欲之影響，則謂之「惡」。在此有善有惡的意念層面，才有對治工夫可言。「發一念而善也，好之真如好好色，發一念而惡也，惡之真如惡惡臭」，如是則謂之「誠意」。故欲「正心」則在「誠意」，工夫始有著落

---

❹　王守仁：《王陽明全書》，第一冊，《文錄》，卷一，〈大學問〉頁 121-122。

❹　陳榮捷：《王陽明傳習錄詳註集評》，卷下，第 317 條，頁 368。

❹　王陽明曰：「但指其充塞處言之謂之身，指其主宰處言之謂之心，指心之發動處謂之意，指意之靈明處謂之知，指意之涉著處謂之物，只是一件。」參見同上，卷下，第 201 條，頁 282。

處。陽明〈大學古本序〉云:「大學之要,誠意而已矣。」❸其強調「誠意」工夫的重要,以此。

固然,「誠意」是工夫的下手處,但是工夫的首腦卻在「致知」。〈大學問〉續云:

> 然意之所發,有善有惡,不有以明其善惡之分,亦將真妄錯雜,雖欲誠之,不可得而誠矣。故欲誠其意者,必在於致知焉。致者,至也,如云「喪致乎哀」之「致」。《易》言「知至,至之。」知至者,知也;至之者,致也。致知云者,非若後儒所謂「充廣其知識」之謂也,致吾心之良知焉耳。良知者,孟子所謂是非之心,人皆有之者也。是非之心,不待慮而知,不待學而能,是故謂之良知。是乃天命之性,吾心之本體自然靈昭明覺者也。凡意念之發,吾心之良知無有不自知者。其善歟?惟吾心之良知自知之;其不善歟?亦惟吾心之良知自知之。〔……〕今欲別善惡以誠其意,惟在致其良知之所知焉爾。❹

意念之發動既已落到經驗層中而有善惡兩歧之分化,此時心之本體如何不隨意念之發動而陷於蒙昧之中呢?曰:必待「致知」之工夫。「致知」之工夫,依陽明之見,非若後儒(指朱熹)所謂「充

---

❸ 王守仁:《王陽明全書》,第一冊,《文錄》,卷三,〈大學古本序〉,頁188。
❹ 同上,第一冊,《文錄》,卷一,〈大學問〉,頁122。

廣其知識」之謂也，「致吾心之良知」之謂也。蓋「良知」云者，乃「吾心之本體自然靈昭明覺」者也。凡意念之發，其為善，吾心之良知自知之；其不善，吾心之良知亦自知之，故良知為意之超越的評判標準。然而，良知既知意之為善或為惡，倘吾人不能誠有以好之或惡之，則是自昧其良知也。因此，必須作「致良知」的工夫，將良知之知推擴到底，真誠地去好善惡惡，則意可誠而心可正矣。〈大學古本序〉云：「致知者，誠意之本也。」❹由此可見，「致知」才是「誠意」工夫的根本。

　　雖然，陽明強調「致知」是「誠意」工夫的根本，但是要使致知工夫能真正落實，關鍵卻是在「格物」。〈大學問〉云：

　　　然欲致其良知，亦豈影響恍惚而懸空無實之謂乎？是必實有
　　　其事矣。故致知必在於格物。物者，事也。凡意之所發，必
　　　有其事，意所在之事謂之物。格者，正也。正其不正，以歸
　　　於正之謂也。正其不正者，去惡之謂也；歸於正者，為善之
　　　謂也，夫是之謂格。〔……〕今焉於其良知所知之善者，即
　　　其意之所在之物而實為之，無有乎不盡；於其良知所知之惡
　　　者，即其意之所在之物而實去之，無有乎不盡，然後物無不
　　　格，而吾良知之所知者無有虧缺障蔽，而得以極其至矣。夫
　　　然後吾心快然無復餘憾而自慊矣，夫然後意之所發者始無自
　　　欺而可以謂之誠矣。❹

---

❹　同上，第一冊，《文錄》，卷三，〈大學古本序〉，頁188。
❹　同上，第一冊，《文錄》，卷一，〈大學問〉，頁122。

「致知」不能懸空致得，必定要推擴到事事物物上去致。蓋意之所在，必有其物。意既然有善有惡，則物亦有正與不正。故真欲致知以誠其意，則工夫不能不落到「格物」上。「如意用於事親，即事親為一物。意用於治民，即治民為一物。意用於讀書，即讀書為一物。意用於聽訟，即聽訟為一物。凡意之所用，無有無物者。有是意，即有是物。無是意，即無是物矣。物，非意之用乎？」**❹**依陽明的說法，事親、治民、讀書、聽訟等皆為「意之所用」之「物」，可見「物」不只指具體的物，也通指「事」而言，故陽明訓「物」為「事」也。**❸**又訓「格」為「正」，「正其不正，以歸於正」。故「格物」也者，「事事物物皆得其理」之謂也。事事物物皆得其理，然後才真可謂物格知致意誠，而心體亦得以復歸其正。〈大學古本序〉云：「格物者，致知之實也。物格則知致意誠，而有以復其本體，是之謂止至善」**❹**，由此可見「格物」的重要性。

　　陽明曾闡述自己「致知格物」之論，是「合心與理為一」者也，此便是陽明與朱子理論最大的差異。其言云：

---

❹　陳榮捷：《王陽明傳習錄詳註集評》，卷中，第137條，頁177。

❸　牟宗三先生曰：「格是正，物是事。事是行為，故吾亦曾以『行為物』說之。擴大言之，亦可以是『存有物』。」又云：「是故陽明落於大學上言『格物』，訓物為事，訓格為正，是就意之所在為物而言。若就明覺之感應而言，則事物兼賅。〔……〕在圓教下，道德創造與宇宙生化是一，一是皆在明覺之感應中朗現。」參見氏著：《從陸象山到劉蕺山》，第三章，頁233-242。

❹　王守仁：《王陽明全書》，第一冊，《文錄》，卷三，〈大學古本序〉，頁188。

　　若鄙人所謂致知格物者，致吾心之良知於事事物物也。吾心
　　之良知，即所謂天理也。致吾心良知之天理於事事物物，則
　　事事物物皆得其理矣。致吾心之良知者，致知也；事事物物
　　皆得其理者，格物也。是合心與理為一者也。❺⓿

事實上，陽明的「致知格物」論正是「心即理」一義的引申發揮，
只不過套在朱子講《大學》的說法上加以對治，而用不同的名言概
念來表示。陽明為扭轉朱子外心求理之說，故以「致知」為「致吾
心之良知」，不再是「推極吾之知識」❺❶；以「格物」為「事事物
物皆得其理」，而不再是「窮至事物之理」。❺❷陽明的說法雖然不
一定符合《大學》的本義，可是卻合於儒家「心即理」的傳統。故
總的來說，《大學》中所言的正心、誠意、致知、格物等工夫，透
過陽明以「致良知」教的觀點解之，其意義與朱子已大不相同。
《傳習錄》云：

　　夫必有事焉，只是集義，集義只是致良知。說集義則一時未
　　見頭腦，說致良知即當下便有實地步可用工，故區區專說致
　　良知。隨時就事上致其良知，便是格物；著實去致良知，便
　　是誠意；著實致其良知，而無一毫意必固我，便是正心。❺❸

---

❺⓿　陳榮捷：《王陽明傳習錄詳註集評》，卷中，第 135 條，頁 172。
❺❶　朱熹：《四書章句集註‧大學章句》「致知在格物」句下之註。
❺❷　同上。
❺❸　陳榮捷：《王陽明傳習錄詳註集評》，卷中，第 187 條，頁 268。

「隨時就事上致其良知」，便是「格物」；「著實去致良知」，便是「誠意」；「著實致其良知，而無一毫意必固我」，便是「正心」，可見，「致良知」是工夫的首腦。〈大學古本序〉云：「不本於致知，而徒以格物誠意者，謂之妄。」❺❹妄者，虛而無實之謂也。故因著「致知」，而格物、誠意、正心一一皆真實矣。只要能致知，則物莫不正，意莫不誠，心莫不正。「致知」若依陽明之義，即「致良知」是也，故陽明總歸於說「致良知」三字而已。

第四節　四句教

　　「四句教」是陽明晚年總結自己的學說思想而標舉的四句話，這四句話是：「無善無惡是心之體，有善有惡是意之動，知善知惡是良知，為善去惡是格物。」❺❺現今看得到此四句教內容的第一手文獻幾乎都在與「天泉證道」有關的記錄中，包括錢緒山所錄的《傳習錄》下卷與所主筆的《陽明年譜》，王龍溪口述的〈天泉證道記〉與其親筆的〈緒山錢君行狀〉，以及鄒東廓所記的〈青原贈處〉等。❺❻由於各家所錄天泉證道始末細節頗有不同，且「無善無

---

❺❹　王守仁：《王陽明全書》，第一冊，《文錄》，卷三，〈大學古本序〉，頁188。

❺❺　見陳榮捷：《王陽明傳習錄詳註集評》，卷下，第 315 條，頁 359；王守仁：《王陽明全書》，第四冊，《年譜》，卷一，頁 147-148；王畿：《王龍溪全集》，第一冊，卷一，〈天泉證道記〉，頁 89-93。

❺❻　此處限於篇幅，對於各文獻記錄未詳加羅列討論，僅就涉及四句教部份稍作引述，其餘留待下一章論「天泉證道之始末」再詳細探討。

惡心之體」一義造成王門後學許多流弊，所以後儒亦因此懷疑四句教乃出於陽明弟子之手，而非陽明本人立教之言。如劉蕺山（名宗周，字起東，號念臺，世稱蕺山先生，1578-1645）曾云：

> 四句教法，考之陽明集中並不經見，其說乃出於龍溪，則陽明未定之見，平日間嘗有是言，而未敢筆之於書，以滋學者之惑。❺❼

這是懷疑四句教為陽明未定之見，而由龍溪所具體擬出者。然根據以上的資料來看，這個說法並不成立。蓋不僅龍溪強調：「陽明夫子之學，以良知為宗，每與門人論學，提四句為教法。」（〈天泉證道記〉）緒山亦確認四句教為「先生教言」（《傳習錄》）陽明本人更反覆叮囑二位弟子：「二君以後再不可更此四句宗旨，此四句中人上下無不接著。我年來立教，亦更幾番，今始立此四句。」（《陽明年譜》）「天泉證道」一事之真實性自無可疑，且龍溪與緒山俱為當事人，實無聯合杜撰此四句教法之必要，可見蕺山之疑根本站不住腳。

其後，黃梨洲（名宗羲，字太沖，號南雷，世稱梨洲先生，1610-1695）更引鄒東廓〈青原贈處〉一文所記，提出更明確的質疑曰：

> 此與龍溪天泉證道記同一事，而言之不同如此。蕺山先師嘗疑陽明天泉之言與平時不同，平時每言「至善是心之本

---

❺❼　黃宗羲：《明儒學案》，上冊，卷首，〈師說〉，頁8。

體」，又曰「至善只是盡乎天理之極，而無一毫人欲之
私」，又曰「良知即天理」。錄〔案：指《傳習錄》〕中言天
理二字，不一而足，有時說「無善無惡者理之靜」，亦未嘗
徑說「無善無惡是心體」。今觀先生所記，而四有之論，仍
是以至善無惡為心，即四有四句亦是緒山之言，非陽明立以
為教法也。今據天泉〔案：指龍溪〈天泉證道記〉一文〕所記，以
無善無惡議陽明者，盍亦有考於先生之記乎？❺❽

黃梨洲認為天泉證道中的四句教出於緒山，而非陽明立教之言，並
認為四句教第一句應據東廓〈青原贈處〉一文所載，改成：「至善
無惡心之體」。關此，黃梨洲欲否認四句教是陽明的教法，根據前
段引證的三種資料來看，理由是不夠充份的。至於引用東廓之記來
校勘緒山、龍溪兩人所記，這更是不合理。因為，東廓並非天泉證
道的當事人，不該用他的轉述來改正當事人的記錄。❺❾
　　事實上，除了龍溪與緒山兩位當事人在記錄天泉證道一事時指
出陽明曾提四句教法外，陽明晚年居越後所收弟子朱近齋（名得
之，字本思，號近齋，生卒不詳）在所錄《稽山承語》一卷中，同樣記
述了陽明四句教的說法：

---

❺❽　同上，卷十六，〈江右王門學案一〉，頁334-335。

❺❾　陳來先生云：「按東廓非丁亥九月天泉證道的當事者，他把天泉證道與嚴灘
　　有無之辯混為一事，故誤以天泉為富陽。富陽即指嚴灘，蓋錢、王送陽明至
　　嚴灘，再論有無，其事亦詳見於《傳習錄》下。」參見氏著：《有無之境
　　──王陽明哲學的精神》（臺北：佛光文化事業公司，2000 年）一書，第八
　　章，頁 302 注。

楊文澄問：「意有善惡，誠之將何稽？」師曰：「無善無惡
者心也，有善有惡者意也，知善知惡者良知也，為善去惡者
格物也。」曰：「意固有善惡乎？」曰：「意者心之發，本
自有善而無惡，惟動於私欲而後惡也。惟良知自知之，故學
問之要曰致良知。」⑩

據《陽明年譜》記載，天泉證道一事發生在明嘉靖六年丁亥
（1527）九月八日晚⑪，隔天陽明即啟程往征思田，第二年十一月
陽明便病卒於南安⑫，可見此條楊文澄與陽明的問答當在天泉證道
之前，由此適足以證明：四句教在天泉證道之前即已提出，其確為
陽明晚年立教之言無誤。⑬這也印證了龍溪在〈天泉證道記〉中所

---

⑩　水野實等校注，張文朝譯：《稽山承語》，第 25 條。收在《中國文哲研究通
　　訊》（臺北：中央研究院中國文哲研究所，1998 年），第八卷，第三期，頁
　　62。

⑪　《陽明年譜》嘉靖六年「九月壬午發越中」條下云：「是月初八日，德洪與
　　畿訪張元沖舟中，因論為學宗旨。〔……〕畿曰：明日先生啟行，晚可同進
　　請問。是夕夜分，客始散，先生將入內，聞洪與畿候立庭下，先生復出，使
　　移席天泉橋上，德洪舉與畿論辯請問。」（見王守仁：《王陽明全書》，第
　　四冊，頁 147。）據此，則天泉證道之日為九月八日。然依陽明於丁亥十二
　　月初一日所作〈赴任謝恩遂陳膚見疏〉云：「已於九月初八日扶病起程」。
　　（見王守仁：《王陽明全書》，第三冊，《奏疏》，卷四，頁 140。）則天
　　泉證道之日為九月七日。未詳孰是，茲暫依《年譜》所載。案：陳來：《有
　　無之境──王陽明哲學的精神》，第八章，頁 294 注即依陽明〈赴任謝恩遂
　　陳膚見疏〉所載，斷定天泉證道之日為九月七日，筆者以為論據未必充分，
　　故不採取。蓋陽明當時已病，亦可能記錯也。

⑫　王守仁：《王陽明全書》，第四冊，《年譜》，卷一，頁 147-162。

⑬　陳來先生起初曰：「以天泉證道陽明『我年來立教亦更幾番，今始立此四

述：「陽明夫子之學，以良知為宗，每與門人論學，提四句為教法。」的說法。故以四句教作為陽明晚年最後立教之宗旨，殆無疑義。

　　不過，接下來值得我們進一步探討的是：究竟陽明在居越後期所提的「四句教」，與江右時期所提的「致良知」說，是否屬於同一種思想型態呢？根據緒山在〈刻文錄敍說〉一文中所云：

> 先生之學凡三變，其為教也亦三變。少之時馳騁於辭章，已而出入二氏，繼乃居夷處困，豁然有得於聖賢之旨，是三變而至道也。居貴陽時，首與學者為知行合一之說。自滁陽後，多教學者靜坐。江右以來，始單提致良知三字，直指本體，令學者言下有悟，是教亦三變也。**❻❹**

在此，緒山從「學凡三變，教亦三變」的觀點綜述陽明學思歷程，僅至江右「致良知」說時期而已，並未提及居越以後的化境階段。

句』之說參之，四句之提當在丙戌、丁亥（1526-1527）間，不能更早。」則四句教之提出當在嘉靖五、六年間。（參見氏著：《有無之境——王陽明哲學的精神》，第八章，頁 291。）後來又曰：「《承語》所載此條，在乙酉丙戌之間。」則四句教之提出當在嘉靖四、五年間。（參見氏著：〈《遺言錄》《稽山承語》與王陽明晚年思想〉，收在吳光主編：《陽明學研究》，頁 154。）

❻❹ 錢德洪撰：〈刻文錄敍說〉，《王陽明全書》，第一冊，卷首，頁 10。另外，緒山於〈陽明先生年譜序〉一文中，亦曾綜述陽明一生學思之歷程，然亦未提此化境階段。見《王陽明全書》，第四冊，《年譜》，卷二，頁 190。

然而根據《明儒學案》記載，黃梨洲對陽明一生的學思演變曾有如下的描述：

> 先生之學，始泛濫於詞章，繼而遍讀考亭之書，循序格物，顧物理吾心，終判為二，無所得入，於是出入於佛、老者久之。及至居夷處困，動心忍性，因念聖人處此更有何道？忽悟格物致知之旨，聖人之道，吾性自足，不假外求。其學凡三變而始得其門。自此以後，盡去枝葉，一意本原，以默坐澄心為學的。有未發之中，始有發而中節之和，視聽言動，大率以收斂為主，發散是不得已。江右以後，專提「致良知」三字，默不假坐，心不待澄，不習不慮，出之自有天則。蓋良知即是未發之中，此知之前更無未發；良知即中節之和，此知之後更無已發。此知自能收斂，不須更主於收斂；此知自能發散，不須更期於發散。收斂者，感之體，靜而動也；發散者，寂之用，動而靜也。知之真切篤實處即是行，行之明覺精察處即是知，無有二也。居越以後，所操益熟，所得益化，時時知是知非，時時無是無非，開口即得本心，更無假借湊泊，如赤日當空而萬象畢照，是學成之後又有此三變也。(65)

此中所謂「其學凡三變而始得其門，學成之後又有此三變」之說，其前三變是指：㈠泛濫詞章；㈡出入佛老；㈢龍場悟道等三個階段

(65) 黃宗羲：《明儒學案》，上冊，卷十，〈姚江學案〉，頁181。

的轉變而言。後三變是指：㈠龍場悟道後，以「默坐澄心」為學的；㈡江右以後，專提「致良知」三字；㈢居越以後，「時時知是知非，時時無是無非」等三個階段的轉變而言。黃梨洲此說大抵是根據龍溪在〈滁陽會語〉中之敘述所簡括而成的❻，兩人皆認為陽明於江右提出「致良知」說之後，思想上再有更進一步的演變，即所謂「時時知是知非，時時無是無非」的化境是也。從時間上來看，「四句教」的提出無疑是在此一化境階段，而不在揭「致良知」說的時期，故此「四句教」之思想內涵對江右時期所提的「致良知」說而言，很難說沒有更進一步的開展。

順著上面黃梨洲引述自龍溪的說法來看，陽明於江右提出致良知教時，已能超越龍場悟道之初以「默坐澄心」為主要工夫的格局，而達到「默不假坐，心不待澄，不習不慮，出之自有天則」的境地，其所以如此，蓋陽明此時已能見得良知即是未發之中，亦即是已發之和；此知自能收斂，此知亦自能發散；此知不僅僅是知，此知更即是行。

至於陽明居越以後，由於「所操益熟，所得益化」，故能「時時知是知非，時時無是無非」。「時時知是知非」是表現了「四句教」中「知善知惡是良知」的一面，「時時無是無非」則表現了「四句教」中「無善無惡心之體」的一面。前者可謂為良知之「有」，後者可謂良知之「無」，「有」與「無」原是良知的一體兩面。陽明曾曰：

---

❻　王畿：《王龍溪全集》，第一冊，卷二，〈滁陽會語〉，頁 168-172。

> 無知無不知，本體原是如此。譬如日未嘗有心照物，而自無
> 物不照。無照無不照，原是日的本體。良知本無知，今卻要
> 有知。本無不知，今卻疑有不知，只是信不及耳。❻❼

一般人理解陽明的「致良知」說，很容易只注目於良知「知善知
惡」的能力，卻忽略了良知「無思無慮」的特質，故於致良知工夫
上不免多著了一分意思。蓋良知本無知，良知亦本無不知，工夫的
關鍵處只在信得及或信不及。信得及時，直承良知本體自然發用，
便能知善知惡，更不待擬議思索，故謂「無知無不知，本體原是如
此」。陽明如此說，固是點出良知本體原包含「無」與「有」兩個
面向，但就著一般人容易忽略的角度來說，「無」的側面當是陽明
所更強調的重點，故曰「譬如日未嘗有心照物，而自無物不照。」
順此譬喻的說法，亦可曰「良知未嘗有心知善知惡，而自能明辨善
惡」。良知之「無」能使良知之「有」表現得更為渾淪順適也。而
良知之「無」不僅可從「本體」處說，亦可從「工夫」處說：

> 聖人只是還他良知的本色，更不著些意思在，良知之虛，便
> 是天之太虛；良知之無，便是太虛之無形。日月風雷，山川
> 民物，凡有貌象形色，皆在太虛無形中發用流行，未嘗作得
> 天的障礙。聖人只是順其良知之發用，天地萬物俱在我良知
> 的發用流行中，何嘗有一物超於良知之外，能作得障礙？❻❽

---

❻❼　陳榮捷：《王陽明傳習錄詳註集評》，卷下，第 282 條，頁 336。
❻❽　同上，卷下，第 269 條，頁 328。

說良知之「虛」，便是天之太虛；良知之「無」，便是太虛之無形，這是從本體一面，肯定良知原來虛寂無執，自然流行；說聖人只是還他良知的本色，「更不著些意思在」，這是從工夫一面，強調聖人只是順其良知之發用，更不須後天人為加以執著。可見，良知之「無」實通貫於本體和工夫兩面，不僅無礙於良知之「有」的表現，反更能彰顯本體與工夫的本來面貌。類似這樣的言論，在陽明晚年的言談中其實出現得非常頻繁，如：

> 無善無不善，性原是如此。悟得及時，只此一句便盡了。❻⑨

> 至善者，心之本體。本體上才過當些子，便是惡了。不是有一個善，卻又有一個惡來相對也。❼⓪

> 心無體，以天地萬物感應之是非為體。❼①

> 黃勉叔問：「心無惡念時，此心空空蕩蕩的，不知亦須存箇善念否？」先生曰：「既去惡念，便是善念，便復心之本體矣。譬如日光被雲來遮蔽，雲去光已復矣。若惡念既去，又要存箇善念，即是日光之中添燃一燈。」❼②

---

❻⑨　同上，卷下，第 273 條，頁 330。

❼⓪　同上，卷下，第 228 條，頁 304。

❼①　同上，卷下，第 277 條，頁 333。

❼②　同上，卷下，第 237 條，頁 310。

心體上著不得一念留滯，就如眼著不得些子塵沙。些子能得
幾多，滿眼便昏天黑地了。又曰：這一念不但是私念，便好的
念頭亦著不得些子。如眼中放些金玉屑，眼也開不得了。**⑬**

這些說法不外指向兩端：㈠從本體上看，良知之「無善無惡」是就
其「超越善惡兩端之相對」立言；㈡從工夫上看，良知之「無善無
惡」是就其「不思善不思惡」立言。前者藉由遮撥善惡兩端之對
立，來凸顯良知為絕對之至善，故曰「至善者，心之本體。……不
是有一個善，卻又有一個惡來相對也。」；後者藉由點化工夫之不
可執著性，來凸顯良知本自能知善知惡，故曰「心體上著不得一念
留滯，就如眼著不得些子塵沙……這一念不但是私念，便好的念頭
亦著不得些子。」綜此兩面以觀，可見陽明晚年對於「無善無惡心
之體」一義之刻意強調，蓋有見於「本體之超越性」與「工夫之無
執性」之重要，其於良知圓瑩無滯自然發用之**實理實事**體悟得更為
透澈矣。

　　由以上的分析看來，良知既具有「知善知惡」的能力，同時也
包含了「無善無惡」的特性，所以僅從知善知惡去理解良知，尚不
能完全顯示出陽明良知說的全部內涵。因此，陽明居越後期所提的
「四句教」對於江右時期所提的「致良知」說而言，在思想內涵上
的確有了新的發展。如果說江右時期所提的「致良知」說還只是
「有」的境界，那麼到居越後期「四句教」之提出則已實現了「有

---

⑬　同上，卷下，第335條，頁380。

無合一」的境界。❼

　　若然，龍溪區分江右致良知說時期與居越以後化境階段為二變的說法，應當是可以被肯定的。「致良知」說時期不免較著重在「本致知以格物誠意而復其心體之正」一義，而「四句教」之提出則更著重在「悟得心體之無善無惡而致知以格物誠意」。❼純就理論系統而言，「四句教」雖不外於「致良知」說之義理骨幹，然在實踐工夫上實更強調了「不思善不思惡」一義的重要性。因此，「四句教」之提出實標誌著陽明晚年化境下更圓熟的教法，「有」「無」雙出，而不落一邊，隨人根器上下，有悟有修，有頓有漸，真是「徹上徹下功夫」也。綜觀陽明一生的學思發展，直到四句教法的拈出，可謂已臻圓熟，故此四句之教亦正標示了陽明晚年立教的「宗旨」。

　　後來龍溪重新拈出「四無」說，便是從陽明「四句教」首句「無善無惡心之體」一義加以引申發揮而成。依此，吾人可進一步探討龍溪之「四無」說，以明其對陽明學說之義理傳承及其哲學思想之創發開展。

---

❼　參見陳來：《有無之境——王陽明哲學的精神》，第十一章，頁 491-492。

❼　唐君毅先生嘗以「四句教」來看陽明後三變思想之發展，他認為陽明江右「致良知」說時期可謂重在四句教之第三句「知善知惡是良知」，而居越以後的化境階段則重在四句教之第一句「無善無惡心之體」，此義可與本文相發明，值得參考。參見氏著：《中國哲學原論·原性篇》（臺北：臺灣學生書局，1989 年），第十四章，頁 465-469。

第四章　王龍溪哲學之創發開展
──「四無」說之提出

　　嘉靖六年丁亥（1527 年），王陽明奉命平定廣西思恩、田州兩地少數民族之暴亂。起程前夕，在越城天泉橋上，王龍溪與錢緒山因爭論四句教法權實問題，懸而未決，遂相與請正，王陽明乃各遺其見，令歸中道，謹守宗旨，保任勿失，這便是王門著名的一段公案──天泉證道。

　　此事不獨對於理解王陽明晚年思想進境有極為重要的參考價值，即對於研究王龍溪哲學之特色而言亦具有代表性的意義。蓋天泉證道上，王龍溪另提「四無」新說，實乃由頓悟王陽明「四句教」首句「無善無惡心之體」而來，王陽明允其為「傳心秘藏」，更視之為「天機發泄」，則王龍溪可謂得王陽明思想之真傳也。尤有進者，王龍溪不僅得王陽明思想之真傳，更有其個人獨到的體悟與創發，視之為承繼王陽明思想而來之一調適上遂的開展可也。

　　故底下擬先對記載天泉證道一事之文獻作全盤的考察，再以此為基礎闡釋王龍溪「四無」說之思想內涵，再藉王陽明調和王龍溪和錢緒山之見以指出「四無」說之特色與限制，最後再進一步藉嚴灘問答來探討王龍溪「四無」說對王陽明致良知教之義理傳承及其

其思想定位，則王龍溪哲學所創發開展之理境可得而明矣。

第一節　天泉證道之始末

　　由於現今所存記載天泉證道一事之文獻內容頗多出入，故以下試將其中最為重要的幾種加以羅列分析，冀能較為真確地還原這段史實的經過與始末。

　　㈠《傳習錄》卷下記載：

丁亥年九月，先生起，復征思田。將命行時，德洪與汝中論學。汝中舉先生教言曰：「無善無惡是心之體，有善有惡是意之動，知善知惡是良知，為善去惡是格物。」德洪曰：「此意如何？」汝中曰：「此恐未是究竟話頭。若說心體是無善無惡，意亦是無善無惡的意，知亦是無善無惡的知，物亦是無善無惡的物矣。若說意有善惡，畢竟心體還有善惡在。」德洪曰：「心體是天命之性，原是無善無惡的。但人有習心，意念上見有善惡在，格致誠正修，此正是復那性體功夫。若原無善惡，功夫亦不消說矣。」
是夕侍坐天泉橋，各舉請正。先生曰：「我今將行，正要你們來講破此意。二君之見，正好相資為用，不可各執一邊。我這裡接人，原有此二種：利根之人，直從本源上悟入，人心本體原是明瑩無滯的，原是個未發之中。利根之人，一悟本體，即是功夫，人己內外，一齊俱透了。其次不免有習心在，本體受蔽，故且教在意念上實落為善去惡功夫，熟後，

渣滓去得盡時，本體亦明盡了。汝中之見，是我這裡接利根
人的；德洪之見，是我這裡為其次立法的。二君相取為用，
則中人上下，皆可引入於道。若各執一邊，眼前便有失人，
便於道體各有未盡。」

既而曰：「以後與朋友講學，切不可失了我的宗旨：無善無
惡是心之體，有善有惡是意之動，知善知惡是良知，為善去
惡是格物。只依我這話頭，隨人指點，自沒病痛，此原是徹
上徹下功夫。利根之人，世亦難遇，本體功夫，一悟盡透，
此顏子明道所不敢承當，豈可輕易望人？人有習心，不教他
在良知上實用為善去惡功夫，只去懸空想箇本體，一切事為
俱不著實，不過養成一箇虛寂，此箇病痛，不是小小，不可
不早說破。」是日德洪汝中俱有省。❶

案：《傳習錄》卷下所載天泉問答為錢緒山所錄❷，而在《陽明年
譜》中，亦有一段同是出自錢緒山之筆的天泉證道記，惟內容表達
方式稍有不同。

　㈡《陽明年譜》嘉靖六年丁亥「九月壬午發越中」條下記載：

是月初八日，德洪與畿訪張元沖舟中，因論為學宗旨，畿
曰：「先生說知善知惡是良知，為善去惡是格物，此恐未是

---

❶　陳榮捷：《王陽明傳習錄詳註集評》，卷下，第 315 條，頁 359。
❷　此段天泉問答之記載收在《傳習錄》卷下，原題為黃省曾錄，惟據此篇內容
　　所載皆用德洪之名，可知為錢緒山本人所錄無疑。參見陳榮捷撰：〈傳習錄
　　略史〉，《王陽明傳習錄詳註集評》，頁 11。

究竟話頭。」德洪曰：「何如？」畿曰：「心體既是無善無惡，意亦是無善無惡，知亦是無善無惡，物亦是無善無惡。若說意有善有惡，畢竟心亦未是無善無惡。」德洪曰：「心體原來無善無惡，今習染既久，覺心體上見有善惡在，為善去惡，正是復那本體功夫。若見得本體如此，只說無功夫可用，恐只是見耳。」畿曰：「明日先生啟行，晚可同進請問。」

是夕夜分，客始散，先生將入內，聞洪與畿候立庭下，先生復出，使移席天泉橋上，德洪舉與畿論辯請問，先生喜曰：「正要二君有此一問，我今將行，朋友中更無有論證及此者。二君之見，正好相取，不可相病。汝中須用德洪功夫，德洪須透汝中本體。二君相取為益，吾學更無遺念矣。」

德洪請問，先生曰：「有只是你自有，良知本體原來無有。本體只是太虛，太虛之中，日月星辰，風雨露雷，陰霾曀氣，何物不有，而又何一物得為太虛之障？人心本體亦復如是。太虛無形，一過而化，亦何費纖毫氣力？德洪功夫須要如此，便是合得本體功夫。」

畿請問，先生曰：「汝中見得此意，只好默默自修，不可執以接人。上根之人，世亦難遇，一悟本體，即見功夫，物我內外，一齊盡透，此顏子明道不敢承當，豈可輕易望人？二君已後與學者言，務要依我四句宗旨：無善無惡是心之體，有善有惡是意之動，知善知惡是良知，為善去惡是格物。以此自修，直躋聖位。以此接人，更無差失。」畿曰：「本體透後，於此四句宗旨如何？」先生曰：「此是徹上徹下語，

自初學以至聖人，只此功夫。初學用此，循循有入，雖至聖
人，窮究無盡。堯舜精一功夫，亦只如此。」

先生又重囑付曰：「二君以後再不可更此四句宗旨，此四句
中人上下無不接著。我年來立教，亦更幾番，今始立此四
句。人心自有知識以來，已為習俗所染，今不教他在良知上
實用為善去惡功夫，只去懸空想箇本體，一切事為俱不著
實，此病痛不是小小，不可不早說破。」是日洪、畿俱有
省。❸

案：《傳習錄》下卷刊於嘉靖三十五年（1556）❹，《陽明年譜》
則成於嘉靖四十二年（1563）。❺《陽明年譜》所載天泉證道一
事，其首尾與《傳習錄》大同小異，而中間部份分開記錄緒山與龍
溪各自向陽明請正的問答，則較《傳習錄》總述陽明對兩位弟子之
訓誡，從形式上看來，或許更接近當時的實況。蓋《陽明年譜》雖
是緒山主稿，然復經龍溪等人「互精校閱」❻，當更為可信。另
外，在萬曆十五年（1587）刻行❼的《王龍溪全集》中，有龍溪門
人根據龍溪口述錄成的〈天泉證道記〉，亦有相當重要的參考價
值。

---

❸　王守仁：《王陽明全書》，第四冊，《年譜》，頁147-148。

❹　陳榮捷：《王陽明傳習錄詳註集評》，卷下，〈錢德洪跋〉，頁386。

❺　錢德洪撰：〈陽明先生年譜序〉，《王陽明全書》，第四冊，頁190。

❻　同上，頁191。

❼　見蕭良幹撰：〈王龍溪先生全集序〉，《王龍溪全集》，第一冊，卷首，頁
3-7。

㈢《王龍溪全集》中〈天泉證道記〉記載：

陽明夫子之學，以良知為宗，每與門人論學，提四句為教法：「無善無惡是心之體，有善有惡是意之動，知善知惡是良知，為善去惡是格物。」學者循此用功，各有所得。緒山錢子謂：「此是師門教人定本，一毫不可更易。」先生謂：「夫子立教隨時，謂之權法，未可執定。體用顯微，只是一機。心意知物，只是一事。若悟得心是無善無惡之心，意即是無善無惡之意，知即是無善無惡之知，物即是無善無惡之物。蓋無心之心則藏密，無意之意則應圓，無知之知則體寂，無物之物則用神。天命之性，粹然至善，神感神應，其機自不容已，無善可名，惡固本無，善亦不可得而有也，是謂無善無惡。若有善有惡，則意動於物，非自然之流行，著於有矣。自性流行者，動而無動；著於有者，動而動也。意是心之所發，若是有善有惡之意，則知與物一齊皆有，心亦不可謂之無矣。」緒山子謂：「若是，是壞師門教法，非善學也。」先生謂：「學須自證自悟，不從人腳跟轉，若執著師門權法，以為定本，未免滯於言詮，非善學也。」
時夫子將有兩廣之行，錢子謂曰：「吾二人所見不同，何以同人？盍相與就正夫子？」晚坐天泉橋上，因各以所見請質。夫子曰：「正要二子有此一問。吾教法原有此兩種。四無之說，為上根人立教。四有之說，為中根以下人立教。上根之人，悟得無善無惡心體，便從無處立根基，意與知物，皆從無生，一了百當，即本體便是工夫，易簡直截，更無剩

欠，頓悟之學也。中根以下之人，未嘗悟得本體，未免在有
善有惡上立根基，心與知物，皆從有生，須用為善去惡工
夫，隨處對治，使之漸漸入悟，從有以歸於無，復還本體。
及其成功一也。世間上根人不易得，只得就中根以下人立
教，通此一路。汝中所見，是接上根人教法，德洪所見，是
接中根以下人教法。汝中所見，我久欲發，恐人信不及，徒
增躐等之病，故含蓄到今，此是傳心秘藏，顏子明道所不敢
言者。今既已說破，亦是天機該發泄時，豈容復秘？然此中
不可執著，若執四無之見，不通得眾人之意，只好接上根
人，中根以下人，無從接授。若執四有之見，認定意是有善
有惡的，只好接中根以下人，上根人亦無從接授。但吾人凡
心未了，雖已得悟，仍當隨時用漸修工夫，不如此不足以超
凡入聖，所謂上乘兼修中下也。汝中此意，正好保任，不宜
輕以示人，概而言之，反成漏泄。德洪卻須進此一格，始為
玄通。德洪資性沈毅，汝中資性明朗，故其所得，亦各因其
所近，若能互相取益，使吾教法，上下皆通，始為善學耳。
自此海內相傳天泉證悟之論，道脈始歸于一云。**❽**

案：此篇記載與前兩篇最大的不同，在於對龍溪所主張的「四無」
說做了較詳盡的闡發，並正式揭出「四有」、「四無」的名稱。綜
觀以上三篇記載，雖然在文字上有些微差異，但大體來說，因係當
事人親筆或口述，故所記大抵詳信而可靠。三篇所記，或各有掛漏

---

❽　王畿：《王龍溪全集》，第一冊，卷一，〈天泉證道記〉，頁 89-93。

之處，將其綜合比觀，當可逼近天泉證道之史實。除此之外，陽明另一高弟鄒東廓在其〈青原贈處〉一文中亦曾載及此事。

　　㈣鄒東廓〈青原贈處〉一文記載：

> 陽明夫子之平兩廣也，錢、王二子送於富陽。夫子曰：「予別矣，盍各言所學。」德洪對曰：「至善無惡者心，有善有惡者意，知善知惡是良知，為善去惡是格物。」畿對曰：「心無善而無惡，意無善而無惡，知無善而無惡，物無善而無惡。」夫子曰：「洪甫須識汝中本體，汝中須識洪甫功夫，二子打併為一，不失吾傳。」❾

案：東廓此記，較諸前面三篇記載，實甚粗略。蓋因其非天泉證道之當事者，故此載之真確性值得考慮。

　　另有〈緒山錢君行狀〉一文❿，雖是龍溪親筆所記，惟內容較為簡略且大致與龍溪〈天泉證道記〉同，故此處不予抄錄。總計以上共五篇記錄，是吾人研究王門天泉證道一公案最主要的資料。

　　綜合以上資料，吾人要首先要釐清的問題是：㈠天泉證道是起因於龍溪和緒山對陽明「四句教」的爭辯，究竟其爭辯的問題何在？㈡所謂「四無」說與「四有」說的基本意涵又當如何理解？㈢陽明又是如何合會「四無」說與「四有」說呢？

---

❾　黃宗羲：《明儒學案》，上冊，卷十六，〈江右王門學案一〉，頁341。

❿　王畿：《王龍溪全集》，第三冊，卷二十，〈緒山錢君行狀〉，頁 1377-1379。

　　關於第一個問題，據〈天泉證道記〉所載，龍溪認為陽明的四句教只是一時立教之「權法」，不可執定；緒山則認為四句教乃師門教人之「定本」，一毫不可更易。《傳習錄》與《陽明年譜》則載龍溪疑陽明四句教「恐未是究竟話頭」，因此與緒山展開論辯。三錄所載，文字略異，意實相通，兩人爭辯的問題主要集中在陽明立四句教的權實問題上，這與明末學者如蕺山、宗羲等人著重於爭辯四句教是否為陽明本人的教言，有明顯的不同。換言之，龍溪和緒山之間的爭辯，並不是在於勘定四句教是否出自陽明，而是在共同肯定四句教為陽明教法的基礎上，進一步商榷應將四句教視為「權法」或「定本」。

　　關於第二個問題，依龍溪的觀點，心意知物，只是一事，若說意是有善有惡的，則知與物一齊皆有，「心亦不可謂之無矣」（〈天泉證道記〉）。另《傳習錄》作：「畢竟心體還有善惡在」，《陽明年譜》則作：「畢竟心亦未是無善無惡」。這是說意既處於有善有惡的分化狀態，心體如何能真是無善無惡地呈顯呢？豈不因意之有善有惡連帶影響到心體也跌宕不平？反過來，若說心體是無善無惡地呈顯，意豈可以有善惡兩歧之分化？故龍溪認為陽明的四句教不是「究竟話頭」，只是「權法」，乃另提「四無」新說。所謂「四無」之說，用龍溪自己的話來講，即是：「若悟得心是無善無惡之心，意即是無善無惡之意，知即是無善無惡之知，物即是無善無惡之物。」（〈天泉證道記〉）龍溪這種將意、知、物完全統於無善無惡的心體之下，直承此無善無惡的心體自然流行之思想型態，可謂是一側重「頓悟本體」之實踐理論。

　　但依緒山的觀點來看，心體原是天命之性，雖無善無惡，但

「人有習心，意念上見有善惡在」（《傳習錄》），故須用「為善去惡」的功夫（《陽明年譜》），以求恢復本體。若見得心體原是無善無惡，便說無功夫可用，「恐只是見耳」（《陽明年譜》）。因此他不同意龍溪「四無」的說法，主張堅守陽明的四句教法。其實，在緒山這種堅持之下，四句教便只成了一種與龍溪「四無」說相對立的思想型態：著意在「為善去惡」功夫的必要性，卻不能徹悟「四無」說之理境而正視其價值，可謂是一側重「漸修功夫」之實踐理論。

關於第三個問題，對龍溪和緒山兩人的爭辯，基本上陽明所採取的是一種調和的態度。他在不同層面的意義上肯定了龍溪和緒山的意見各具有其價值，同時亦具有其限制。根據《傳習錄》與〈天泉證道記〉的記載，陽明是以接上根人和中下根人的不同來合會此二說的。他認為：「四無」之說是為上根人立教，「四有」之說則是為中根以下人立教。上根之人，悟得無善無惡心體，更無剩欠，一了百當；中根以下之人，未嘗悟得本體，須隨處對治，使之漸漸入悟。上根之人，從無處立根基，一悟本體，便是工夫，這是頓悟之學；中根以下之人，未免在有善有惡上立根基，故須用為善去惡工夫，這是漸修之法。這兩種接引人的方式，雖然皆是王門用來教人的方法，但也各有其局限性，因此不可執著。《陽明年譜》所載雖無明顯地以接引上下根人來合會「四無」與「四有」的說法，但從陽明告誡二人的說法中，可看出陽明的主張實甚一貫。陽明說：「汝中須用德洪功夫，德洪須透汝中本體。」既明白點出龍溪在頓悟「四無」本體之後，仍須用緒山「四有」之漸修工夫，反之，緒山在做「四有」之漸修工夫中，當透悟龍溪「四無」之本體，這種

說法無疑是較以接引上下根人來合會「四無」、「四有」的說法，來得更具體明確些。由此可見，陽明分別從「本體」之悟與不悟，「工夫」之頓與漸，「教法」之上與下來融會「四無」說與「四有」說，正點出了他們理論上之限制所在，同時也顯示出兩種說法的個別價值，更為「四無」說與「四有」說朝更圓融的理境發展之可能性，指出了可行的方向。

　　有些學者逕把緒山所堅持下的四句教和陽明本人所立的四句教，看成是同樣的思想型態，同名之為「四有」❶，這其實是有待商榷的。以下可分從兩方面來探討：

　　㈠從文獻上來看，《傳習錄》與《陽明年譜》所錄之天泉問答，同出於緒山之手，其中並沒有提到「四有」、「四無」的說法。東廓〈青原贈處〉中所引，亦無此說法。唯龍溪〈天泉證道記〉一文中提到：「夫子曰：正要二子有此一問，吾教法原有此兩種：四無之說，為上根人立教。四有之說，為中根以下人立教。」這是「四無」說、「四有」說出現的由來，可見這組詞語原是龍溪個人特殊的用法。依照此特殊的用法，「四無」說指的是龍溪本人側重「頓悟本體」之實踐理論，「四有」說指的是緒山側重「漸修

---

❶　如牟宗三先生，見其所著《從陸象山到劉蕺山》，第三章，第二節，頁 266-282，以及《圓善論》第六章，第五節，頁 313-316。皆明白表示陽明之「四句教」為「四有」，並未區分陽明與緒山之間有何不同。再如王財貴先生，一方面既站在龍溪「四無」說的立場，質疑緒山的「四有」說所悟之本體「尚只是一預設（或隨聖人之教而如此信仰而已，實未自證）」；一方面卻又將陽明本人之「四句教」亦等同於緒山的「四有」說，則陽明強調其「四句教」是「徹上徹下語」，「中人上下無不接著」等語（《陽明年譜》），便無著落矣。參見氏著：《王龍溪良知四無說析論》，第四章，頁 409-436。

功夫」之實踐理論，兩者陽明既皆認為有局限性，又說四句教是
「徹上徹下語」，「中人上下無不接著」（《陽明年譜》），則陽明
的主張既非「四無」，亦非「四有」明矣，故不宜將陽明本人所立
的「四句教」與緒山所堅持下之四句教，均看成是「四有」之思想
型態，完全等同起來。

　　㈡從義理上來看，緒山所堅持下的四句教，既著意在「有善有
惡意之動」上，強調只有「用工夫以復本體」一種工夫入路，則其
對於陽明四句教首句「無善無惡心之體」實只有義理上之肯認，而
不具有實踐上之契悟。此所以陽明告誡他：「德洪須透汝中本體」
（《陽明年譜》），並且諄諄訓示道：

　　　　有只是你自有，良知本體原來無有。本體只是太虛，太虛之
　　　　中，日月星辰，風雨露雷，陰霾曀氣，何物不有，而又何一
　　　　物得為太虛之障？人心本體亦復如是。太虛無形，一過而
　　　　化，亦何費纖毫氣力？德洪功夫須要如此，便是合得本體功
　　　　夫。（《陽明年譜》）

依陽明之意，人心本體一如太虛，太虛之中何物不有，而又何一物
得為太虛之障？吾人心體發用處何嘗沒有感性習氣之存在，然而感
性習氣又何嘗真能成為吾人心體之障蔽呢？可見，陽明本人未嘗不
知吾人意念之發動可能受到感性習氣之影響而有善惡兩歧之分化，
然而只要對於「無善無惡心之體」信得及，則「一悟本體便是工
夫」，正如太虛無形，一過而化，亦何費纖毫氣力？緒山既執著在
「意是有善有惡的」，便認為只能夠「用為善去惡工夫以復本

體」，不許龍溪言「四無」之「悟本體即是工夫」，可見對於「無善無惡心之體」之即體即用性尚悟得不透。若悟得透，工夫正應該要如此做，如此做才是「合得本體功夫」。

　　事實上，不只陽明對緒山的評論是如此，連緒山本人對自己亦持相同的看法。如緒山在〈與張浮峰〉一文中曰：

> 龍溪學日平實，每於毀譽紛冗中，益見奮惕。弟向與意見不同，雖承先師遺命，相取為益，終與入處異路，未能渾接一體。歸來屢經多故，不肖始能純信本心，龍溪亦是事上肯自磨滌，自此正相當。⓬

緒山此處明白表示自己對聖賢學問向來與龍溪意見不同，天泉證道上雖承陽明遺命要彼此相取為益，惟終究與龍溪工夫入處異路，未能渾接一體，及至「歸來屢經多故，不肖始能純信本心」。可見，天泉證道中他雖說「心體是天命之性，原是無善無惡的」，這只不過是從言說上承當過來，並不真能實踐地徹悟此心體無善無惡之實義。

　　後來羅念菴曾敘述緒山之學的演變，便將緒山對「無善無惡」說的體悟過程全部展示出來：

> 念菴曰：「緒山之學數變，其始也，有見於為善去惡者，以為致良知也。已而曰：『良知者，無善無惡者也，吾安得執

⓬　黃宗羲：《明儒學案》，上冊，卷十一，〈浙中王門學案一〉，頁 235-236。

　　以為有而為之而又去之？』已又曰：『吾惡夫言之者之淆
　　也，無善無惡者，見也，非良知也。吾惟即吾所知以為善者
　　而行之，以為惡者而去之，此吾可能為者也。其不出於此
　　者，非吾所得為也。』又曰：『向吾之言猶二也，非一也。
　　夫子嘗有言矣，曰至善者心之本體，動而後有不善也。吾不
　　能必其無不善，吾無動焉而已。彼所謂意者動也，非是之謂
　　動也；吾所謂動，動於動焉者也。吾惟無動，則在吾者常一
　　矣。』」❸

由這段敘述看來，緒山之學約可分成四個階段：第一個階段，以為
善去惡為致良知。亦即自有善有惡之意發動後，更起為善去惡之念
以致知，工夫上不免有所作意，不能明白心體無善無惡之義。❹第
二個階段，已能肯定良知無善無惡之義。故對於前一階段執著於有
善有惡之意，更起為善去惡之念以致知之工夫，表示懷疑。第三個
階段，以無善無惡為「見」也，而以「即吾所知以為善者而行之，
以為惡者而去之」為工夫。由此可知其第二階段所肯定的良知無善
無惡之義，只是一時從義理上承當過來，並不真能從實踐上體悟得

---

❸　同上，頁 226。

❹　王陽明曾曰：「為學工夫有淺深。初時若不著實用意去好善惡惡，如何能為
　　善去惡？這著實用意，便是誠意。然不知心之本體原無一物，一向著意去好
　　善惡惡，便又多了這分意思，便不是廓然大公。書所謂『無有作好作惡』，
　　方是本體。」緒山此第一階段所見即是「著意去好善惡惡」，故不免「多了
　　這分意思，便不是廓然大公」，殊不知「『無有作好作惡』，方是本體」。
　　引文見陳榮捷：《王陽明傳習錄詳註集評》，卷上，第 119 條，頁 140-141。

透徹明白，故又重回到第一階段以為善去惡為工夫。惟其與最初之見不同者，則在於更重此良知之「知」的作用❶，此抑或表示他對於「良知」的體悟更加貼切一些。到了最後階段，直契本心之至善義，而以不動於意為工夫。黃梨洲認為緒山此時之「無動」，即是慈湖「不起意」之旨❶，則緒山此時所見已能近於龍溪「即本體即工夫」之意境矣。

　　由此可見，緒山在體悟「心體無善無惡」之義上是有其逐步深切化之歷程的。若從實踐的智慧學來看待良知學的話，則對於心體無善無惡之徹底了悟，總非一時言語上承當過來即一了百當，必須自家心體上真正體貼明白方可。故從緒山思想歷程上之跌宕起伏以觀，緒山於天泉證道時並非真能了解龍溪言「四無」之義，甚至對於陽明「四句教」首句言「無善無惡心之體」之真實意義亦未必能完全透悟，乃至歸來屢經多故後，方能漸漸相信本體與功夫為一矣。❶

　　以上徵引陽明、緒山、念菴之言，無非是要證明以下之事實：即天泉證道中緒山對陽明四句教之把握只有後三句較為真切，至於第一句「無善無惡心之體」則未能透徹了悟，宜其只成「四有」之思想型態。至於陽明本人所立的「四句教」，則句句皆有實義，既

---

❶　唐君毅：《中國哲學原論・原教篇》，第十四章，頁 367。

❶　黃宗羲撰〈浙中王門學案一〉於此段引文之後評曰：「按先生之無動，即慈湖之不起意也」，見《明儒學案》，上冊，卷十一，頁 226。

❶　關於錢緒山思想之演變及其特色，此處受限於篇幅，未能充份論述，請參閱拙著〈《明儒學案・浙中王門學案》中錢緒山與王龍溪思想之述評〉一文，收在《鵝湖學誌》第二十七期，2001 年 12 月，頁 68-79。

重視頓悟本體，亦不廢漸修功夫，隨學者根器上下，悟「無」見「有」，各資其用，非一特定的思想型態所能範限者也。故陽明所立之「四句教」與緒山執持下之「四有」畢竟是有分別的，此分別不在文句表面上，而是在對文句背後義理的領悟上。**⑱**

依吾人之意，不妨回歸到龍溪〈天泉證道記〉中對「四有」一詞的使用，將此詞用來專門指稱緒山所代表的那種側重「漸修功夫」的實踐理論**⑲**，而把「四句教」一詞還原成只代表陽明本人教法所呈顯的特殊理境。如此一來，「四有」與「四句教」二詞既回歸到其原來的指謂，同時恰如其分地代表了緒山和陽明兩人之間不同的思想型態。

---

⑱ 陳來先生在其《有無之境——王陽明哲學的精神》一書中，亦主張將陽明的「四句教」和緒山所代表的「四有」說區別開來，惟陳來先生進而以鄒東廓〈青原贈處〉一文所述：「德洪對曰：至善無惡者心，有善有惡意，知善知惡是良知，為善去惡是格物。」來代表緒山的「四有」說，想藉此從文句上來區分陽明的「四句教」與緒山的「四有」說之不同，則是筆者所不敢苟同的。因為一來陳先生既認為鄒東廓非天泉問答當事人，不能用他的轉述來證明緒山龍溪兩人所錄四句教首句為誤記，同樣地亦不當以東廓所記來證成緒山「四有」說即是如此。再者所謂「至善無惡者心」與「無善無惡心之體」二句，文字表面雖然不同，但其義理實可相通，想藉此區分陽明與緒山二人思想型態之不同，實非諦當。詳見該書，第八章，頁300-305。

⑲ 龍溪本人或亦有將陽明四句教看成只是「四有」之意，但若僅就〈天泉證道記〉一文的前後語脈來看，「四有」一詞確實只在陽明對龍溪和緒山二人見解之合會上出現，從未用來明指陽明本人之四句教，故吾人可說從〈天泉證道記〉這個文獻來看，「四有」一詞乃專就緒山所代表的思想型態而言。退一步來說，縱使龍溪本人亦有將陽明四句教視為「四有」之意，那也只代表龍溪個人對陽明四句教之理解，不因此即代表陽明之四句教客觀的義理只是「四有」，吾人當從義理上區分陽明「四句教」與緒山「四有」說之不同。

　　總上所述，天泉證道中應有三種不同的見解[20]：龍溪主張「四無」說，強調「心意知物一體皆是無善無惡」之「頓悟本體」的實踐理論。緒山主張「四有」說，強調「人有習心，須用為善去惡」之「漸修功夫」的實踐理論。陽明本人則立「四句教」，既不著於「無」亦不偏於「有」，卻又同時兼融「有」「無」二境，而成一「徹上徹下」的圓實之教。因此他告誡龍溪和緒山說：「二君之見，正好相資為用，不可各執一邊」。並且鄭重告誡兩位弟子，不可更改「四句教」，因為四句教是他晚年立教之「宗旨」，中人上下無不接著，只依這話頭，隨人指點，自沒病痛。

第二節　四無說之思想內涵

　　若以上分析為不誤，則天泉證道上陽明、龍溪、緒山師徒三人之間的問答，其實反映了他們各自心中對於本體、工夫與教法之見解，這原是屬於實踐中證悟之事（故名曰「天泉證道」），而非純粹客觀的理論探究。基於此一實踐的觀點，重新檢討天泉證道上的種種問題，當可在儘量不修改文獻的前提下，同時透到文句背後的義理去體貼每個說話者心中的理境，把天泉證道之本來面目呈顯出

---

[20]　持此種看法的學者除以上提到的陳來先生外，尚有秦家懿女士、彭國翔先生等。參見陳來：《有無之境——王陽明哲學的精神》，第八章，頁291-304；Julia Ching（秦家懿）："Beyond Good and Evil:The Culmination of the Thought of Wang Yang-ming (1472-1529)", *Numen*, No.22, 1973, pp.127-136；彭國翔：《良知學的展開——王龍溪與中晚明的陽明學》，第四章，頁183。

來。❹站在此一理解的基礎上，以下嘗試對龍溪「四無」說之思想內涵作更為深入的探討。

細觀龍溪所以視陽明四句教為「權法」，而另提「四無」新說，關鍵全落在四句教的第二句「有善有惡意之動」上，此可由其提出的質疑看出。龍溪的質疑歸納起來可用以下兩個命題來表示：㈠體用顯微，只是一機。心意知物，只是一事。若悟得心是無善無惡之心，意即是無善無惡之意，知即是無善無惡之知，物即是無善無惡之物。㈡意是心之所發，若是有善有惡之意，則知與物一齊皆有，心亦不可謂之無。（見前引〈天泉證道記〉。關於第二個命題《傳習錄》則作：若說意有善惡，畢竟心體還有善惡在。而《陽明年譜》則作：若說意有善有惡，畢竟心亦未是無善無惡。）

從以上兩個命題來看，吾人可以發現龍溪的推論皆是採直線方式，亦即：心若是無善無惡，意、知、物亦皆當無善無惡，反過來，意若是有善有惡，則心、知、物一體亦皆不能是無善無惡。在這種直線式的推論中，意之無善無惡或有善有惡，便成了問題的關鍵所在。因為，依龍溪之意，如果在悟得心體無善無惡之後，意即能是無善無惡，那麼「四無」說便能成立。反之，如果意有善有惡，連帶地心亦不能是無善無惡，那麼陽明的「四句教」便出現了問題。

既然「意」是問題的關鍵所在，那麼我們不妨先藉陽明平日的

---

❹　此處限於篇幅，對於各個論斷未能充分引證資料加以證成和說明，實在有所疏漏。請參見拙著：《王門天泉證道研究——從實踐的觀點衡定「四無」、「四有」與「四句教」》（臺北：花木蘭文化出版社，2009 年 9 月），收在林慶彰主編，《中國學術思想研究輯刊》六編，第 19 冊。

話來探討一下「意」的內涵。陽明在〈答羅整菴少宰書〉中曾言：

> 理一而已。以其理之凝聚而言則謂之性，以其凝聚之主宰而言則謂之心，以其主宰之發動而言則謂之意，以其發動之明覺而言則謂之知，以其明覺之感應而言則謂之物。㉒

依此，所謂「意」是就「主宰之發動」而言，此主宰之心體既是至善無惡之理的凝聚，則直承此心體之發動而來的意亦當是「至善無惡之意」，此或可名之曰「超越層之意」。不過，陽明並非全從此層面言意，尚有自經驗層面言意者，如他在臨終前一年即嘉靖六年丁亥所作〈答魏師說〉中曾云：

> 意與良知當分別明白，凡應物起念處皆謂之意，意則有是有非，能知得意之是非者，則謂之良知。㉓

此處言「意」，是就「應物起念處」說，此即是就著經驗層面立言。蓋此時之意非全然直承心體之發動而來，而是受外物所感而產生，故不免「有是有非」。此「有是有非之意」，或可名之曰「經驗層之意」。

　由此可知，陽明言「意」本可有「超越層之意」與「經驗層之

㉒　陳榮捷：《王陽明傳習錄詳註集評》，卷中，第 174 條，頁 250。
㉓　王守仁：《王陽明全書》，第二冊，《書錄》，卷三，〈答魏師說〉，頁 55。

意」兩義，借用劉蕺山「意」與「念」的區別來說，則「主宰之發動」的意相當於蕺山所謂的「意」，「應物起念處」的意則相當於蕺山所謂的「念」。㉔雖然陽明本人並未有如此自覺的區分，惟透過以上徵引的材料來看，陽明言「意」確然可以分析出兩種不同的內涵。

　　故依陽明，意本可上可下，可升可降，若意統攝於心而發動，則為至善無惡之意；若意是應物而起之念，則為有善有惡之意。由前者可開出龍溪的「四無」說，由後者可開出緒山的「四有」說。相應於真實的道德實踐而言，此兩說在道理上皆可成立，在工夫上則須相資為用，不當各執一偏，這便是陽明立「四句教」之宗旨。

　　從文字表面上看，陽明四句教第二句雖立「有善有惡意之動」一義，但從首句強調「無善無惡心之體」看來，亦未嘗不含攝「無善無惡之意」一義。陽明原是四句平說，而句句皆實，隨人資質高

㉔　劉蕺山曰：「意之好惡與起念之好惡不同。意之好惡一機而互見，念之好惡兩在而異情。以念為意，何啻千里？」依此，則蕺山所謂的「意」乃就「好善惡惡」而言，好善即見惡惡，惡惡即見好善，故曰「一機而互見」，則此「意」全然至善無惡，屬「超越層之意」；至於蕺山所謂的「念」乃就「感性之好惡」而言，感性之好惡有所執著，未必全然依於天理，好其所好即執於其好處，惡其所惡即執於其惡處，故曰「兩在而異情」，則此「念」乃有善有惡，屬「經驗層之意」。上文僅就此兩層之區別來類比陽明言「意」之不同，至於陽明以「主宰之發動」言意，蕺山以「心之所存」言意，彼此之間的差異固非此處所取譬也。引文見戴璉璋、吳光主編：《劉宗周全集》（臺北：中央研究院中國文哲研究所籌備處，1996 年）第二冊，《語類》卷十三，〈學言中〉，頁 485。

下，悟入便有不同，故不宜將之視為一種固定的理論架構，而應該
把它看成是工夫的指點語、教法語，唐君毅先生嘗從此一角度來看
陽明的四句教，其言曰：

> 若然，則意等有善惡，畢竟心體還有善惡否之一問題仍在。
> 陽明于此並未明答也。吾今抄此傳習錄之文，乃意即在指出
> 上一問題，陽明之未明答。其所以不明答，蓋由陽明之提四
> 句教，乃是教法語、工夫語，並非客觀的討論心意是什麼。
> 即不管意有善有惡時，心體中是否有善惡在，人總可直去悟
> 心之體之明瑩無滯、無善無惡之一面，以為工夫；而于見意
> 有善有惡時，則可以知善知惡，為善去惡為工夫。若然，則
> 不管是利根、鈍根，皆有四句教中所言之工夫照管。㉕

唐先生此一說法可謂深契陽明四句教立教之本旨矣，蓋四句教之提
出原非理論地要去鋪陳心、意、知、物是什麼，乃是實踐地就吾人
作聖工夫作一點示，隨學者根器利鈍，所見自有深淺之別，或自首
句悟入，「即本體便是工夫」；或從後三句悟入，「用工夫以復本
體」。若然，則不管是利根、鈍根，皆有四句教中所言之工夫照
管。因此，陽明的四句教實際上可說是一個「描述性陳述」
（descriptive statement）而非一套「演繹系統」（deductive system）。㉖

㉕　唐君毅：《中國哲學原論·原教篇》，第十三章，頁 363。

㉖　唐君毅先生另有一文曾表示：陽明之四句教是一個「描述性陳述」
　　（descriptive statement）而非一套「演繹系統」（deductive system）。此義甚
　　佳，值得參考。參見氏著："The Development of the concept of Moral mind

　　龍溪一味從高明處識取，偏重在由「超越層之意」處立論，不能通達陽明四句教兼攝「超越層之意」與「經驗層之意」兩面立說之微旨，故其批評陽明之四句教實有不當之處。惟從道德實踐之真實理境而言，其「四無」說自可成立。

　　既然，龍溪「四無」說之提出，在於其對於「意」之觀法一味往「超越層之意」識取，故吾人今欲探討其「四無」說之思想內涵，自亦當由此「超越層之意」切入，以見其思想成立之因由，進而對其思想之全貌做層層的剖析，以徹底掌握龍溪「四無」說之精義。

　　龍溪「四無」說之成立，主要是著眼於「意」原是「本心自然之用」。此義信得過，則「意」統於「心」，自無善惡兩歧之分化，意既無善惡兩歧之分化，則「知」亦不必突顯其知善知惡之相，同樣地「物」亦不過是本心明覺感應中之實事，如此「四無」說便可成立。龍溪嘗借楊慈湖（名簡，字敬仲，世稱慈湖先生，1141-1225）「不起意」之說，來闡明此義，試觀其言：

　　　　馮子叩闡師門宗說，先生曰：知慈湖不起意之義，則知良知
　　　　矣。意者，本心自然之用，如水鑒之應物，變化云為，萬物
　　　　畢照，未嘗有所動也。惟離心而起意，則為妄，千過萬惡，
　　　　皆從意生。不起意，是塞其過之原，所謂防未萌之欲也。不
　　　　起意，則本心自清自明，不假思為，虛靈變化之妙用，固自

from Wang Yang-ming to Wang Chi", Wm. T. de Bary, eds., *Self and Society in Ming Thought*, New York, Columbia University Press, 1970, pp.93-119.

若也。空洞無體，廣大無際，天地萬物，有像有形，皆在吾無體無際之中，範圍發育之妙用，固自若也。其覺為仁，其裁制為義，其節文為禮，其是非為知，即視聽言動，即事親從兄，即喜怒哀樂之未發，隨感而應，未始不妙，固自若也。而實不離於本心自然之用，未嘗有所起也。㉗

依龍溪此處的闡釋，可知楊慈湖「不起意」之義並非要人全然無意，而是要人「不離心而起意」。因為「意」原是「本心自然之用」，本心自清自明，不假思為，而虛靈變化之妙用，自然如如流行，更不待吾人另起意念，而後本心方可有種種妙用也。因此本心之感應變化，實是動而未動，起而不起。

　　有人曾懷疑慈湖「不起意」之說是「滅意」或「不起惡意」，龍溪皆一一加以駁正，承上文之載有云：

　　馮子曰：或以不起意為滅意，何如？先生曰：非也。滅者，有起而後滅，不起意，原未嘗動，何有於滅？馮子曰：或以不起意為不起惡意，何如？先生曰：亦非也。心本無惡，不起意，雖善亦不可得而名，是為至善，起即為妄，雖起善意，已離本心，是為義襲，誠偽之所分也。㉘

龍溪於此指出，所謂「不起意」，並非是「滅意」，因為本心自然

㉗　王畿：《王龍溪全集》，第一冊，卷五，〈慈湖精舍會語〉，頁 362-363。
㉘　同上，第一冊，卷五，〈慈湖精舍會語〉，頁 363-364。

發用，原未嘗起，故不必言滅。而「不起意」亦非是「不起惡意」，因為本心至善，其自然發用固無惡可言，善亦不可得而名，所以雖起善念，仍屬作意，已離本心，並非「不起意」也。

龍溪此處雖為慈湖之說而辯，實則其本身的思路亦通於此，其〈意識解〉一文中嘗云：

> 予贈麟陽趙子，有意象識神之說，或者未達，請究其義。予曰：人心莫不有知，古今聖愚所同具，直心以動，自見天則，德性之知也。泥於意識，始乖始離。夫心本寂然，意則其應感之跡；知本渾然，識則其分別之影。萬欲起於意，萬緣生於識，意勝則心劣，識顯則知隱。故聖學之要，莫先於絕意去識，絕意非無意也，去識非無識也。意統於心，心為之主，則意為誠意，非意象之紛紜矣。識根於知，知為之主，則識為默識，非識神之恍惚矣。譬之明鏡照物，體本虛而妍媸自辨，所謂天則也。若有影跡留於其中，虛明之體，反為所蔽，所謂意識也。㉙

所謂「學聖之要，莫先於絕意去識」正是遙契慈湖「不起意」之說。然龍溪進一步解釋說「絕意非無意也，去識非無識也」亦正是用來澄清一般人的疑慮。他區分了「誠意」與「意象」，「默識」與「識神」之間的不同。若意統於心，心為之主，則意為「誠意」，自不當禁絕；所當禁絕者唯不依於心而起之種種「意象」而

㉙　同上，第二冊，卷八，〈意識解〉，頁 557-558。

已。同樣地，若識根於知，知為之主，則識為「默識」，自不當棄去；所當棄去者唯不從知而起之種種「識神」而已。就「誠意」與「默識」而言，皆是心知自然之「應感」與「明覺」；就「意象」與「識神」而言，則皆屬背離心知而來之「作意」與「了別」。前者來自本心良知之自然發用，後者則來自人為意識之執著造作。故說穿了，不論是慈湖「不起意」之說或龍溪「絕意去識」之說，皆是令人由當下化掉人為意識之執著造作，而契悟本心良知之足以自然發用。

　　然而，反過來說，由契悟本心良知之足以自然發用，而令人當下化掉人為意識之執著造作，亦未嘗不是慈湖「不起意」之說與龍溪「絕意去識」之說的根本意旨。故慈湖嘗言：「人心自明，人心自靈，意起我立，必固礙塞，始喪其明，始失其靈」❸⓪又云：「此心即道，惟起乎意則失之，起利心焉則差，起私心焉則差，起權心焉則差，作好焉作惡焉，凡有所不安於心皆差，即此虛明不起意之心以行，勿損勿益，自然无所不照。」❸①此便是先肯定本心自明自靈，自然無所不照，而令人勿損勿益，不須作好作惡。而龍溪亦言：「人心莫不有知，古今聖愚所同具，直心以動，自見天則，所謂德性之知也。泥於意識，始乖始離。」這也是先肯定本心良知之足以自然發用，而令人不要泥於意識的執著。

　　以上正反兩說，前者由令人當下化掉人為意識之執著造作，而

---

❸⓪　黃宗羲：《宋元學案》（臺北：華世出版社，1987 年），第五冊，卷七十四，〈慈湖學案〉，頁 2475。

❸①　同上，頁 2479。

將意識統歸於本心良知之自然發用，方便地說可謂「攝用以歸體」；而後者由契悟本心良知之足以自然發用，而令人當下化掉人為意識之執著造作，方便地說可謂「承體以起用」。其實亦無所謂「攝用以歸體」之「攝」的作用與「承體以起用」之「承」的作用，蓋用自必歸體，體自必起用，一如龍溪所言：「天下未有無用之體，無體之用，故曰：體用一原」。㉜體用既是一原，則即用見體，即體見用，由工夫的不可執著性即見本體的自然妙用性，由本體之自然妙用性即見工夫的不可執著性，兩者本是一體的兩面，更無分於「體」與「用」，「本體」與「工夫」。所以理論地分解地說，可以分拆「體」、「用」，而有所謂「攝用以歸體」、「承體以起用」等說，以方便吾人掌握其思想之脈絡。然而就實踐地具體地說，體用本是一原，或即用見體，或即體見用，而實無分於體與用。這才是真正相應於本心良知自然發用流行之實理實事。

龍溪「四無」說之思想，正是基於對此「體用一原」之實理有根本的契悟（形式地說）；亦是對於「本心良知自然發用流行」之實事有真切的體會（內容地說）。故〈天泉證道記〉中載其言曰：「體用顯微，只是一機，心意知物，只是一事。」當龍溪說出此話時，是表示他對於體用一原之實理有真實的契悟，故接著又說：「若悟得心是無善無惡之心，意即是無善無惡之意，知即是無善無惡之知，物即是無善無惡之物。」一旦真實契悟體用一原之實理，那麼心意知物本是一體流行之實事，所以若悟得心是無善無惡的，意、知、物也該當是無善無惡的。然而至此亦不過從體用一原這個形式

㉜　王畿：《王龍溪全集》，第一冊，卷七，〈南遊會記〉，頁459。

的側面，見得心意知物原是一體相貫之實事而已，至於心意知物何以內容地皆是「無善無惡」的呢？龍溪接著說道：

> 蓋無心之心則藏密，無意之意則應圓，無知之知則體寂，無物之物則用神。天命之性，粹然至善，神感神應，其機自不容已，無善可名，惡固本無，善亦不可得而有，是謂無善無惡。若有善有惡，則意動於物，非自然之流行，著於有矣。自性流行者，動而無動。著於有者，動而動也。（〈天泉證道記〉）

因為心意知物既然只是一體相貫之實事，那麼心不突顯其自體相而為無心之心，意亦不突顯其自體相而為無意之意，知亦不突顯其自體相而為無知之知，物亦不突顯其自體相而為無物之物。[33]無心之心則此心已退藏於密，無意之意則此意更能圓轉應感，無知之知則此知乃歸體而寂，無物之物則此物更見神妙之用。歸宗來說，只是此粹然至善的天命之性自體神感神應而流行不已罷了。天命之性既是粹然至善，則夐然超乎一般善惡之對立，惡固本無，善亦不可得而有，是謂無善無惡。而且，天命之性既是自性流行，動而無動，則吾人工夫亦當無有作好、無有作惡，斯亦可謂無善無惡矣。因此，無論是從本體粹然至善之「無善無惡可名」下貫到工夫自然流

---

[33] 牟宗三先生曰：「四無者心、意、知、物四者皆非分別說的各有自體相，而乃一齊皆在渾化神聖之境中為無相之呈現之謂也。」參見氏著：《圓善論》，第六章，頁 316-320。

行之「無有作好作惡」，或者從工夫自然流行之「無有作好作惡」上契本體粹然至善之「無善無惡可名」，皆可見此心意知物一體俱為「無善無惡」，而龍溪「四無」說之思想內涵燦然明矣。

第三節　四無說之特色與限制

誠如本章第一節所指出，在天泉證道上陽明對於龍溪「四無」說和緒山「四有」說的爭辯，基本上是採取一種調和的態度。他分別從「本體」之悟與不悟，「工夫」之頓與漸，「教法」之上與下來融會「四無」說與「四有」說，正點出了兩種說法個別的特色與價值，同時也指出了他們理論上存在之限制。

然而，若依牟宗三先生的看法，陽明乃為龍溪的穎悟所聳動，故其所作之調和融會並不恰當。如：陽明說「四無」是為上根人立教，牟先生卻說「四無」不能獨自成一教法；陽明說「四無」強調「即本體便是工夫」是一種「頓悟」之工夫，牟先生卻說「四無」這種「頓悟」只是一種「化境」，不能作為一種工夫；陽明說「四有」未嘗悟得本體，牟先生卻認為「四有」亦須悟得本體；陽明說「四有」是為中根以下人立教，「四句教」則是中人上下無不接著之徹上徹下功夫，而牟先生卻將「四句教」等同於「四有」。❸❹究竟陽明之意為何？牟先生的詮釋是否真能相應於天泉證道之實情？此關涉到如何恰當理解龍溪「四無」說之特色與限制的問題，故值得吾人進一步加以探討。

---

❸❹　參見牟宗三：《從陸象山到劉蕺山》，第三章，第二節，頁 273-282。

　　首先，關於龍溪的「四無」說可不可以作為接引上根人之教法？或「四無」說所代表的「頓悟」可不可以作為一種工夫？這本是個一體兩面的問題。

　　蓋教法與工夫原本相互關聯，一是就教者的立場講，一是就學者的立場講。陽明既肯定「四無」可作為一種教法，當該表示他同時肯定「頓悟」工夫是當下可行的，否則亦根本沒有教法可言。可是如牟宗三先生在其所著《從陸象山到劉蕺山》一書中，分析龍溪的「四無」說，最初亦從理上肯定它是「明覺無所對治，心意知物一體而化，一切皆如如呈現」的「圓頓之教」。㉟可是最終卻因從實踐上看，「頓悟談何容易，亦並不是人人可走的路，即使是上上根器，亦不能無世情嗜欲之雜，不過少而易化而已。（人總是有限的存在，亦總是有感性的存在）」，而判定龍溪「四無」說為「實踐對治所至的化境，似不可作一客觀之教法」。㊱

　　在這種詮釋下，龍溪的「四無」說只成了對治工夫下所達至的最後結果，則龍溪本人「四無」說欲發揮的頓悟本體便是工夫的境界，霎時只成了吾人的一種嚮往，而不具有當下實現的可能性。究竟「頓悟」只是一種在時間歷程中等待實現的理想？還是一種當下即可實現的真實呢？如果說「頓悟」畢竟只是一種理想，不可能當下立即實現，那麼在對治工夫的歷程中亦實不保證有頓悟的可能性，因為從漸修的工夫中欲達到頓悟的境界，仍是一種「異層的跳

㉟　同上，頁 273。

㊱　同上，頁 280。

躍」，並非屬於同一層面自然的演進。❸只不過工夫致久純熟，較
「易」達到此境而已。然而，於此問題上說「難」說「易」，實無
多大意義。要說「難」，頓悟確實不易，龍溪亦曰：「若夫無緣起
悟，無法證修，非上上根不能也。」❸要說「易」，良知在人，本
不待學慮，當下可以朗現。❸因此，吾人要考慮的是「頓悟」究竟

---

❸ 事實上牟先生亦非不知從「漸修」到「頓悟」是「異層的跳躍」，其嘗曰：
「依前者之方式作工夫〔案：指「四有」說下之工夫〕，則致久純熟，私欲
淨盡，亦可至四無之境，此即所謂「即工夫便是本體」。（此所謂『便
是』，若在對治過程中，則永遠是部份地『便是』，而且永遠是在有相中的
『便是』。必須無所對治時，才是全體『便是』，才是無相地『便是』，而
此時工夫亦無工夫相。）。」（同上，頁 273。）此間牟先生所謂由部份的
「便是」到全體「便是」，並不是有必然的關係，因為從「有相」這個層面
到「無相」這個層面，正是所謂「異層的跳躍」，其間仍須肯定「頓悟」是
當下可能的才行，並非工夫積累多了「自然」可以達至此「頓悟」之境。藉
用周海門的話說：「為善去惡，悟無善無惡而始真。」（見黃宗羲：《明儒
學案》，中冊，卷三十六，〈泰州學案五〉，頁 286。）關鍵仍在於
「悟」，若悟門不開，仍可能一直停留在做為善去惡之工夫。依筆者之推
想，牟先生非不知此義，只是著眼於實際修為中當下頓悟有其困難存在，故
不免言之於此。但畢竟如此分疏並非究竟之義。

❸ 王畿：《王龍溪全集》，第一冊，卷四，〈留都會記〉，頁 305。

❸ 孟子言：「人之所不學而能者，其良能也；所不慮而知者，其良知也。」
（《孟子·盡心》）此一根本的洞見吾人若信得及，則良知當下可悟。此
外，如程明道亦言：「學者須先識仁。〔……〕識得此理，以誠敬存之而
已，不須防檢，不須窮索。〔……〕『必有事焉而勿正，心勿忘，勿助
長』，未嘗致纖毫之力，此其存之之道。若存得，便合有得，蓋良知良能元
不喪失。」（程顥、程頤：《二程集》，第一冊，〈遺書〉，卷二上，〈二
先生語二上〉，頁 16-17。此條下注一「明」字，示為明道語）此義若信得
及，良知亦當下可悟。再如陸象山亦言：「吾於踐履未能純一，然纔自警
策，便與天地相似。」（陸九淵：《象山全集》，卷三十四，〈語錄〉，頁
12。）此義若非虛說，良知亦當下可悟。

有無實踐上的可能性？若有，則當下即可實現，不必拉長其工夫歷程才有可能；若無，則不僅當下不可能實現，在對治工夫的歷程中亦不保證一定會實現。

　　依筆者之見，說「悟」必含著「頓」，以其不經媒介，不歷階程之故，故又名曰「頓悟」。一旦頓悟，則龍溪「四無」說之思想全幅朗現，全部取得真實的意義。反之，若不在頓悟之中，則「四無」說根本不具有真實的意義，頂多亦只是理論上一圓滿的預設罷了。因此，不談「四無」則已，一談「四無」必關聯者「頓悟」這個實踐的工夫而言。「頓悟」不只是一「境界」而已，它同時是「本體」的真實面貌，亦是究竟意義的「工夫」。故「四無」說下，本體、工夫、境界三者完全一致，完全收歸在「頓悟」之中。從「本體」來看，「四無」說不代表對治工夫中之超越根據，以其本不涉能所，當下即此本體便是工夫；從「工夫」來看，「四無」說不代表復返本體之最後工夫，以其本不涉意必，當下即此工夫便是本體；從「境界」來看，「四無」說不代表對治工夫的最後階段，以其本不涉歷程，當下即是本體工夫一體流行的化境。因此，總結來講，龍溪的「四無」說代表的是：「頓悟」中「即本體即工夫」的境界。說本體，即此便是本體；說工夫，即此便是工夫；說境界，即此便是境界。此方是真相應於龍溪「四無」說而從實踐的角度來認取的本義，筆者名之曰「四無說之實踐義」或「四無說之呈顯義」。至於從理論的角度，把「四無」說視為一修養歷程中最後的「境界」，或視為一對治工夫中所依據的「本體」，或視為一復返本體中最後的「工夫」，皆不免只是分解脈絡下方便的說法，筆者名之曰「四無說之理論義」或「四無說之靜態義」。這種

說法不可謂全無道理，然非真能相應於龍溪「四無」說的本義而立論。

　　如果吾人肯定儒家自孔孟以來所說的「心即理」之義，不只是一種理論的預設，而有實踐上真實的意義，那麼吾人亦當該正視龍溪「四無」說所代表的「頓悟」義，具有當下即可實現的可能性。正如龍溪後來追憶陽明生前之教誨云：「我拈出良知兩字，是是非非自有天則，乃千聖秘藏，雖昏蔽之極，一念自反，即得本心，可以立躋聖地。」❹若陽明此說不虛，則龍溪「四無」說不正是契合陽明此一微旨乎？如果龍溪「四無」說真如牟先生所說只是一工夫歷程中最後的化境，或者只是一對治工夫中超越的根據，那麼龍溪「四無」說，不就成了理論中暫時的預設嗎？理論中或許可以有此預設，然真相應於道德實踐中之實理實事而言，龍溪「四無」說自有當下即可實現的真實意義。龍溪「四無」說若有蕩越之處，不在於將「頓悟」看得太容易，而在於認爲「頓悟」之後，可以長住此「頓悟」之化境中，更不須用「漸修」工夫❹，此是龍溪著於「無」之病，亦是其不解陽明「四句教」之既重「悟體」又不廢「漸修」工夫之關鍵所在。

---

❹　王畿：《王龍溪全集》，第三冊，卷十六，〈書先師過釣臺遺墨〉，頁1167。

❹　此可從《陽明年譜》中所載看出：「畿曰：『本體透後，於此四句宗旨何如？』先生曰：『此是徹上徹下語。自初學以至聖人，只此功夫。〔……〕』。」依龍溪此處之意，似乎以爲「頓悟」四無之後，即可時時是頓，長住此境，更不必言「四句教」中之「漸修」工夫。其實，人固有當下頓悟的可能，亦隨時有下墮之可能，只要一念下墮即須做對治之工夫。龍溪之疏闊與蕩越正在於此，此便是著於「無」之弊。

　　後來如王財貴先生作《王龍溪良知四無說析論》一文，已頗能正視龍溪「四無」說之實踐義，其言曰：「到王龍溪四無說出現，特別看重『見在良知』，則其為教，顯到了極點，而『見體』之可能幾乎變成了必然，道德之真處必在由此明覺付諸實踐！於是王龍溪可以側重『見體』而立教，此亦『心即理』教下必有之理論形態也。」❷此說已能從實踐角度更加契入龍溪「四無」說之實義。然而，當王財貴先生在論「四無」說是否可以成為一種教法時，不自覺地又從「四無說之理論義」去詮釋「四無」，其言曰：「如依上節吾人對『四無』之衡定，說『四無』是或在『四有』之下而為其根，或在『四有』之上而為其果者，說『四無』之別於『四有』，只是一趣嚮，一意味之強調，是一虛層的提示，一活潑的點化……等等義，則『四無』不得離『四有』之外而別立一與『四有』並列之『教法』，它本原含於『四有』之內，或為『四有』之延續。牟先生之判定極是。然陽明終可說是亦一教法者，其所說之『教法』之義已與說『四有』為『教法』之義不同矣。此時之所謂『教法』，其實不外是一種『啟示』，一種『喚醒』、一種『點撥』而已。」❸此說已不能無病。

　　蓋說「四無」不能是與「四有」成為「並列」之教法，此義誠然，因為如王先生所說「四無」是一種「啟示」、「喚醒」或「點撥」，自是一種特殊的教法。然而又說「四無」不得離「四有」之外，它原本含於「四有」之內，或為「四有」之延續，此則與前說

---

❷　參見王財貴著：《王龍溪良知四無說析論》，第五章，頁 437。

❸　同上，第四章，頁 427。

不一致了。試問：「四無」若不在「四有」之外，如何成為對「四有」的一種啟示或點撥？反過來說，「四無」若原本含於「四有」之內，或為「四有」之延續，那麼「四有」本自可通於「四無」，又何待「四無」來啟示或點撥？之所以會有此不協調出現，原因在於此間已不自覺混用了兩種不同的觀點。當說「四無」是一種特殊的教法，是一種「啟示」、「喚醒」或「點撥」時，這是從「四無說之實踐義」去詮釋「四無」；當說「四無」不外於「四有」，它本原含於「四有」之內或為「四有」之延續時，這是從「四無說之理論義」去詮釋「四無」。兩者原是兩種不同觀點下的說法，若貫徹前說，則「四無」自是屬於「四有」之外另一種特殊的教法，它不含在「四有」之內或為「四有」之延續；若貫徹後說，則「四無」不得別立另一種教法，因為它本含於「四有」之內或為「四有」之延續。牟先生的看法可謂貫徹後一種說法者，故他判龍溪「四無」說不能成為一獨自的教法。而王財貴先生試圖調和牟先生的看法與自己的看法，殊不知已造成兩種觀點的混淆而不自覺。

因此，牟先生之說法與陽明之說法並非如王先生所言：「吾以為矛盾終是表面的，其所以幻似矛盾，原因出在『教』字之有歧義。牟先生是依理而談，因而推至其不可；陽明則暗中兩用，造成混淆而不自覺。」❹若單只是「教」字有歧義，那麼澄清了自然沒有問題，然而這根本是代表兩種不同詮釋系統下的說法。牟先生認為「四無」只是實踐對治所至的化境，不能獨自成一教法；陽明卻

---

❹　同上，第四章，頁 426。

說「四無」即本體便是工夫，是為上根人立教。牟先生判「四有」未嘗不悟本體，陽明卻說「四有」（中下根人）未嘗悟得本體。牟先生認為「四句教」之所以為徹上徹下的教法，是因為縱使上根人亦不能無對治，這是將陽明的「四句教」詮釋成如緒山所代表的「四有」義；而陽明本人認為「四句教」之所以為徹上徹下的教法，是因為此四句中人上下無不接著，亦即接上根人之「四無」與接中下根人之「四有」皆包含在「四句教」之中。凡此諸問題之衡定上的差異，背後其實皆因為牟先生是依「四無說之理論義」（或「四無說之靜態義」）去詮釋「四無」，而陽明乃相應於龍溪而採「四無說之實踐義」（或「四無說之呈顯義」）去理解「四無」。兩種說法涇渭分明，背後理路亦甚一貫，不可視為只是表面的矛盾。王財貴先生不能貫徹其從實踐的觀點詮釋「四無」的洞見，而處處欲調和牟先生的說法，故其對「四有」與「四無」合會之衡定亦不能沒有矛盾之處。

其次，關於緒山的「四有」說究竟有沒有悟得本體？以及緒山的「四有」說與陽明本人所言之「四句教」究竟是不是同一種理境？此一問題在本章第一節及上文中已有了初步的處理，不過仍有進一步加以探討和釐清之必要。

蓋承前所言，緒山於天泉證道當時並非真能了解龍溪言「四無」之義，甚至對於陽明「四句教」首句言「無善無惡心之體」之真實意義亦未必能完全透悟。

在緒山體悟下之「四句教」，首句「無善無惡心之體」只具有「理論義」或「靜態義」，其或為對治工夫中所依持之超越根據，或為對治工夫下所欲恢復的境界，總之，此時之心體是在能所對待

的關係中之對象,而非此心體之當體無善無惡的呈顯。換言之,此時之心體因突顯其自體相而不再是「無善無惡」之如如呈顯,它成了一種有相之「有」。❹再配合四句教之後三句「有善有惡意之動,知善知惡是良知,為善去惡是格物」,則緒山本人所體悟下之「四句教」,真可謂是名副其實的「四有」。在此一意義之下,「四有」一詞不再只是一個實然意義的稱謂語,而是一個含有價值意義的判斷語。

至於陽明本人心目中之「四句教」,不僅首句言「無善無惡心之體」,含有龍溪「四無」說中「即本體即工夫」之當下指點義與當體實踐義,後三句言「有善有惡意之動,知善知惡是良知,為善去惡是格物」,更含有緒山「四有」說中「為善去惡」之漸修工夫義。因此,陽明本人心目中之「四句教」,乃是兼通「無」、「有」二境之教法,既言「頓悟」又不廢「漸修」,隨學者根器上下而指點,或悟後以起修,或漸修而入悟,此方見其為「徹上徹下功夫」,為不可更易之四句「宗旨」。在此一意義之下,「四句教」一詞既代表陽明本人所立那四句教法之本來的稱謂,也同時代表了陽明本人所立那四句教法之原來的理境。

由此看來,牟宗三先生在其《從陸象山到劉蕺山》一書中談到「四句教」時,並未能從實際體悟之不同來區分陽明與緒山所代表理境之差異,而直接將「四句教」視為一固定的理論架構,分析其義而謂之「四有」,並且判定「四有」亦「悟得本體」,此恐未能曲盡天泉證道之事實。

---

❹　參見牟宗三:《從陸象山到劉蕺山》,第三章,第二節,頁 269-271。

　　蓋若依牟先生如此的說法，則吾人欲以此「四有」代表緒山之實踐理境，則明明不符合於文獻。不僅陽明說「中根以下之人未嘗悟得本體」一語須要修改，陽明告誡緒山「須透汝中本體」一語亦變得沒有意義，緒山自言「歸來屢經多故，不肖始能純信本心」一語，也都變得不可理解。

　　再者，若欲以牟先生所說的「四有」代表陽明之實踐理境，則亦與文獻有扞格之處。〈天泉證道記〉中明明提到：「吾教法原有此兩種：四無之說，為上根人立教。四有之說，為中根以下人立教。」則是以「四有」之說為接引中根以下人之教法。又說：「若執四無之見，不通得眾人之意，只好接上根人，中根以下人無從接授。若執四有之見，認定意是有善有惡的，只好接中根以下人，上根人亦無從接授。」更明確地表示「四有」之說上根人無從接授。而《傳習錄》卻說：「只依我這話頭，隨人指點，自沒病痛，此原是徹上徹下功夫。」《陽明年譜》亦載：「二君以後再不可更此四句宗旨，此四句中人上下無不接著。」則此「原是徹上徹下功夫」，與「中人上下無不接著」的「四句教」，能夠只是前說「為中根以下人立教」之「四有」乎？

　　考察牟先生的說法之所以與文獻頗多不合的原因，主要有兩端：一是未能正視「無善無惡心之體」一語之實踐義與呈顯義，把「用工夫以復本體」格局下之「悟體」義，與「悟本體便是工夫」格局下之「悟體」義，混同在一起；二是純從理論的進路去詮釋「四句教」，而未能從實踐的進路正視陽明與緒山所體悟之「四句教」之理境有所不同。因前一端之理由，故牟先生未能區分龍溪「四無」說為已悟得「無善無惡心之體」，緒山「四有」說實未嘗

悟得「無善無惡心之體」；因後一端之理由，故牟先生未能區分陽明「四句教」與緒山「四有」說之不同。

如果說牟先生的說法於義理上確有所當，那麼縱使與文獻不合，稍作修改亦無大礙，然根據前面大段的討論下來，牟先生之說既與文獻不合，於義理上亦未見穩當。緒山「四有」說下之「悟體」義與龍溪「四無」說下之「悟體」義並不相同，其理甚明。陽明本人之「四句教」與緒山領悟下之「四句教」有所不同，其理亦甚明矣！

推原牟先生本來之用心，實欲強調「四有」（即「四句教」）說並非徹底的漸教，它亦含有頓之可能根據，而與朱子之為徹底的漸教不同。此說凡真能相應於儒家言「心即理」之義者，蓋無人能反對。然而這畢竟是從理論的進路去分析問題，非真相應於天泉證道中所突顯出來之種種實踐理境的差異之事實。因此，就實踐上來講，吾人說「四有」代表尚未完全頓悟本體之理境，「四無」代表已經完全頓悟本體之理境，不亦宜乎？天泉證道中陽明說「四有」未嘗悟得本體，不亦正是著眼於此實踐上體悟得透徹與不透徹之差別而如此判定的嗎？

牟先生其實也並非不知陽明所謂「未嘗悟得本體」之義，當該是「沒有頓悟得或達到無善無惡一體而化的化境」❹⑥，然而終究未能從實踐的角度正視此頓悟化境之「呈顯義」，遂轉而從理論的角度判定「四有」亦須「悟得本體」，亦「含有頓之根據」，如此一來，此頓悟化境之「呈顯義」便轉成了收攝在對治工夫之超越根據

---

❹⑥　同上，第三章，第二節，頁 275。

中之「靜態義」。這種詮釋角度的滑落，已不能恰當地反應出天泉證道中種種實踐理境之差異的實情了。

　　後來如王財貴先生作《王龍溪良知四無說析論》一文，在談論到「四句教」時，亦採取牟先生理論的進路去詮釋它，把它看成是一套固定的義理架構，分析其義而謂之「四有」**❼**，並未能從實際體悟之不同，來區分陽明本人所立之「四句教」與緒山執持下之「四句教」之差異。雖然，他曾說：「陽明心中，已融有無而機杼自在，本不必說有說無，或說有說無均無不可。要說『權法』，四有、四無，都是權，要說『實法』，四有、四無，都是實。不具此融通者，不足以為天下立教也。」**❽**顯已能體貼陽明之本懷。但是，他畢竟未能依此而闡明陽明「四句教」之本義為兼含「四無」與「四有」二境之教法。他仍舊是依理論的進路，把陽明的「四句教」看成是一種「做對治工夫以復返本體」之「四有」的理境。**❾**此則未能正視陽明之「四句教」首句言「無善無惡心之體」之當下指點義與當體實踐義了。其實，在其依理論的進路所詮釋下之「四句教」，倒比較像本文所詮釋的緒山之「四有」說，而陽明本人所立之「四句教」之本義則喪失了。

　　以上不憚其煩地探討牟宗三與王財貴兩位先生對「四無」、「四有」與「四句教」之見解，其實是想透過徹底地釐清問題，以便吾人能相應而中肯地掌握龍溪「四無」說之特色與限制。唯有站

---

❼　參見王財貴著：《王龍溪良知四無說析論》，第二章，頁 390-392。

❽　同上，第四章，頁 431。

❾　同上，第三章，頁 411-412。

在這樣的基礎上，吾人才能進一步為龍溪「四無」說做出合理的思想定位。

第四節　四無說之思想定位

當天泉證道上龍溪提出其「四無」說的看法之後，陽明除了以「四無之說，為上根人立教」的說法指出其見解的特色與限制外，尚有一段點評頗值得吾人玩味：

> 汝中所見，我久欲發，恐人信不及，徒增躐等之病，故含蓄到今，此是傳心秘藏，顏子明道所不敢言者。今既已說破，亦是天機該發泄時，豈容復秘？❺⓿（〈天泉證道記〉）

陽明於此肯定「四無」之說是「傳心秘藏」，甚至說「今既已說破，亦是天機該發泄時，豈容復秘？」在這樣的說法下，龍溪的「四無」說似乎被上提到一定的高度，既代表了良知學中某個神秘的部份，不輕易為一般人所聽聞，故名曰「秘藏」或「天機」；而且這也是陽明本人「久欲發」者，只是唯恐他人信不及，故「含蓄到今」，若然，則龍溪的「四無」說更兼有「暢陽明之本懷」的特殊意涵。然而這樣的說法僅見於龍溪所錄的〈天泉證道記〉和〈緒山錢君行狀〉，卻不見於緒山所錄的《傳習錄》和《陽明年譜》之中，那麼，究竟當該如何來定位龍溪的「四無」說呢？

---

❺⓿　王畿：《王龍溪全集》，第一冊，卷一，〈天泉證道記〉，頁92。

　　事實上，在天泉證道之後，龍溪與緒山兩人一路迫送陽明直到
嚴灘而別，在嚴灘時他們師徒三人之間尚有一段問答，其中也透露
出一些微妙的訊息，頗值得進一步加以探討。龍溪在〈錢緒山行
狀〉中寫道：

> 夫子赴兩廣，予與君〔案：指緒山〕送至嚴灘，夫子復申前
> 說：「兩人正好互相為用，弗失吾宗。」因舉「有心是實
> 相，無心是幻相；有心是幻相，無心是實相」為問。君擬議
> 未答，予曰：「前所舉是即本體證工夫，後所舉是用工夫合
> 本體，有無之間，不可致詰」。夫子莞爾笑曰：「可哉！此
> 是究極之說，汝輩既已見得，正好更相切磨，默默保任，弗
> 輕漏泄也」。二人唯唯而別。㊿

依龍溪此處的記載，嚴灘問答很明顯地是天泉證道上話題的延續，
故有「夫子復申前說：『兩人正好互相為用，弗失吾宗。』」的說
法。而且陽明似乎有意對天泉證道上一番論辯後總結其宗趣，故
「因舉」：「有心是實相，無心是幻相；有心是幻相，無心是實
相」為問，緒山其時尚未領悟，故擬議未答；龍溪言下契心，故以
「即本體證工夫」和「用工夫合本體」回應。陽明對於龍溪的回答
顯然非常滿意，故不僅報以莞爾一笑，並且肯定這是「究極之
說」，欲二人默默保任，不要輕易漏泄。由這份記錄看來，從天泉
證道以至嚴灘問答，陽明對龍溪的見地似乎一貫地都抱持高度肯定

㊿　同上，第三冊，卷二十，〈緒山錢君行狀〉，頁 1379。

的態度。

可是在《陽明年譜》中，並不見有關嚴灘問答的內容，僅《傳習錄》卷下才有緒山關於這件事情的記錄㊼，且文字內容頗有出入：

> 先生起行，征思田。德洪與汝中追送嚴灘，汝中舉佛家實相幻相之說。先生曰：「有心俱是實，無心俱是幻。無心俱是實，有心俱是幻。」汝中曰：「有心俱是實，無心俱是幻，是本體上說功夫。無心俱是實，有心俱是幻，是功夫上說本體。」先生然其言。洪於是時尚未了達，數年用功，始信本體功夫合一。但先生是時因問偶談，若吾儒指點人處，不必借此立言耳。㊽

在緒山的這份記錄當中，吾人似乎不能明顯看出嚴灘問答與天泉證道之間有任何的關係，雖然談論的內容基本上仍環繞著天泉證道上「有」與「無」、「本體」與「工夫」等話題，可是卻不能明確地斷言嚴灘問答是天泉證道之延續。而且陽明雖然也舉「有心無心」四句為問，可是卻似乎是被動地因龍溪舉佛家「實相幻相」之說而挑起，此便與上文龍溪所記陽明是主動提問不同。更值得注意的是，陽明對於龍溪的回答並未報以高度的肯定，僅僅是「然其言」

㊼　此條所記在《傳習錄》下卷雖標明為「黃以方錄」，但根據內容直接稱「德洪」之名，可知為錢緒山本人所錄無疑。參見陳榮捷撰：〈傳習錄略史〉，《王陽明傳習錄詳註集評》，頁 11。

㊽　同上，卷下，第 337 條，頁 381-382。

罷了。

　　透過以上的比較，可知兩位當事人的記錄差異頗大，這不免牽涉到對龍溪思想的定位與評價，那麼究竟當該以誰的記載為準呢？在此，吾人可以先看看另一份文獻的記載，或許有助於釐清事情的真相。明嘉靖八年（1529）正月緒山與龍溪二人在〈訃告同門〉一文中曾追憶此事道：

> 前年秋，夫子將有廣行，寬、畿各以所見未一，懼遠離之無正也。因夜侍天泉橋而請質焉。夫子兩是之，且進之以相益之義。冬初追送嚴灘，請益，夫子又為究極之說。由是退與四方同志更相切磨，一年之別，頗得所省，冀是見復得遂請益也，何遽有是邪？嗚呼！別次嚴灘踰年，而聞訃復於是焉，云何一日判手，遂為終身永訣已乎？❺❹

這份資料雖然文字稍嫌簡略，可是由於它是緒山與龍溪兩人聯名所作，故可提供我們一些解答問題的線索。首先，可以確定的是嚴灘問答是天泉證道話題的延續，當無疑義。蓋不論天泉證道或嚴灘問答，皆不外緒山與龍溪欲將平日所悟請求陽明加以印正而提出，故其談論之宗趣當是前後一貫的。其次，嚴灘問答具有陽明晚年「究極之說」的意義，這一點緒山應該也是同意的。從文字表面的意思來看，似乎是以陽明本人所舉的「有心無心」四句為「究極之說」，可是龍溪所回應的內容如果連緒山都至少認同「先生然其

---

❺❹　　王守仁：《王陽明全書》，第四冊，〈世德紀〉，卷一，頁 257。

言」，那麼龍溪「本體上說功夫」和「功夫上說本體」的回答亦當為「究極之說」，因為，基本上龍溪回應之內涵實即詮解了陽明說法之意旨。最後再關於「有心無心」四句究竟是陽明主動提出還是因問而答，從這段文字中或許找不到解答，但從上一段緒山的記錄中，其實多少透露出一點消息。在上一段記錄之後緒山加上自己的案語曰：「但先生是時因問偶談，若吾儒指點人處，不必借此立言耳。」蓋緒山恐人誤以陽明為禪，故有意淡化陽明的舉語，此或有其當時背景之考量，然亦恐是對佛老之說過度忌諱使然，其實陽明本人固不避諱引用佛老之言也。❺❺

　　總結以上的討論，吾人可以推斷龍溪的記載應當更為細膩而詳實，而緒山或有意或無意地避開陽明晚年有關良知之「無」方面的言論，一方面可能出於當時因為此種言論所產生的流弊已日益嚴重，另一方面也可能基於緒山本人對於陽明晚年高妙的思想未能如龍溪般真正契入所致。正如陽明於天泉證道上所指出：「德洪資性沈毅，汝中資性明朗，故其所得，亦各因其所近。」凡道德實證皆非一時理論言說承當過來即是，必須超克個人氣質之限制才真足以言證悟也。故嚴灘問答中，龍溪言下即解得陽明之意；緒山當時則

---

❺❺　陽明嘗曰：「覺悟之說，雖有同於釋氏，然釋氏之說，亦自有同于吾儒，而不害其為異者，惟在幾微毫忽之間而已，亦何必諱於其同，而遂不敢以言；狃於其異，而遂不以察之乎？」又曰：「二氏之用，皆我之用。即吾盡性至命中完養此身謂之仙，即吾盡性至命中不染世累謂之佛，但後世不見聖學之全，故與二氏成二見耳。」由此可證陽明並不避諱引用佛老之言也。見王守仁：《王陽明全書》，第四冊，《年譜》，頁87；133。

尚未了達，「數年用功，始信本體功夫合一」。**⑯**

　　嚴灘問答既不僅是天泉證道話題的延續，同時也具有「究極之說」的意義，那麼「有心無心」四句便值得深入剖析。依龍溪的理解，所謂「有心俱是實，無心俱是幻」，是「本體上說功夫」。其意是說：凡有本心流貫之處，則一切存在皆是真實的；若無本心流貫之處，則一切存在皆是虛幻的。這是從「實有層」上肯定本心良知之「有」的重要性。若悟得此本心良知自能知善知惡而為善去惡，則功夫上更不待擬議執著，即此本體便是功夫。再者，所謂「無心俱是實，有心俱是幻」，是「功夫上說本體」。其意是說：唯有功夫上不起造作之心，那麼所成就的一切才是真實的；若是功夫上有了造作之心，那麼所成就的一切皆是虛幻的。這是從「作用層」上點出實踐工夫之「無」的重要性。若功夫上真能無心無作，則見本心良知自能知善知惡而為善去惡，即此功夫便是本體。**⑰**

　　此嚴灘問答中「有心無心」四句，比之於天泉證道上龍溪「四無」四句，在文字表達上或許更能照應到儒家「以有為體，以無為用」的思想特色，避免因強調「無善無惡」而引發流入禪去的誤解，然而若真通達「無善無惡即是至善」之義，則此二者之義理內涵實可相通。關於此義，除了〈天泉證道記〉中龍溪已明白表示：「天命之性，粹然至善，神感神應，其機自不容已，無善可名，惡

---

⑯　依此，復可證明緒山於天泉證道當時並未真能儆悟陽明四句教首句「無善無惡心之體」所涵之「即本體即工夫」之義也。前文所說，當為不誤。

⑰　此處根據牟宗三先生的說法，從「實有層」與「作用層」的角度來解釋其義，並稍作一番演繹。參見氏著：《中國哲學十九講》，第七講，頁 153-154。

固本無,善亦不可得而有,是謂無善無惡。」之外,在〈答中淮吳子問〉中,龍溪亦曾言道:

> 先師無善無惡之旨,善與惡對,性本無惡,善亦不可得而名。無善無惡,是為至善,非慮其滯於一偏而混言之也。㊽

這是龍溪回答陽明無善無惡之說與孟子性善論之間如何相融的問題,龍溪明確指出:「無善無惡,是為至善,非慮其滯於一偏而混言之也。」蓋「無善無惡」實即超越善惡之對立,而顯「至善」之絕對義,非如告子所說性無善無惡、可善可惡之中性義也。在〈與陽和張子問答〉中,龍溪不僅說明「無善無惡,是謂至善」外,更直接點出「至善者,心之本體」:

> 性無不善,故知無不良。善與惡,相對待之義。無善無惡,是謂至善。至善者,心之本體。㊾

心之本體,或表示為「無善無惡」,實亦可通於「至善」也,此本是陽明與龍溪師徒二人所莫逆共契之義。若然,則陽明揭此「有心無心」四句為問,其實未嘗不可視為對龍溪「四無」說之根本洞見作更進一步的印可,而印可的重點不外兩端:㈠由本體之自然妙用性即見工夫的不可執著性;㈡由工夫的不可執著性即見本體的自然

㊽　王畿:《王龍溪全集》,第一冊,卷三,〈答中淮吳子問〉,頁 256-257。
㊾　同上,卷五,〈與陽和張子問答〉,頁 388-389。

妙用性。合此兩端，或即體見用，或即用見體，總歸於信得及「即本體即工夫」一義也。

　　由此看來，龍溪的「四無」說雖是從陽明「四句教」首句推演而成，原屬陽明「四句教」中本有之義，不過由於「四句教」文字表達方式的限制，遂使得「即本體即工夫」一義成為陽明含蓄未發的「傳心秘藏」，待龍溪以「四無」四句加以說破，陽明遂有「天機發泄」之慨。及至嚴灘問答，陽明復舉「有心無心」四句為問，龍溪以其明朗聰慧之資道出其中妙蘊，故引發陽明莞爾一笑，進而認可為「究極之說」。誠如周海門（名汝登，字繼元，別號海門，1547-1629）所言：「『四無』之說，一一皆文成之秘密。」❻洵非誇奢之語也。

　　黃梨洲在《明儒學案》中綜述龍溪生平與學說思想後如此總評道：「先生親承陽明末命，其微言往往而在。象山之後不能無慈湖，文成之後不能無龍溪。以為學術之盛衰因之，慈湖決象山之瀾，而先生疏河導源，於文成之學，固多所發明也。」❻由此看來，龍溪對於陽明晚年之微言固有闡揚發明之功，其「四無」說亦可視為承繼陽明「四句教」而來之一調適上遂的開展也。❻

---

❻　黃宗羲：《明儒學案》，中冊，卷三十六，〈泰州學案五〉，頁 867。
❻　同上，上冊，卷十二，〈浙中王門學案二〉，頁 240。
❻　參見牟宗三：《從陸象山到劉蕺山》，第三章，頁 282。

第五章　王龍溪哲學之核心概念 ——「見在良知」說之意涵

　　王龍溪在經過天泉證道上王陽明的一番印可之後，根據《明儒學案》中黃梨洲的纂述，其理論的主軸大抵歸於「四無」之說。或許正基於這樣一種印象，後儒中遂有人以為龍溪「四無」之說談不離口。其實，若從《王龍溪全集》中作一文獻上的考察，則除了述及天泉證道一事外，幾乎找不到直接表示「四無」的語句，反而更多的是圍繞「良知」這個概念而論及本體與工夫方面的陳述。所以，如果跳開天泉證道上「四無」說這一種絕無僅有的表達方式，直探「四無」說背後的根本洞見而抉發其義理基礎，則「見在良知」恐怕是更為核心的表達吧！

　　然而，「見在良知」究竟代表什麼意義呢？以下即就著環繞「見在良知」說的種種論辯來進行析論，以闡明王龍溪「見在良知」說之意涵。再進一步，則須釐清「見在良知」與「四無」說之間究竟有何義理上的關聯？藉此釐清或可為王龍溪哲學找到真正的核心概念。

第一節　「見在良知」說之根本意涵

　　黃梨洲曾曰：「自姚江指出良知人人現在，一反觀而自得，便人人有個作聖之路。故無姚江，則古來之學脈絕矣。」❶由此看來，「見在良知」的觀念並非龍溪憑空捏造，實亦傳承自陽明的思想。《傳習錄》中便有陽明使用「見在」一詞或表達「良知見在」之義的記載，如云：「只存得此心常見在，便是學。過去未來事，思之何益？徒放心耳。」❷又如在回答弟子「至誠前知」之問時云：「良知無前後，只知得見在的幾，便是一了百了。」❸陽明於逝世前〈答聶文蔚〉第二書中亦云：「良知只是一個，隨他發見流行處當下具足，更無去來，不須假借。」❹此中「見在」一詞若僅作為一時間範疇的概念，則是相對於「過去」和「未來」而言，意謂著「現在」或「當下」。❺然而陽明立言的主旨卻不限於此義，乃即就著良知活動之當下處指出其存有之圓滿性，故曰：「良知只

---

❶　黃宗羲：《明儒學案》，上冊，卷十，〈姚江學案〉，頁 179。

❷　陳榮捷：《王陽明傳習錄詳註集評》，卷上，第 79 條，頁 106。

❸　同上，卷下，第 281 條，頁 335-336。

❹　同上，卷中，第 189 條，頁 270。案：此書作於嘉靖七年（1528）十月，發於廣西，同年十一月廿九日陽明即卒於南安，可見此為陽明絕筆之書，其中見解亦當可視為陽明晚年定論。參見同書，卷中，第 185 條，頁 266 注；以及王守仁：《王陽明全書》，第四冊，《年譜》，頁 162。

❺　「見在」一詞原是佛教的專門術語，如《俱舍論》即云：「有作用時，名為現在。」意指「現今存在」之義。又佛教有「三世」之說，故「現在」（見在）意即與過去、未來相對的時間概念。參見丁福保編纂：《佛學大辭典》（臺北：新文豐出版公司影印，1985 年），頁 2000，「現在」條下。

是一個，隨他發見流行處當下具足」。陽明這樣的見解實可視為後來龍溪「見在良知」說之先聲。

　　然而嚴格地說來，陽明生前並無「見在良知」這個詞彙的固定用法，陽明門下一些親炙的弟子，如錢緒山、鄒東廓、歐陽南野等人，雖然也都肯認「見在良知」之義，但也並未將「見在良知」作為一個專門的術語加以標舉❻，正式提出「見在良知」這個明確的概念並依此闡述其學說思想者當屬龍溪。龍溪拈出此說後，曾招來同門如聶雙江、羅念庵和劉獅泉等人的批評，甚至引發後續許多的辯難。在〈與獅泉劉子問答〉中便記載了劉獅泉對龍溪「見在良知」說的質疑曰：

---

❻　如錢緒山〈與陳兩湖〉書中云：「格物之學，實良知見在工夫，先儒所謂過去未來徒放心耳。見在工夫，時行時止，時默時語，念念精明，毫釐不放，此即行著習察、實地格物之功也。於此體當切實，著衣吃飯，即是盡心至命之功。」（見黃宗羲：《明儒學案》，上冊，卷十一，〈浙中王門學案一〉，頁 236。）鄒東廓〈答濮致昭〉書中云：「過去未來之思，皆是失卻見在功夫，不免借此以繫其心。緣平日戒懼功疏，此心無安頓處，佛家謂之猢猻失樹，更無伎倆。若是視於無形，聽於無聲，洞洞屬屬，精神見在，競業不暇，那有閒工夫思量過去，理會未來？故『憧憧往來，朋從爾思』，此是將迎病症。『思曰睿，睿作聖』，此是見在本體功程，毫釐千里。」（見黃宗羲：《明儒學案》，上冊，卷十六，〈江右王門學案一〉，頁 341。）歐陽南野〈寄聶雙江〉第三書云：「致知之功，致其常寂之感，非離感以求寂也。致其大公之應，非無所應以為廓然也。蓋即喜怒哀樂而求其未發之中，念念必有事焉，而莫非行其所無事。時時見在，刻刻完滿，非有未發以前未臨事一段境界、一種功夫。」見歐陽德：《歐陽南野先生文集》（臺北：國家圖書館善本微卷 11987），卷四，頁 14 上。

> 人之生，有命有性。吾心主宰謂之性，性無為者也，故須出
> 脫。吾心流行謂之命，命有質者也，故須運化。常知不落
> 念，所以立體也；常運不成念，所以致用也。二者不可相
> 離，必兼修而後可為學。見在良知，似與聖人良知不可得而
> 同也。❼

對此，龍溪的回答是：

> 先師提出良知二字，正指見在而言，見在良知與聖人未嘗不
> 同，所不同者，能致與不能致耳。且如昭昭之天與廣大之天
> 原無差別，但限於所見，故有小大之殊。若謂見在良知與聖
> 人不同，便有污染，便須修證，方能入聖。良知即是主宰，
> 即是流行。良知原是性命合一之宗，故致知工夫只有一處
> 用。若說要出脫運化，要不落念不成念，如此分疏，即是二
> 用。二即是支離，只成意象紛紛，到底不能歸一，到底未有
> 脫手之期。❽

從以上的答覆中，可以歸納出龍溪對於「見在良知」說三個方面的
見解：㈠關於「見在良知」說思想傳承的問題：龍溪認為陽明提出
「良知」二字，正是指「見在」而言，以此證明其「見在良知」說
非無所本；㈡關於本體論的問題：龍溪認為「見在良知」與「聖人

---

❼　王畿：《王龍溪全集》，第一冊，卷四，〈與獅泉劉子問答〉，頁284。
❽　同上。

良知」未嘗不同，正如「昭昭之天」與「廣大之天」原無差別；㈢
關於工夫論的問題：龍溪認為工夫只在於「能致」與「不能致」此
「見在良知」而已，不在於「見在良知」尚有污染，還須修證。合
此三方面的見解，頗能精要地勾勒出龍溪「見在良知」說的思想輪
廓。

　　然而龍溪這樣的看法是否站得住腳，則有待進一步討論才能加
以確立。本節主要討論龍溪「見在良知」說之根本意涵，故僅先就
第一個問題進行探討，至於第二、第三個問題則分別留待以下兩節
為之。

　　首先，關於陽明提出「良知」二字，究竟是否指「見在」而
言？這不僅牽涉到龍溪提出「見在良知」說是否於師說有所根據的
問題，同時也反應龍溪對於陽明「良知」二字體悟之心得。由於陽
明良知之說原是從孟子言不學不慮之良知良能承轉而來，故討論此
一問題亦當溯源至孟子由「孩童愛敬」以指點良知之例來考察，對
此，聶雙江有其獨特的看法：

> 先師良知之教本於孟子。孟子言孩提之童不學不慮，知愛知
> 敬，蓋言其中有物以主之，愛敬則主之所發也。今不從事于
> 所主，以充滿乎本體之量，而欲坐享其不學不慮之成，難
> 矣！❾

雙江認為孟子所謂孩提之童不學不慮之知愛知敬當屬於「已發」，

---

❾　同上，第一冊，卷六，〈致知議辨〉，頁 424-425。

而其所以能發而為如此之知愛知敬是因為「其中有物以主之」，故為學當從事於此知愛知敬當中之「所主」，而非坐享其不學不慮之成。究竟雙江所謂知愛知敬當中之「所主」是指什麼呢？對此，雙江在〈送王惟中歸泉州序〉一文中有更明白的闡釋：

> 今天下從事於良知之學者，乃寖以失其真何哉？良知者未發之中，備物敦化，不屬知覺，而世常以知覺求之，蓋不得於孩童愛敬之言而失之也。孟子曰：孩提之童，不學不慮，知愛知敬。是蓋即其所發以驗其中之所有，故曰：親親，仁也；敬長，義也；初非指愛敬為良知也。猶曰：惻隱、羞惡，仁義之端；而遂以惻隱羞惡為仁義可乎哉？今夫以愛敬為良知，則將以知覺為本體；以知覺為本體，則將以不學不慮為工夫。其流之弊：淺陋者恣情玩意，拘迫者病己而槁苗，入高虛者遺棄簡曠，以耘為無益而舍之。是三人者，猖狂荒謬，其受病不同，而失之於外一也。❿

根據雙江的理解，「良知」是「未發之中」，凡「已發」即屬於「知覺」。故孟子孩提愛敬之例中，初非指愛敬即為良知，乃是就愛敬之已發當中有未發之中為之主而言良知也。猶如惻隱、羞惡之情是仁義之端，是心的知覺運動，屬於氣；而仁義禮智之性，才是

---

❿ 聶豹：《雙江聶先生文集》（明嘉靖甲子永豐知縣吳鳳瑞刊隆慶六年增補序文本，臺北：國家圖書館善本微卷 11899），卷四，〈送王惟中歸泉州序〉，頁 4 下-5 上。

未發之中，才是良知本體，屬於理。性與情，理與氣，良知與知覺，本是形而上與形而下異層異質者，焉可混而為一？故謂「以愛敬為良知，則將以知覺為本體；以知覺為本體，則將以不學不慮為工夫」，終會產生許多流弊。雙江這樣的思路似乎比較接近朱子，而比較不近於陽明也。❶若依其解，則不獨陽明甚至包括孟子之言良知，都不是指「見在」而言。

　　羅念庵之思路向來近於雙江，故對於孟子和陽明的良知說也曾提出與雙江類似的看法：

　　　　陽明先生良知之教，本之孟子。故常以入井怵惕、孩提愛
　　　　敬、平旦好惡三言為證。入井怵惕，蓋指乍見之時，未動於
　　　　納交、要譽、惡聲而言。孩提愛敬，蓋指不學不慮，自知自
　　　　能而言。平旦好惡，蓋指日夜所息，牿之未至於反覆而言。
　　　　是三者，以其皆有未發者存，故謂之良知。❷

念庵於此擴大解釋陽明良知教之所本乃從孟子「入井怵惕」、「孩提愛敬」、「平旦好惡」三例而來，並且指出此三例之共同特點為

---

❶　朱子嘗云：「惻隱、羞惡、辭讓、是非，情也；仁、義、禮、智，性也。
　　心，統性情者也。端，緒也。因其情之發，而性之本然可得而見，猶有物在
　　中，而緒見於外也。」（見朱熹：《孟子章句集註》，卷三，〈公孫丑上〉
　　「四端之心」章下。）對照朱子此處所言與上文雙江所說，蓋如出一轍，由
　　此可見雙江之思路乃近於朱子者也。

❷　羅洪先：《念庵文集》，收入《文淵閣四庫全書》，集部第三八七冊（臺
　　北：臺灣商務印書館，1986 年），卷五，〈夏遊記〉，頁 36 上。

「皆有未發者存」，故得以謂之「良知」。念庵所以如此理解，蓋亦如雙江將「良知」視為「未發之中」（性也，心之體也），而將「已發」歸屬於「知覺」（情也，心之用也）。故入井之「怵惕」、孩提之「愛敬」、平旦之「好惡」，都是已發之知覺，若無未發者主之於中，則或至於不良，不得謂之良知也。❸念庵甚至認為：

> 夫良知者，言乎不學不慮自然之明覺，蓋即至善之謂也。吾心之善，吾知之；吾心之惡，吾知之，不可謂非知也。善惡交雜，豈有為主於中者乎？中無所主，而謂知本常明，恐未可也。知有未明，依此行之，而謂無乖戾於既發之後，能順應於事物之來，恐未可也。故知善知惡之知，隨出隨泯，特一時之發見耳。一時之發見，未可盡指為本體。則自然之明

---

❸　念庵曾云：「昔之役者，其逐於已發；而今之息者，其近於未發矣乎。蓋自良知言之，無分於發與未發也，自知之所以能良言之，則固有未發者以主之於中。而或至於不良，乃其發而不知返也。吾於暫息且有所試矣，而況有為之主者耶？」（見羅洪先：《念庵文集》，卷十一，〈困辯錄序〉，頁 2 上。）另參見林月惠：《良知學的轉折——聶雙江與羅念庵思想之研究》，第四章，頁 293-301；第六章，頁 403-437。其中明白指出念庵論述未發／已發，寂／感的方式近於雙江，皆採理氣對揚、性情二分的架構，故同於伊川、朱子，不同於陽明及其親炙弟子。另參見古清美女士所撰〈羅念庵與陽明學〉、〈羅念庵的理學〉二文，均收在氏著：《明代理學論文集》（臺北：大安出版社，1990 年），頁 141-169 及頁 171-207。其中指出念庵的思路和為學次第並不循王學蹊徑，而是另有師承（李谷平）與淵源（周濂溪的「主靜」、「無欲」及程明道的「識仁」、「定性」之說）。同時也認為念庵把「心」當作生滅的「已發」來體會，這種思維模式與朱子有相似處。

覺，固當反求其根源。**⓮**

在念庵此種思維模式之下，「知善知惡之知」已非「良知」矣，此較諸陽明四句教中所謂「知善知惡是良知」顯然不合也。依念庵之見，知善知惡之知，隨出隨泯，只是一時之發見而已。一時之發見，未可盡指為本體，蓋其中不免善惡交雜，故須反求其根源，方能覓得真正的良知。如此一來，良知並非可以由當下發用處得見，而須復返於未發之中始能得之，故念庵嘗以陽明從見在發用處指點良知乃是「遷就初學」的做法：

> 良知兩字，乃陽明先生一生經驗而後得之，非信而不惑為難。使發於心者，一與所知不應，即非其本旨矣。當時遷就初學，令易入，不免指見在發用以為左券。至於自得，固未可以草草謬承。而仍其說者，類借口實，使人猖狂自恣，則失之又遠。**⓯**

念庵欲強調吾人良知在現實發用上可能有私欲之夾雜，遂連良知本體之當下具足性亦一併懷疑，此蓋離孟子與陽明言良知之旨遠矣。從文獻側面來看，陽明平日曾謂：「知是心之本體，心自然會知。見父自然知孝，見兄自然知弟，見孺子入井自然知惻隱，此便是良

⓮ 見羅洪先：《石蓮洞羅先生文集》（明萬曆丙辰年陳于廷文江刊本，臺北：國家圖書館善本微卷 12048），卷十二，〈甲寅夏遊記〉，頁 36 下。

⓯ 羅洪先：《念庵羅先生文集》（明隆慶元年刊本，臺北：臺灣大學總圖書館），卷二，〈寄張須野〉，頁 15 上-15 下。

知，不假外求。」⑯這樣的說法難道只是一時遷就初學的方便法門？甚至上文徵引陽明臨終前〈答聶文蔚〉第二書中所云：「良知只是一個，隨他發見流行處當下具足，更無去來，不須假借。」之晚年定論，豈仍只是遷就初學之權說？可見單從文獻上來考察，陽明無論早年甚至臨終皆有從「見在」處指點良知的說法，不當視為遷就初學的權法。

若再從義理層面來看，陽明提出良知二字既是由孟子承轉過來，而孟子乃即就孩提知愛知敬處以指點出良知，孩提之知愛知敬蓋屬於當下應機即現者，故說「不慮而知」為「良知」，「不學而能」為「良能」。不待學慮，當下具足，正是良知本身的特性。依此看來，孟子與陽明之說良知正指「見在」而言，又何疑哉？鵝湖之會上象山之兄復齋詩云：「孩提知愛長知欽，古聖相傳只此心。大抵有基方築室，未聞無址忽成岑。留情傳注翻榛塞，著意精微轉陸沉。珍重友朋勤切琢，須知至樂在只今。」象山和其詩云：「墟墓興哀宗廟欽，斯人千古不磨心。涓流積至滄溟水，拳石崇成太華岑。易簡工夫終久大，支離事業竟浮沉。欲知自下升高處，真偽先須辨只今。」⑰亦皆由當下呈顯處以指點出本心之存在也。這本是儒家「心即理」傳統下，視良知為「即存有即活動」者所共認之義，雙江與念庵之見明顯不符於此一心學傳統矣。

關此，龍溪在〈致知議辨〉中即向雙江解釋道：

---

⑯　陳榮捷：《王陽明傳習錄詳註集評》，卷上，第 8 條，頁 40。

⑰　黃宗羲：《宋元學案》，第四冊，卷五十七，〈梭山復齋學案〉，頁 1873。

先師良知之說，仿於孟子。不學不慮，乃天所為，自然之良
知也。惟其自然之良，不待學慮，故愛親敬兄，觸機而發，
神感神應。惟其觸機而發，神感神應，然後為不學不慮、自
然之良也。自然之良，即是愛敬之主，即是寂，即是虛，即
是無聲無臭，天之所為也。若更於其中有物以主之，欲從事
於所主，以充滿其本然之量，而不學不慮，為坐享之成，不
幾于測度淵微之過乎？孟子曰：「凡有四端于我，知皆擴而
充之，若火之始然，泉之始達」，天機所感，人力弗得而
與，不聞于知之上，復求有物以為之主也。**⓲**

龍溪在此分別從兩個面向來抉發良知的義蘊：一是從良知之「即體
見用」立言，指出良知本體之圓滿具足必同時具備「能動性」也，
故曰：「惟其自然之良，不待學慮，故愛親敬兄，觸機而發，神感
神應」；二是從良知之「即用見體」立言，指出良知本體能夠當下
應機呈現即反顯出其具備「圓滿性」也，故曰：「惟其觸機而發，
神感神應，然後為不學不慮、自然之良也」。合此「圓滿性」與
「能動性」二義，則可見良知「當下具足」而且「隨時可以呈
現」，這不正是龍溪所謂的「見在良知」乎？**⓳**龍溪以此來體貼孟
子和陽明言良知之義，蓋合於儒家「心即理」的傳統，此本不能算
錯。雙江與念庵對於「見在良知」信不及，必欲於此見在已發處復

⓲　王畿：《王龍溪全集》，第一冊，卷六，〈致知議辨〉，頁 425。

⓳　牟宗三先生亦曰：「夫『見在良知』之語原只示良知本有，可隨時呈露。」
　　　參見氏著：《從陸象山到劉蕺山》，第五章，頁 414。

求「未發之中」之虛體、寂體以為之主，且認此「未發之中」之虛體、寂體才是真正的良知，此固是誤解良知教矣。殊不知此「見在良知」即是「自然之良」，即是「愛敬之主」，亦即是「虛體」、「寂體」也，捨卻「見在良知」更無可以主之者也。若然，則龍溪所謂「先師提出良知二字，正指見在而言」之說法當為的論。

　　然而，值得吾人關注的是，龍溪站在陽明思想的基礎上進一步提出「見在良知」說，究竟其根本意涵為何？簡單地講，「見在良知」說即表彰良知之「見在性」是也。其中良知之「在」，是指良知之存在，此可謂良知本體的「存有」義；良知之「見」（現），是指良知之呈現，此可謂良知本體的「活動」義。⓴而良知本體之存有，並非僅僅是一靜態的存有，乃隨時能作用於當下的存有，故良知為「即存有即活動」者也⓵，此可說是良知之「在」而「見」；而良知本體之活動，原非一不合理性的活動，乃當下即能

⓴　彭國翔先生分析「見在良知」的涵義，曾指出兩方面的意義：一是肯定良知的「在」，也就是肯定良知的當下存有性；一是指出良知的「見」，「見」在古代漢語中通「現」，是指良知的呈現與顯示，這可以說是良知的活動性。（參見氏著：《良知學的展開──王龍溪與中晚明的陽明學》，第二章，頁 69。）林月惠女士也曾表示同樣的意思：其一，「見在良知」之「在」，意謂著良知本體的「存有」義；其二，「見在良知」之「見」，顯示良知本體的「活動」義。（參見氏著：《良知學的轉折──聶雙江與羅念庵思想之研究》，第四章，頁 278-279。）

⓵　「即存有即活動」一概念是牟宗三先生之用語，說明儒家「心即理」傳統下「道德本心之活動與本體論的存有是一」的情形，有別於伊川、朱子言「性即理」之型態下道體性體乃「只存有而不活動」者也。參見氏著：《心體與性體》，第一冊，頁 19-60。

彰顯天理之圓滿性的活動，故良知為「即當下即圓滿」者也❷，此可說是良知之「見」而「在」。故不提良知則已，凡提良知則必是「在」而能「見」（即存有即活動），亦定是「見」而必「在」（即當下即圓滿）者也。由良知之「在」而能「見」，可見良知本體必具「能動性」；由良知之「見」而必「在」，可見良知當下必具「圓滿性」。世間焉有不能活動之良知，則良知豈不成一死物？❷又世間焉有呈顯的良知而為不圓滿者，則良知又如何可以曰「良」？

　　事實上，除了「見在良知」一詞之表達外，龍溪在與同門諸子論辯中亦有隨順使用「現成良知」一語者，究竟此兩個概念在意義上有無差別呢？若根據以上的分析來看，這兩個概念雖然在表面的

---

❷　所謂良知的「圓滿」，本就「質」上而言，而不就「量」上而言，正如陽明「成色分兩」說所指出的：「蓋所以為精金者，在足色，而不在分兩。所以為聖者，在純乎天理，而不在才力。故雖凡人，而肯為學，使此心純乎天理，則亦可為聖人，猶一兩之金，比之萬鎰，分兩雖懸絕，而其到足色處，可以無愧，故曰『人皆可以為堯舜』者以此。」（見陳榮捷：《王陽明傳習錄詳註集評》，卷上，第 99 條，頁 119。）故「一兩之金」與「萬鎰之金」，就其俱為精金而言，皆是圓滿無瑕的。「見在良知」亦然，就其當下呈現而無一毫私欲夾雜而言，其當下之存有即含著圓滿無瑕之義。（有關陽明「成色分兩」說之意義及相關評論，可參閱楊祖漢先生〈王陽明的聖人觀〉一文，收入氏著：《儒家的心學傳統》，第六章，頁 269-285。）

❷　案：魏莊渠（名校，字子才，號莊渠，1483-1543）為嶺南學憲時過贛，陽明問莊渠曰：「如何是本心？」莊渠云：「心是常靜的。」陽明曰：「我道心是常動的。」莊渠遂拂衣而去。後莊渠悔當時不及再問，便向龍溪請教以究其說，龍溪曰：「是雖有矯而然，其實心體亦原是如此。天常運而不息，心常活而不死。動即活動之義，非以時言也。」（見同上，第一冊，卷七，〈南遊會紀〉，頁 470。）龍溪於此闡明陽明所謂「心是常動的」之意，蓋指「心常活而不死」，且指出此處所說的「動」即「活動」之義，非以時言也。

語意上不盡相同，然而其內在的義理實可相通。就字面的語意來說，「見在良知」者，意謂著「良知當下具在」；「現成良知」者，意謂著「良知當下圓成」❷，兩者的意義可說略有不同。可是若就著良知之本性來分析，良知本體之「具在」實即包含著「圓成」或「圓滿」之義，所以兩者之意涵實可相通，此是就著良知之本性所必然可以推演出來者。陽明曾云：「所以謂之聖，只論精一，不論多寡。只要此心純乎天理處同，便同謂之聖，若是力量氣魄，如何盡同得？後儒只在分兩上較量，所以流入功利。若除去了比較分兩的心，各人儘著自己力量精神，只在此心純天理上用功，即人人自有，箇箇圓成。便能大以成大，小以成小，不假外慕，無不具足。」❷陽明既謂「此心純乎天理處同，便同謂之聖」，又謂「只在此心純天理上用功，即人人自有，箇箇圓成」，則可見良知本體之「具在」實即包含著「圓成」或「圓滿」之義。此龍溪之所以雖用「見在良知」一詞作為其主要的表達語彙，但同時也隨順其他論辯者使用「現成良知」一詞而不加以駁斥，可見「見在良知」與「現成良知」二詞義理實可相通也。❷

---

❷　「現成」一詞原是禪宗之語，意指「自然出來，不假造作安排者」，此與天臺宗所云：「當體即是」意義相通。參見丁福保編纂：《佛學大辭典》，頁2000，「現成」條下。

❷　陳榮捷：《王陽明傳習錄詳註集評》，卷上，第107條，頁129。

❷　案：牟宗三先生在疏解龍溪「見在良知」說相關論辯時對於「見在」與「現成」二語並未加以區分，顯然他也認為二者義理可以相通。如云：「今聶雙江自認是王學，而亦認言見在現成良知者為告子，則大不可解。」又云：「呈露的良知其自身是現成的、是最後的、是具足的。」（參見氏著：《從陸象山到劉蕺山》，第四章，頁344。）另外，如錢明先生亦將「見在良

　　綜括以上所論，陽明「良知」二字正是指「見在」而言，龍溪之提出「見在良知」說並非憑空捏造，蓋於師說有所本矣，甚至不僅於師說有所本，而且亦符合儒家之心學傳統也。而龍溪「見在良知」說之根本意涵，主要可從以下兩端來加以理解：第一義，良知之「見」而必「在」：表顯良知本體為「即當下即圓滿」者也，據此則可見良知當下必具「圓滿性」也；第二義，良知之「在」而能

知」納入「現成良知」來理解。（參見氏著：《陽明學的形成與發展》，頁172。）吳震先生則指出「當時」、「當下」、「見在」三詞，從廣義上說，與「現成」一詞之意相同，故「現成良知」也與「見在良知」相同。（參見氏著：《陽明後學研究》，頁2-3。）然而彭國翔先生卻認為「見在」和「現成」意義上之不相同，容易在理解上導出不同的方向，他說：「如果說龍溪『見在良知』強調的是良知在存有論或本體意義上的先驗完滿性的話，『現成良知』的用語卻更容易使人聯想到良知本體在現實經驗意識中的完成與完滿狀態。就此而言，中晚明對現成良知說的批評都著眼於認為是說有混知覺為良知以及脫略工夫的問題，便非偶然。」（見氏著：《良知學的展開——王龍溪與中晚明的陽明學》，第二章，頁 67-68；第六章，頁 411。）其實「見在良知」一詞不單只是抽象地指謂「良知在存有論或本體意義上的先驗完滿性」，蓋良知自身之圓滿固是先驗的，但亦能落在經驗中表現。「現成良知」一詞亦非含有「良知本體在現實經驗意識中的完成與完滿狀態」之意，蓋良知之現成具足就呈露的良知說，不就人現實上的狀態說，故有現成之良知，而無現成之聖人。「見在良知」與「現成良知」兩個概念，表面語意上不盡相同，然而其內在義理實可相通。中晚明對「見在良知」說的批評，關鍵不在表面語意的差別上，其實是在義理系統上彼此根本有別。彭先生之過度細究反倒凸顯出其對龍溪「見在良知」說體貼之不盡，故其闡述「見在良知」之意涵時用語亦有不十分精當者。（關於彭先生闡述「見在良知」之意涵時用語有不十分精當者之批評，請參見林月惠：〈本體與工夫合一——陽明學的展開與轉折〉，收在氏著：《良知學的轉折——聶雙江與羅念庵思想之研究》，附錄二，頁 703-705。）

「見」：表顯良知本體爲「即存有即活動」者也，據此則可見良知本體必具「能動性」也。合此二義，則龍溪「見在良知」說之根本意涵當可明矣。

第二節　良知之「見」而必「在」

上來既明龍溪提出「見在良知」說之思想傳承與根本意涵，緊接著將討論有關「見在良知」與「聖人良知」究竟是否與相同的問題。若換個方式來表達，這個問題其實是要探問：「當下呈現的良知」是否即等同於「良知的圓滿狀態」？或者更簡單地表達是：良知是否「當下具足」？套在上文所分析的「見在良知」說之兩義來看，這比較是屬於第一義良知之「見」而必「在」的問題。究竟良知是否真能「見」而必「在」呢？雙江在〈答王龍溪〉第一書中曾對龍溪提出質疑云：

> 尊兄高明過人，自來論學，只從混沌初生、無所汙壞者而言，而以見在爲具足，不犯做手爲妙悟。以此自娛可也，恐非中人以下所能及也。㉗

在〈答王龍溪〉第二書中亦批評道：

> 以見在爲具足，以知覺爲良知，以不起意爲工夫。樂超頓而

㉗　轟豹：《雙江轟先生文集》，卷十一，〈答王龍溪〉第一書，頁3上。

鄙堅苦，崇虛見而略實功。㉘

對此，龍溪的回答是：

> 公謂不肖「高明過人，自來論學只從混沌初生無所汙壞者而
> 言，而以見在為具足，不犯做手為妙悟」，不肖何敢當？然
> 竊窺立言之意，卻實以為混沌無歸著，且非汙壞者所宜妄意
> 而認也。觀後條於告子身上發例可見矣。愚則謂良知在人，
> 本無汙壞。雖昏蔽之極，苟能一念自反，即得本心。譬之日
> 月之明，偶為雲霧之翳，謂之晦耳。雲霧一開，明體即見，
> 原未嘗有所傷也。此是人人見在不犯做手本領工夫。人之可
> 以為堯舜，小人之可使為君子，舍此更無從入之路、可變之
> 幾。故非以妙悟而妄意自信，亦未嘗謂非中人以下所能及
> 也。㉙

從雙江批評龍溪「以見在為具足，以知覺為良知」看來，雙江似乎
意指「見在」者只能屬於「知覺」，而「知覺」並不等於「良
知」，當然亦不可能是「具足」的。故對雙江而言，龍溪之主「見
在良知」說根本是對於良知之錯認，誤把「見在的知覺」當成「具
足的良知」。甚至於他直接把龍溪所謂的「見在良知」視同告子的
「生之謂性」。所以，在〈答王龍溪〉第一書後面，雙江明白指

㉘　同上，卷八，〈答王龍溪〉第二書，頁 48 上-48 下。
㉙　王畿：《王龍溪全集》，第一冊，卷六，〈致知議辨〉，頁 415-416。

出：「告子曰：『生之謂性』，亦是認氣為性，而不知係於所養之善否。杞柳、湍水、食色之喻，亦以當下為具足。『勿求於心，勿求於氣』之論，亦以不犯做手為妙悟。」❸雙江這樣的見解，背後的思路其實是接近朱子的型態。心性為二，理氣為二，性即理，心不即理，心只是氣之靈。所以，「以心為性」無異於「生之謂性」，亦即以自然生命當中中性的知覺運動為性。朱子系統中由於不承認象山所說之「本心」，故其批評象山為告子，而把象山所言之本心視為「生之謂性」中之知覺運動，這樣的誤會尚可理解。今雙江既自認為是王門弟子❸，大談「良知」之學，卻將龍溪「見在良知」說視同於告子所謂的「生之謂性」，此則大不可解。當下呈顯的良知固可能與私欲混雜，然混雜是一義，呈露的良知其自身是現成的、是最後的、是具足的，此又是一義。❸一個人想要從私欲的蒙蔽中爭脫出來，靠的正是這本自具足、當下現成的良知，故龍溪曰：「良知在人，本無汙壞。雖昏蔽之極，苟能一念自反，即得

---

❸ 聶豹：《雙江聶先生文集》，卷八，〈答王龍溪〉第一書，頁 10 下-11 上。

❸ 雙江於嘉靖五年（1526）拜謁陽明後，曾兩次致書向陽明請教（今《傳習錄》卷中載〈答聶文蔚〉二書可見），兩年後，即嘉靖七年（1528），陽明即已謝世。及至嘉靖十年（1531），即陽明歿後四年，雙江出任蘇州太守，往見緒山、龍溪曰：「吾學誠得諸先生，尚冀再見稱贊，今不及矣；茲以二君為證，具香案拜先生，遂稱門人。」（見王守仁：《陽明全書》，第四冊，《年譜》，卷一，頁 144。）案：依林月惠女士之考據，雙江在〈封孺人進宜人宋氏墓誌銘〉中自述：「己丑，予由御史陞蘇州府知府。」，則雙江出守蘇州當在嘉靖八年，即陽明歿後二年。（參見氏著：《良知學的轉折──聶雙江與羅念庵思想之研究》，第三章，頁 180 注。）

❸ 參見牟宗三：《從陸象山到劉蕺山》，第四章，頁 344。

本心。」蓋人雖在私欲混雜之中，仍不礙其眼前呈顯的良知為「見在具足」也。只因良知隨時可以呈顯，故道德實踐才有下手之處；又因良知本自具足，故成聖才有必然的根據。因此，龍溪所謂的「見在良知」，只是就良知本自具足、隨時可以呈顯而說，並不是說人在隨時不自覺地混雜狀態中便是聖人。❸雙江因著顧慮一般人在現實上容易有此不自覺地混雜，遂連就著良知自身說的「見在具足」亦一併致疑，此不免是對於良知教之誤解也。

　　念庵起初對龍溪非常信服，但由於自身失敗的致知經驗，卻使得他對龍溪的「見在良知」說產生了質疑。❸事實上，在念庵與龍溪長達三十年的交往過程中，「見在良知」的問題始終是彼此對話的焦點，其間不僅書信往返論辯，也曾當面切磋印證，但直到嘉靖

---

❸　同上，頁 345。

❸　念庵回憶廿九歲與龍溪初次相處的經驗云：「憶壬辰歲（嘉靖十一年，1532）與君處，君是時孳孳然，神不外馳，惟道之求。汎觀海內，未見與君並者，遂託以身之不疑。」（見羅洪先：《念庵文集》，卷八，〈書王龍溪卷〉，頁 21 上。）其後便追悔道：「從前為『良知時時見在』一句誤卻，欠卻培養一段工夫，培養原屬收斂翕聚。」（見同上，卷三，〈與尹道輿〉，頁 34 上-34 下。）另外，念庵在五十一歲時曾云：「陽明先生苦心犯難，提出良知為傳授口訣。蓋合內外前後一齊包括，稍有幫補，稍有遺漏，即失當時本旨矣。往年見談學者皆曰：『知善知惡即是良知，依此行之即是致知。』予嘗從此用力，竟無所入，蓋久而後悔之。」（見羅洪先：《石蓮洞羅先生文集》，卷十二，〈甲寅夏遊記〉，頁 36 上。）由於念庵並未親自受教於陽明，故其對於陽明良知教之理解，大抵是從陽明親炙弟子轉手而來，特別是他由衷傾慕的龍溪，對其影響更是深遠。從以上徵引的文獻看來，念庵不僅對於龍溪的「見在良知」之教由信轉疑，併連陽明「知善知惡即是良知」之說亦不相應矣。

四十一年壬戌（1562）的松原之會，也就是念庵生前與龍溪的最後一次會面，兩人對「見在良知」的見解終究未能歸一。念庵在其〈松原志晤〉中記載兩人的對話如下：

> （龍溪）問曰：「君信得乍見孺子入井怵惕與堯舜無差別否？信毫釐金即萬鎰金否？」
>
> （念庵）曰：「乍見孺子，乃孟子指點真心示人，正以未有納交、要譽、惡聲之念。無三念處始是真心。其後擴充，正欲時時是此心，時時無雜念，方可與堯舜相對。」
>
> 次早，縱論二氏與《參同契》。
>
> 龍溪曰：「世間那有現成先天一氣，非下萬死工夫，斷不能生，不是現成可得。……」
>
> 余應聲贊曰：「兄此言極是。世間那有現成良知？良知非萬死工夫，斷不能生也，不是現成可得。今人誤將良知作現成看，不知下致良知工夫，奔放馳逐，無有止息，茫蕩一生，有何成就？諺云：『現錢易使』，此最善譬。……」❸❺

對於這次的晤談，龍溪在〈松原晤語〉中也曾加以記載，並且更明確地闡述了自己「見在良知」的觀點云：

> 至謂「世間無有現成良知，非萬死工夫，斷不能生」，以此校勘世間虛見附和之輩，未必非對症之藥。若必以現在良知

---

❸❺　羅洪先：《念庵文集》，卷八，〈松原志晤〉，頁 41 下-42 下。

與堯舜不同，必待工夫修整而後可得，則未免於矯枉之過。
曾謂昭昭之天與廣大之天有差別否？此區區每欲就正之苦心
也。夫聖賢之學，致知雖一，而所入不同。從頓入者，即本
體以為功夫，天機常運，終日兢夜保任，不離性體。雖有欲
念，一覺便化，不致為累，所謂性之也。從漸入者，用功夫
以復本體，終日掃蕩欲根，袪除邪念，以順其天機，不使為
累，所謂反之也。若其必以去欲為主，求復其性，則頓與漸
未嘗異也。㊱

透過以上兩位當事人的記錄，吾人可以更清楚地掌握彼此的立場，
了解他們之間論點的差異。在念庵的理解中，龍溪所謂的「現成良
知」，猶如「現錢易使」一般，意味著可以不須透過致知的工夫，
便可現成受用良知本體。如此一來，將使人奔放馳逐，茫蕩一生。
所以念庵的主張是「世間無有現成良知，非萬死工夫，斷不能
生」。而龍溪認為念庵的主張用來校勘世間虛見附和之輩，未必非
對症之藥，但若必以「見在良知」與「聖人良知」不同，必待工夫
修整而後可得，則未免於矯枉之過，因為「昭昭之天」與「廣大之
天」原無差別。

很明顯地，由於雙方所關注的層面不同，對良知本體與致知工
夫之體悟便有差異，遂使得這一場對話未能達成共識。念庵是從現
實層面著眼，強調當下呈顯者往往有私欲混雜，若遽以為是良知發
現，不無認欲為理之弊，故謂世間無有現成良知，若不用萬死工

㊱　王畿：《王龍溪全集》，第一冊，卷二，〈松原晤語〉，頁 192-193。

夫，斷不可得；龍溪則從本質層面著眼，強調見在良知與堯舜並無不同，蓋「昭昭之天」即「廣大之天」，更不待工夫加以修整。此所以龍溪總喜好從「信得及良知」與否來提問，令聽者對良知本體的當下具足性有一存在的肯認，故曰：「君信得乍見孺子入井怵惕與堯舜無差別否？信毫釐金即萬鎰金否？」而念庵卻總強調從現實面的混雜中反求其未發之中，才能把握住真正的良知，故云：「乍見孺子，乃孟子指點真心示人，正以未有納交、要譽、惡聲之念。無三念處始是真心。其後擴充，正欲時時是此心，時時無雜念，方可與堯舜相對。」

其實，念庵所欲強調的重點，對於世間將現成情識冒作現成良知者固有懲治之功，然而豈可因此將龍溪所提之「見在良知」（或說「現成良知」）全然抹殺？事實上，龍溪也並非不明白世人可能假託現成良知以逞其無所忌憚之私的情形，所以他繼上文之後回應念庵道：「世間薰天塞地，無非欲海；學者舉心動念，無非欲根，而往往假託現成良知，騰播無動無靜之說，以成其放逸無忌憚之私，所謂行盡如馳，莫之能止。此兄憂世耿耿苦心，殆有甚焉，吾輩所當時時服食者也。」❸然而，假託者畢竟是假託，顯見其不合真理。此是人病，而非法病。不當因此懷疑良知不是當下現成的？良知若非現成的，難道是做成的？龍溪「見在良知」說只不過是點出良知「即當下即圓滿」與「即存有即活動」的本性罷了。試問：世間焉有不能活動之良知，則良知豈不成一死物？世間又焉有呈顯的良知為不圓滿者，則良知何可曰良？此從本質上體貼良知之本性必

---

❸　同上，頁 193-194。

如此也，龍溪「見在良知」說之洞見在此，儒家「心即理」傳統之慧命亦在此。念庵（實亦包括雙江）繳繞在現實層面看良知，故終信不及良知之「即當下即圓滿」與「即存有即活動」二義。若曰必待「歸寂」或「收攝保聚」之後才可把握住「真」良知（其實就良知本身而言無所謂真良知或假良知，此處只是暫時方便說），試問此時所謂之「真」良知是否符合「即當下即圓滿」與「即存有即活動」二義？若謂符合此二義，則對龍溪之「見在良知」說根本上不須反對，何待「歸寂」或「收攝保聚」之後才能認可；若謂不符合此二義，則此所謂「歸寂」或「收攝保聚」之後所把握之「真」良知亦不過一不圓滿之良知或一不能活動之死物耳。此一如龍溪所指出的：「但云見在良知必待修證，而後可與堯舜相對，尚望兄一默體之，蓋不信得當下具足，到底不免有未瑩處，欲懲學者不用工夫之病，并其本體而疑之，或亦矯枉之過也。」❸❽

---

❸❽　同上，第二冊，卷十，〈與羅念庵〉，頁 655。案：林月惠女士曾就龍溪此文當中對念庵之指責，而為念庵加以辯誣，認為就良知本體的「存有」義而言，龍溪與念庵並無歧見。（參見氏著：《良知學的轉折——聶雙江與羅念庵思想之研究》，第四章，頁 279。）筆者以為此說恐有未諦之處。蓋因其把「見在良知」一概念拆解地從良知本體的「存有」義和「活動」義分別去論述，故僅抽象地靜態地去論謂此良知本體之「存有」意涵，當然看不出龍溪與念庵有什麼不同。其實，就著「見在良知」一概念而言，本欲彰顯良知本體「即存有即活動」之特性，故「存有」義與「活動」義不當分開來談。唯有綜此二義，由良知之「在」而能「見」，與良知之「見」而必「在」的視角切入，方能區隔出龍溪與念庵談論良知本體之不同。龍溪主張「見在良知」說，故其論良知本體為「即存有即活動」與「即當下即圓滿」者；念庵反對「見在良知」說，故其論良知本體正非「即存有即活動」與「即當下即圓滿」者，兩者焉能無有歧見？若謂必待其「收攝保聚」工夫涵養良知本體

所以，若依良知之「見」而必「在」來說，良知本是當下具足，又何可疑哉？「見在良知」畢竟與「聖人良知」相同，亦當無疑義。龍溪所引以為證的「昭昭之天」與「廣大之天」原無差別之譬，於陽明處本有所據。《傳習錄》卷下載：

之後，始能認可良知此二種特性，則將如龍溪所說的「未免等待」，亦不正反顯其信不及良知之「即存有即活動」與「即當下即圓滿」乎？此不單只是工夫入路不同的問題，工夫論與本體論原不可分，對工夫入路看法不同，即包含對本體的體悟有別。林女士評論雙江亦然，其謂：「實則，不論雙江、念庵或龍溪，基本上都肯認良知本有，可以呈現，只是雙方對於『良知』的體認，強調的重點不同。前者重良知之『體』，後者重良知之『用』，故『致知』工夫的指涉也不同。釐清雙方的思路後，上述的背反命題也是可以解消的。」（參見同上，第六章，頁 515。）關於「背反」（antinomy）命題可以解消彼此諍辯一義，是林女士用以評論雙方思想的最主要判準。（參見同上，第六章，頁 404-406。）其實，天下只此一良知，並無兩種良知，故不論良知則已，論良知則必承認以上所說二義。不當將良知之本性先存而不論，待「歸寂」或「收攝保聚」之後，才承認良知為「即存有即活動」與「即當下即圓滿」者也，此乃混淆現實層面（對治人病）與本質層面（稱理而談）者也，故欲以「背反命題」之論來解消彼此論點的差異，反倒可能使雙方爭論的重點完全失焦。另外，如彭國翔先生則嘗試從「存在主義」與「本質主義」的差異，來調和雙江、念庵和龍溪見解之不同，認為雙方只是各有側重，並非互相對立。故云：「龍溪與雙江、念庵有關現成良知的論辯，其實只是雙方視域有別，焦點互異。可惜在論辯的過程中，雙方並未能充分理解對方的立場與重點所在。當然，在體用思維方式上一元論與二元論的不同以及對這種不同缺乏自覺，是造成雙方不免自說自話的根源所在。」（參見氏著：《良知學的展開——王龍溪與中晚明的陽明學》，第六章，頁 67-68。）這樣的評論看似持平圓融，惟仍不是就著良知教之本質稱理而談。若依良知教之本質為判準，則龍溪的「見在良知」說當為的論，雙江與念庵之說蓋歧出矣。雖然雙江與念庵對本體和工夫的見解各有其客觀的意義，然不當因此而混漫良知教義理之矩矱也。

黃以方問：「先生格致之說，隨時格物以致其知，則知是一節之知，非全體之知也。何以到得溥博如天、淵泉如淵地位？」

先生（陽明）曰：「人心是天淵。心之本體無所不該，原是一個天。只為私欲障礙，則天之本體失了。心之理無窮盡，原是一個淵。只為私欲窒塞，則淵之本體失了。如今念念致良知，將此障礙窒塞一齊去盡，則本體已復，便是天淵了。」乃指天以示之曰：「比如面前見天，是昭昭之天；四外見天，也只是昭昭之天。只為許多房子牆壁遮蔽，便不見天之全體。若撤去房子牆壁，總是一個天矣。不可道眼前天是昭昭之天，外面又不是昭昭之天也。於此見一節之知，即全體之知；全體之知，即一節之知。總是一個本體。」❸⁹

陽明於此明白指出：「一節之知，即全體之知；全體之知，即一節之知。總是一個本體。」其中「一節之知」即如「見在良知」；「全體之知」即如「聖人良知」，總是同一個良知。又如面前見天，是「昭昭之天」；四外見天，也只是「昭昭之天」，總是一個天矣。龍溪依此而言「昭昭之天」與「廣大之天」原無差別，以證成「見在良知」與「聖人良知」畢竟相同，可謂於師說有據。蓋「昭昭之天」與「廣大之天」，若由其昭昭明明而言，固同是一個天，所以「見在良知」就其無有一毫私欲夾雜而言，原與「聖人良知」同也。

---

❸⁹　陳榮捷：《王陽明傳習錄詳註集評》，卷下，第 222 條，頁 300。

　　隆慶三年己巳（1569），雙江與念庵俱已作古，曾見臺（名同亨，字於野，號見臺，1533-1607）與龍溪會于武林（今杭州），其間，見臺重提念庵的「收攝保聚」說以質疑龍溪的「見在良知」說。雙方復引「昭昭之天」與「廣大之天」之譬闡述己見，龍溪復舉「齊王見堂下觳觫之牛」以為之喻：

> 見臺舉念庵子收攝保聚之說，以為孩提愛敬，乃一端之發見，必以達之天下繼之，而後為全體。孩提之知，譬諸昭昭之天；達之天下之知，譬諸廣大之天。收攝保聚，所以達之也。
>
> 予謂昭昭之天即廣大之天，容隙所見，則以為昭昭；寥廓所見，則以為廣大，是見有所梏，非天有大小也。齊王觳觫堂下之牛，特一念之昭昭耳，孟子許其可以保民而王，此豈有所積累而然哉？充而至於保民，亦惟不失此一念而已。故曰：「大人者，不失赤子之心。」大人之所以為大人，惟在不失之而已，非能有加毫末也。但以為近來講學之弊，看得良知太淺，說得致良知工夫太易。良知萬古不息，吾特順之而已，其有所存照，有所修持，皆病其為未悟良知本體。然則聖人之兢兢業業，終身若以為難者，果何謂耶？予嘗為之解曰：易者，言乎其體也；難者，言乎其功也。知易而不知難，無以徵學；知難而不知易，無以入聖。非難非易，法天之行，師門學脈也。❹

---

❹　王畿：《王龍溪全集》，第三冊，卷十六，〈別曾見臺謾語摘略〉，頁 689。

若見臺此處之轉述無誤，則念庵似乎認為「昭昭之天」不同於「廣大之天」，此不免有違陽明之說。蓋依念庵之見，孩提之知，乃一端之發見，此譬諸「昭昭之天」，必以達之天下之知，而後為全體，方可謂「廣大之天」。由「昭昭之天」，達至「廣大之天」，必待「收攝保聚」之工夫始成。言下之意，孩提之知似乎不是圓滿具足的良知，達之天下之知方可謂為圓滿具足的良知。其實，良知之圓滿具足不從「量」上說，乃從「質」上說，前引陽明「成色分兩」說時已經辯明，此不復贅言。且陽明明謂：「一節之知，即全體之知；全體之知，即一節之知。總是一個本體。」何以信不及也？所以此處龍溪復舉「齊王見堂下觳觫之牛」以為之喻。齊王見堂下觳觫之牛，只不過一念之昭昭耳，孟子卻許其可以保民而王，此豈有所積累而然哉？可見，並非「見在良知」有所不足，須待工夫加以修整積累，然後才能同於「聖人良知」，工夫惟在不失此當下一念之良知而已，非能有加毫末也。所以，要論本體，則良知原是當下具足，此其易者也；要論工夫，則雖聖人尚須兢兢業業，此其難者也。若不能悟得良知本體原是當下具足，便是「知難而不知易」，則將「無以入聖」；若不能明白即連聖人尚須兢兢業業，便是「知易而不知難」，則將「無以徵學」。真悟得「良知萬古不息，吾特順之而已」，則「非難非易，法天之行，師門學脈也。」

　　再者，劉獅泉也反對龍溪「見在良知」同於「聖人良知」之說法，如先前所引龍溪〈與獅泉劉子問答〉中已見者外，另在念庵〈甲寅夏遊記〉中亦曾記載獅泉與龍溪二人的論辯，其中龍溪更以「一隙之光」與「照臨四表之光」的關係為喻，以闡明其「見在良知」說之意旨：

　　龍溪問：「見在良知與聖人同異？」獅泉曰：「不同。赤子
之心，孩提之知，愚夫婦之能知，如頑礦未經鍛煉，不可名
金。其視無聲無臭、自然之明覺，何啻千里！是何也？為其
純陰無真陽也。復真陽者，便須開天闢地，鼎立乾坤，乃能
得之。以見在良知為主，決無入道之期矣。」龍溪曰：「謂
見在良知便是聖人體段，誠不可。然指一隙之光，以為決非
照臨四表之光，亦所不可。譬之今日之光，非本不光，卻為
雲氣掩蔽。以愚夫愚婦為純陰者，何以異此？」予（念庵）
曰：「聖賢只是要從見在尋源頭，不曾別將一心換卻此心。
獅泉欲創業，不享見在，豈是懸空做得？只時時收攝保聚，
使精神歸一便是。但不可直任見在以為止足耳。」❹

　　獅泉於此明白表示「見在良知」與「聖人良知」不同。蓋赤子、孩
提、愚夫愚婦之「見在良知」，一如頑礦未經鍛煉，不可名之為
金，其較諸「聖人良知」為無聲無臭、自然之明覺，簡直是天壤之
別。其實，金礦固不可逕名之為金，然金礦是就眾人混雜的生命而
言，眾人混雜的生命中所透顯的那一點良知正是金礦中之真金也。
眾人混雜的生命固可以是純陰而無真陽，然眾人混雜的生命中所透
顯的那一點良知正是純陰之中的一點真陽也。雖固蔽如此其深亦總
有覺醒之時，所倚靠的正是那混雜的生命中所透顯的一點良知也。
若以此一點良知為不是真陽，則又將從何處鼎立乾坤、開天闢地？
同樣地，若不承認金礦中之金為真金，則亦永無真金可以淘煉出

❹　見羅洪先：《石蓮洞羅先生文集》，卷十二，〈甲寅夏遊記〉，頁36上。

來。所以，聖人亦須由涵養「見在良知」這一點真陽種子做起**⓰**，捨此「見在」又將從何處另尋「源頭」？依良知教，只云就見在者致之而使其時時朗現而已，不云尋其源頭也。如果「見在良知」不是真正的良知，那麼又將從何處攞出良知來呢？**⓱**所以龍溪才說：「謂見在良知便是聖人體段，誠不可。然指一隙之光，以為決非照臨四表之光，亦所不可。」所謂「聖人體段」即就聖人整體的人格生命之完成而言，此方便藉用佛教術語來講是從「果地」上說；然而當說「見在良知」同於「聖人良知」時，此「聖人良知」乃就「因地」上說。此兩者概念所指不同，不當混淆也。故謂「見在良知」同於「聖人良知」，不表示「見在良知」同於「聖人體段」，只是就其同為一「**圓滿具足的良知**」而言。**⓲**言「良知」必涵蘊著

⓰ 龍溪曾曰：「涵養工夫，貴在精專接續，如雞之抱卵，先正嘗有是言。然必卵中原有一點真陽種子，方抱得成。若是無陽之卵，抱之雖勤，終成假卵。學者須先識得真種子，方不枉費工夫。明道云：『學者須先識仁』，吾人心中一點靈明，便是真種子，原是生生不息之機。」（見王畿：《王龍溪全集》，第一冊，卷四，〈留都會紀〉，頁 329。）龍溪所說的「一點靈明」可視為「見在良知」的另一種表達方式。

⓱ 參見牟宗三：《從陸象山到劉蕺山》，第五章，頁 412-415。

⓲ 龍溪與當時王門諸子論辯有無「見成良知」的問題，到了晚明此一論題仍然延續著，只是在內容上發生了些微的變化，此一變化即是從論辯有無「見成良知」轉成有無「見成聖人」，如顧涇陽（名憲成，字叔時，號涇陽，1550-1612）的弟子史玉池（名孟麟，字際明，號玉池，生卒不詳）所云：「人心有見成的良知，天下無見成的聖人。」（黃宗羲：《明儒學案》，下冊，卷六十，〈東林學案三〉，頁 1475。）蓋此時之學者大抵能肯定吾人皆具有「見成良知」，只是又不免從現實層面上，質疑冒情識為良知者有把「人人具有見成良知」直接認為「人人皆是見成的聖人」。這樣的批評固然因為「見成良知」說在當時已產生一些流弊使然，然而就概念上來說，「見成良

「圓滿具足」之義，此是吾人作聖工夫的下手處，捨此更無可以著力者也。故不論是赤子、或是孩提、乃至愚夫愚婦，其「見在良知」本自具足，與「聖人良知」無二無別。《傳習錄》卷下曾載陽明「聖人亦是學知，眾人亦是生知」的說法云：

> 先生曰：「聖人亦是學知，眾人亦是生知。」問曰：「何如？」曰：「這良知人人皆有。聖人只是保全無些障蔽，兢兢業業，亹亹翼翼，自然不息，便也是學。只是生的分數多，所以謂之生知安行。眾人自孩提之童，莫不完具此知。只是障蔽多，然本體之知，自難泯息。雖學問克治，也只憑他。只是學的分數多，所以謂之學知利行。」❹⑤

由此看來，陽明也認為：「眾人自孩提之童，莫不完具此知。」這正是人人可以成聖的根據，也是一切修養工夫的起腳。雖然赤子、孩提、愚夫愚婦的生命可能充滿障蔽，可是仍不礙其良知當下具足且隨時可以呈顯發用，故曰：「只是障蔽多，然本體之知，自難泯息。雖學問克治，也只憑他」。可見獅泉的看法並不符合於陽明的良知之教，而龍溪「見在良知」之說蓋真切於師門宗旨矣。

知」與「見成聖人」畢竟是不同的，不當混為一談。正如此處龍溪所分判的「見在良知」不等同於「聖人體段」一樣。

❹⑤ 陳榮捷：《王陽明傳習錄詳註集評》，卷下，第 221 條，頁 299。

第三節　良知之「在」而能「見」

　　以上討論有關「見在良知」是否同於「聖人良知」的問題，主要是探討良知本體是否為「即當下即圓滿」者也。接著，我們要討論如何用「致知」工夫的問題，這便牽涉到良知本體是否為「即存有即活動」者也。前者可說是比較側重在探討良知本體是否當下即具備「圓滿性」的問題，後者可說是比較側重在探討良知本體是否自身即具備「能動性」的問題。既然，良知本體的「圓滿性」即涵蘊著其自身的「能動性」；良知本體的「能動性」即反顯出自身的「圓滿性」。那麼，真信得及良知的當下圓滿性，方能肯認良知的自然能動性；真信得及良知的自然能動性，亦方能肯認良知的當下圓滿性。蓋體用本來是一，本體工夫原無二致。因此，本節所探討的問題與上一節的結論是緊密而不可分的。龍溪是真信得及良知為當下圓滿者也，故亦能肯認良知為自然能動者也，因此工夫只在於「能致」與「不能致」此「見在良知」而已。雙江、念庵與獅泉是信不及良知為當下圓滿者也，故亦不能肯認良知為自然能動者也，因此視此「見在良知」尚有污染，還須另用修證工夫。如果說上一節是探討良知是否「見」而必「在」的問題，那麼本節則是探討良知是否「在」而能「見」的問題。

　　究竟良知本體是否「在」而能「見」呢？雙江在〈答王龍溪〉第二書中曾有如下之表示：

　　師云：「良知是未發之中，寂然大公的本體」，但不知是指賦畀之初者言之耶？亦以見在者言之也？如以見在者言之，

> 則氣拘物蔽之後，吾非故吾也。譬之昏蝕之鏡，虛明之體未嘗不在，然磨瑩之功未加，而遽以昏蝕之照為精明之體之所發，世固有認賊作子者，此類是也。**❹⑥**

依雙江此處表達之意，「良知是未發之中」主要是就「賦畀之初」而言，並非就「見在」而言。所謂「賦畀之初」，意指「先天本有」。猶如孟子所云：「心之官則思，……此天之所與我者。」（《孟子·告子上》）又如陽明所云：「人孰無根？良知是天植靈根」。**❹⑦**這無非是要強調良知的「先天性」，蓋良知本屬超越層面，而非從經驗而來，這樣說並不算錯。可是，良知雖是先天卻可落於後天上用，不當一說「見在」就認為不是良知。即便落到「見在」處，吾人生命可能受到氣拘物蔽之限，然這不礙良知當下具足且隨時可以呈現，否則吾人又要依靠什麼力量來衝破這氣拘物蔽之限呢？既曰「昏蝕之鏡，虛明之體未嘗不在」，何以不能肯認這「虛明之體」本身當下即具足照明之能呢？「鏡」有昏蝕，不代表「虛明之體」也有昏蝕；正如「吾人生命」可以有氣拘物蔽，豈「良知」本身也有氣拘物蔽？「見在良知」不正是衝破此氣拘物蔽的力量乎？若曰「見在」者皆不足恃，不可謂為「良知」，必待歸寂之後所致得「未發之中」始可名為「良知」，則究竟此「未發之中」之「良知」能發用否？若順著本章第一節的分析，雙江認為「良知」是「未發之中」，凡「已發」即屬於「知覺」。那麼，此

---

❹⑥ 聶豹：《雙江聶先生文集》，卷八，〈答王龍溪〉第二書，頁47上。

❹⑦ 陳榮捷：《王陽明傳習錄詳註集評》，卷下，第244條，頁314。

歸寂後所致得的良知若曰不能發用，則此良知為「無用之體」；若曰能夠發用，則一發用豈不又屬於「知覺」？而「知覺」並非「良知」，如此一來，則「良知」一旦發用已非「良知」，那麼「良知」果真是「無用之體」也。❹再看雙江論「獨知」不是「良知」之說：

> 獨知是良知的萌芽處，與良知似隔一塵。此處著功，雖與半
> 路修行不同，要亦是半路的路頭也。致虛守寂方是不睹不聞
> 之學，歸根復命之要。蓋嘗以學之未能為憂，而乃謂偏於虛
> 寂，不足以該乎倫物之明察，則過矣。夫明物察倫，由仁義
> 行，方是性體自然之覺，非以明察為格物之功也。如以明察
> 為格物之功，是行仁義而襲焉者矣。以此言自然之覺，誤
> 也。其曰：「視於無形，聽於無聲」，不知指何者為無形聲
> 而視之聽之？非以日用倫物之內別有一個虛明不動之體以主
> 宰之，而後明察之形聲俱泯？是則寂以主夫感，靜以御夫

---

❹　根據林月惠女士的研究，雙江對「知覺」一詞的用法在本體論和工夫論兩個
側面上是不同的，在本體論上，言及「知覺」可以是就良知虛靈之用而言，
雙江名之曰：「性體自然之覺」，可是在工夫論上，一言及「知覺」則從良
知之用上脫落，成為與良知本體相對反的概念。換言之，從本體論上分析良
知時，雙江似取陽明即寂即感、即未發即已發的體用一源觀，從工夫論上分
析良知時，則又採取朱子理氣二分、寂感相對、體用二界、良知與知覺對反
的體用一源觀。（參見氏著：《良知學的轉折——聶雙江與羅念庵思想之研
究》，第三章，頁 211-218。）由此可見雙江思想體系本身不無衝突與矛盾之
處。

動,顯微隱見通一無二是也。❹

案「獨知」這個概念原是朱子在其《大學章句》中解釋「慎獨」時所提出來的。《大學》第六章云:「所謂誠其意者,毋自欺也。如惡惡臭,如好好色。此之謂自慊。故君子必慎其獨也。」朱子於其下註解道:「獨者,人所不知而己所獨知之地也。言欲自修者,知善以去惡,則當實用其力,而禁止其自欺」。本只是一個「獨」字,朱子卻於其下添了一個動詞的「知」字,從此遂有了「獨知」的概念。其後陽明更將「良知」用來指謂此「獨知」之知處,如曰:「然誠意之本又在於致知也。『所謂人雖不知而己所獨知』者,此正吾心良知處。然知得善卻不依這個良知便做去,知得不善卻不依這個良知便不去做,則這個良知便遮蔽了,是不能致知也。」❺如是則延續了朱子獨知的說法,改以良知指點之,仍以之為誠意的工夫。又如曰:「無聲無臭獨知時,此是乾坤萬有基。」❺良知原是宇宙萬物存有的根據,而其實處可由此無聲無臭獨知時來體會和把握,故獨知之知亦實不異於良知也。可是依雙江之見,「獨知」只是良知的萌芽處,此已屬於「知覺」,不可謂為「良知」也。必須致「虛」守「寂」,方是不睹不聞之學,歸根復命之要。顯然,雙江並不採取朱子與陽明從意念之微來了解《中庸》的「慎其獨」之「獨」。雙江認為:「《中庸》之意,似以未發之中

---

❹ 王畿:《王龍溪全集》,第一冊,卷六,〈致知議辨〉,頁418-419。

❺ 陳榮捷:《王陽明傳習錄詳註集評》,卷下,第317條,頁368。

❺ 王守仁:《王陽明全書》,第二冊,《詩錄》,卷三,〈詠良知四首示諸生〉,頁206-207。

為本體。未發之中即不睹不聞之獨，天下之大本也。」❷又謂：
「不聞曰隱，不睹曰微，隱微曰獨。獨也者，天地之根，人之命
也。」❸因此，《中庸》之「戒慎乎其所不睹，恐懼乎其所不
聞」，都是用來形容「未發之中」的，「獨」是從天命之性上說
的，也指就賦畀之初而言的「良知」本體。在這樣的理解下，「獨
知」一詞，表示其已感於物而動，已落於形而下之氣中，可能有善
惡之夾雜，故「獨知」屬於「知覺」，不是天命之性，當然亦非
「良知」本體。雙江如此區分「獨」與「獨知」的意涵，固然可以
自成一說，但顯然已不合陽明良知教之說統矣。況且若依其解，
「獨」才是「良知」本體，落到其發用處便是「獨知」，而獨知已
非良知，只屬於「知覺」而已。那麼，其所謂作為獨體的「良知」
顯然是「只存有而不活動」之「但理」（mere reason）罷了❹，則其
理解意義下之「良知」本體根本不具備「能動性」，如此一來，勢
必走向伊川、朱子性情二分、理氣二分之系統。可是，偏偏雙江又
非全然遵照伊川、朱子的思路來體會良知本體，而是一方面先強調
作為未發之中的良知與已發的知覺之不同，在工夫論上求歸寂以致
得未發之中的寂體、獨體；另一方面待歸寂致得此未發之中的寂
體、獨體之後，復以此未發之中的寂體、獨體來作為感通之本，而
言良知亦具有感通之用。此則依違在朱子與陽明不同的體用觀念系

---

❷　聶豹：《雙江聶先生文集》，卷八，〈答歐陽南野〉第三書，頁 12 下。

❸　同上，卷九，〈答應容庵〉第一書，頁 23 上-23 下。

❹　牟宗三先生認為在朱子思想系統中「太極只是理」或「性只是理」，其中之
　　太極或性體乃「只存有而不活動」者，故謂之「但理」（mere reason）。參
　　見氏著：《心體與性體》，第三冊，頁 18。

統之間，造成不必要的誤解與夾纏。❺

　　事實上，龍溪在回答雙江「獨知」不是「良知」之疑難時，便是就著陽明良知教之立場來加以申論的，龍溪曰：

　　　　良知即所謂未發之中，原是不睹不聞，原是莫見莫顯。明物察倫，性體之覺。由仁義行，覺之自然也。顯微隱見，通一無二，在舜所謂玄德。自然之覺即是虛，即是寂，即是無形無聲，即是虛明不動之體，即為《易》之蘊。致者致此而已，守者守此而已。視聽於無者，視聽此而已。主宰者，主宰此而已。「止則感之專，悅則應之至」，不離感應而常寂然，故曰：「觀其所感而萬物之情可見矣」。今若以獨知為發，而屬於睹聞，別求一箇虛明不動之體以為主宰，然後為歸復之學，則其疑致知不足以盡聖學之蘊，特未之明言耳。❺

---

❺　如雙江曰：「心之虛靈知覺，均之為良知也。然虛靈言其體，知覺言其用。」（見聶豹：《雙江聶先生文集》，卷八，〈答松江吳節推〉，頁59下-60上。）據此，則虛靈是良知之體，而知覺亦可為良知之用。此意義下之「知覺」似指以良知之虛靈性體為之主，不受氣拘物蔽而發用之活動而言，依此則雙江所謂之良知似乎也有陽明良知「即存有即活動」之意涵。可是由其一開始嚴分「良知」與「知覺」之不同，將「良知」視為「未發之中」，凡「知覺」皆屬「已發」來看，雙江所謂之良知性體似乎有如朱子言性體之「即存有而不活動」者也。雙江如此依違於朱子和陽明的系統之間，遂造成其自身對「良知」概念理解上之矛盾而不自知。所以吾人固當就其實義客觀了解之，但仍應依陽明良知教之本質批判之。豈可隨雙江思路之夾纏，依違兩可之語，遂混同於陽明良知教之本義耶？

❺　王畿：《王龍溪全集》，第一冊，卷六，〈致知議辨〉，頁420-421。

依龍溪之意，良知雖是未發之中，原是不睹不聞，原是莫見莫顯。但明物察倫，亦是良知性體自然之覺，此乃由仁義行者，而非屬行仁義之義襲者也。顯微隱見，通一無二。故此良知性體自然之覺本身即是虛，即是寂，即是無形無聲，即是虛明不動之體，不離感應而常寂然。不當以獨知為已發而屬於睹聞，別求一個虛明不動之體以為之主宰。陽明在回答門人問「戒懼是己所不知時工夫，慎獨是己所獨知時工夫」時，便曾明白指出全體精神命脈只當於「獨知」處用工夫：

> 只是一個工夫。無事時固是獨知，有事時亦是獨知。人若不於此獨知之地用力，只在人所共知處用功，便是作偽，便見君子而後厭然。此獨知處，便是誠意的萌芽。此處不論善念惡念，更無虛假，一是百是，一錯百錯，正是王霸義利誠偽善惡界頭。於此一立立定，便是端本澄源，便是立誠。古人許多誠身的工夫。精神命脈，全體只在此處，真是莫見莫顯，無時無處，無終無始，只是此箇工夫。今若又分戒懼是己所不知，即工夫便支離，亦有間斷。既戒懼，即是知。己若不知，是誰戒懼？如此見解，便要流入斷滅禪定。❺❼

依陽明之教，「良知」原是「無前後內外，而渾然一體者也。有事無事，可以言動靜，而良知無分於有事無事也。寂然感通，可以言

---

❺❼　陳榮捷：《王陽明傳習錄詳註集評》，卷上，第 120 條，頁 142。

動靜,而良知無分於寂然感通也。」❺所以,無分於有事無事,工夫都只從「獨知」處用。於此「獨知」處,不論善念惡念,更無虛假,一是百是,一錯百錯,正是王霸義利誠偽善惡界頭。於此「獨知」處一立立定,便是「端本澄源」,便是立誠。全體精神命脈只在此「獨知」處用,真是「莫見莫顯」,無時無處,無終無始,只是此個工夫。可見,「獨知」之知即是「良知」。它雖隨時能「知善知惡」,但它同時即是「本源」,亦同時即是「莫見莫顯」的。所以,依龍溪的看法,若要在「獨知」之上復求一個未發之中的「良知」以為之主宰,便是質疑陽明致良知之教不足以盡聖學之蘊,而必待歸寂復體始能得之。龍溪在〈答王鯉湖〉書中,曾解釋「獨知」並非「念動而後知」之意:

> 夫獨知者,非念動而後知也,乃是先天靈竅。不因念有,不隨念遷,不與萬物作對。譬之清淨本地,不待灑掃而自然無塵者也。慎之之者,非是強制之謂,只是兢業保護此靈竅,還他清淨而已。在明道所謂明覺自然,慎獨即是廓然順應之學。悟得及時,雖日酬萬變,可以澄然無一事矣。❺

龍溪於此澄清「獨知」並非「念動而後知」,蓋欲強調「獨知」的「先天性」也,故名之曰「先天靈竅」。因為,「獨知」不因念有,不隨念遷,不與萬物作對,它隨時照臨在一切善惡的念頭之

---

❺ 　同上,卷中,〈答陸原靜書〉,第157條,頁220。
❺ 　王畿:《王龍溪全集》,第二冊,卷十,〈答王鯉湖〉,頁718-719。

上，而非如雙江所認為的是這混雜中的「知覺」也。它自身即是清淨本地，不待灑掃而自然無塵者也。故「慎獨」云者，「非是強制之謂也，只是兢業保護此靈竅」而已。若悟得及，則「雖日酬萬變，可以澄然無一事」矣。龍溪在〈答洪覺山〉書中更明白點出「獨知」即是「良知」，亦即是「天理」之意：

> 良知即是獨知，獨知即是天理。獨知之體，本是無聲無臭，本是徹上徹下。獨知便是本體，慎獨便是工夫，此是千古聖神斬關立腳真話頭，便是吾人生身立命真靈竅，亦便是入聖入神真血脈路。只此便是未發先天之學。**❻⓿**

如果說在陽明的表達中尚只是就「獨知」處指點出「良知」，則龍溪的表達便直接是把「獨知」等同於「良知」，將其視為一個名詞概念。所以，一切本來用以形容「良知」的話頭，便可直接套用於「獨知」之上。「獨知」即是「天理」，「獨知」本是「無聲無臭」，「獨知」本是「徹上徹下」。龍溪這樣的詮釋「獨知」其實並不悖於陽明之教，他只是將陽明呼之欲出的意思加以明確化而已。龍溪接著更說：「獨知便是本體，慎獨便是工夫」，此是千古聖神斬關立腳真話頭，亦便是入聖入神真血脈路，只此便是「未發先天」之學也。透過這樣的詮釋，「慎獨」雖已從陽明思想中的「誠意」工夫，轉化成龍溪思想中的「未發先天」之學。然而，未發即在已發之中，先天卻在後天上用。龍溪之說亦不過是陽明致良

---

❻⓿　同上，卷十，〈答洪覺山〉，頁 714。

知教之調適上遂之表示而已，仍屬於良知教之範圍，至於雙江之說則已是良知教之歧出也。

再就羅念庵而論，其學問思路大抵與雙江相似，《明儒學案》云：「聶雙江以歸寂之說，號於同志，惟先生獨心契之」。❻是時陽明門下談學者，皆曰：「知善知惡即是良知，依此行之即是致知」。而念庵則曰：「良知者，至善之謂也。吾心之善，吾知之；吾心之惡，吾知之，不可謂非知也。善惡交雜，豈有為主於中者乎？中無所主，而謂知本常明，不可也。知有未明，依此行之，而謂無乖戾於既發之後，能順應於事物之來，不可也。故非經枯槁寂寞之後，一切退聽，天理炯然，未易及此。雙江所言，真是霹靂手段，許多英雄瞞昧，被他一口道著，如康莊大道，更無可疑。」❻依此看來，念庵與雙江基本上同調，皆偏向從「未發之中」或「虛寂之體」來識取良知的本性，反對「知善知惡即是良知」的說法，則其思想恐亦不契於陽明致良知教也。

雖然，念庵到了晚年提出了自己獨到的見解——「收攝保聚」說，修正了雙江「寂感二分」的思路，認為良知心體無分於寂感，所謂「絕感之寂，寂非真寂」，「離寂之感，感非正感」❻，然而，其「收攝保聚」說畢竟仍強調存養「良知本體之主宰性」，而非直下就良知本體之發用處用工夫也。故曰：「致良知者，致吾心

---

❻　黃宗羲：《明儒學案》，上冊，卷十八，〈江右王門學案三〉，頁 388-389。

❻　同上，頁 389。

❻　羅洪先：《石蓮洞羅先生文集》，卷十二，〈甲寅夏遊記〉，頁 38 上-39下。

之虛靜而寂焉，以出吾之是非。」❻又曰：「良知猶言良心，主靜者求以致之，收攝歛聚，自戒懼以入精微。」❻因此，念庵的「收攝保聚」說雖然也與龍溪一樣強調直接在良知心體上用功，但由於對良知心體之體悟不同，故其工夫所強調的重點便與龍溪「見在良知」說有極大的差異。龍溪是肯定良知本體自身即具備「能動性」者也，故工夫重點在直承「見在良知」而作工夫；念庵則是信不及良知本體自身即具備「能動性」者也，故反對龍溪「見在良知」之說，視「見在良知」為「知覺」，而將工夫重點放在存養此「良知本體之主宰性」上。念庵在〈與尹道輿〉一文中即曾如此言道：

> 凡閒思雜念，私智俗欲，皆草惡具也。此件清虛完足，安樂鎮靜，大牢醇酎，不啻是也。果能收歛翕聚，惟嬰兒保護，自能孩笑，自能飲食，自能行走，豈容一毫人力安排。試於臨民時驗之，稍停妥貼，言動喜怒，自是不差；稍周章忽略，便有可悔。從前為「良知時時見在」一句誤卻，欠卻培養一段工夫，培養原屬收歛翕聚。❻

由念庵此處追悔從前被「良知時時見在」一句所誤，以致欠卻「培養」一段工夫的說法看來，念庵固是信不及良知本體自身即具備「能動性」者也；又其強調「培養」原屬「收歛翕聚」，正表明自

---

❻　羅洪先：《念庵文集》，卷十一，〈雙江公七十序〉，頁58下-59上。

❻　羅洪先：《石蓮洞羅先生文集》，卷十九，〈讀困辯錄抄序〉，頁 30 下-31上。

❻　羅洪先：《念庵文集》，卷三，〈與尹道輿〉，頁34上-34下。

己對工夫的看法在存養「良知本體之主宰性」也。蓋念庵認為只要存養了「良知本體之主宰性」,則良知自能主宰一切之發用。所謂「常作主宰是一,生不了雜念,一切放下」❻,又如謂「此心自有主宰而不走透」。❻而收歛翕聚之道,一如保護嬰兒般,不戕害其天性,則其自能孩笑,自能飲食,自能行走,豈容一毫人力安排?故念庵強調曰:「凡人精神收歛寧靜,而後意慮始精,言語有敘,動作有則。」❻反之,念庵則批評龍溪的「見在良知」說云:「盡以知覺發用處為良知,至又易『致』字為『依』字,則只是有發用而無生聚矣。」❼因而慨歎曰:「木常發榮必速槁,人常動用必速死。天地猶有閉藏,況於人乎?」❼

　　針對念庵站在自己的立場批評「見在良知」說為「盡以知覺發用處為良知」,龍溪在〈答羅念庵〉第一書中曾反駁云:

> 良知非知覺之謂,然舍知覺無良知;良知即是主宰,而主宰淵寂,原無一物。吾人見在感應,隨物流轉,固是失卻主宰。若曰吾惟於此處,收斂握固,便有樞可執,認以為致知之實,未免猶落內外二見。固知吾兄見處圓融,雖精神著到而不著一物,然才有執著,終成管帶,只此管帶,便是放失

---

❻　羅洪先:《念庵羅先生文集》(明隆慶元年刊本),卷二,〈答萬曰忠〉,頁 10 下。

❻　羅洪先:《念庵文集》,卷三,〈與萬曰忠〉,頁 22 上。

❻　同上,卷四,〈答劉龍山〉,頁 86 上。

❼　同上,卷三,〈與尹道輿〉,頁 35 上-35 下。

❼　同上。

之因，比之流轉馳逐，雖有不同，其為未得究竟法，則一而已。⑫

龍溪於此明白表示：「良知非知覺之謂，然舍知覺無良知」，其意主要是說：「良知」作為一種先天的存有，其與後天感性的「知覺」固然不同，然而良知並非一靜態孤懸的存有，其發用必表現為知覺的活動，故曰捨知覺亦無良知。既然，「良知」不即是「知覺」，亦不離「知覺」⑬，那麼，究竟「良知」與「知覺」要如何區分呢？龍溪在〈答中淮吳子問〉中曾云：

> 人生而靜，天命之性也。性無不善，故知無不良。感物而動，動即為欲，非生理之本然矣。見食知食，見色知好，可謂之知，不得謂之良知。良知自有天則，隨時酌損，不可得而過也。孟子云：口之於味，目之於色，然有命焉。立命，正所以盡性，故曰天命之謂性。若徒知食色為生之性，而不知性之出於天，將流於欲而無節，君子不謂之性也。此章正是辟告子之斷案。告子自謂性無善無不善，故以湍水為喻，可以決之東西而流。若知性之本善，一念靈明，自見天則，

---

⑫　王畿：《王龍溪全集》，第二冊，卷十，〈答羅念庵〉第一書，頁 651-652。

⑬　龍溪於他處亦言：「謂知識非良知則可，謂良知外於知覺則不可。」（見同上，第一冊，卷六，〈致知議略〉，頁 410。）龍溪此說當是本於陽明：「良知不由見聞而有，而見聞莫非良知之用，故良知不滯於見聞，而亦不離於見聞。」之說而來。（見陳榮捷：《王陽明傳習錄詳註集評》，卷中，第168 條，頁 239。）

> 如水之就下，不可決之而流也。知一也，不動於欲，則為天
> 性之知，動於欲，則非良矣。告子之學，亦是聖門別派，但
> 非見性之學，所以有不得於言，不得于心之時。若知致良知
> 工夫，性無內外，良知亦徹內外。心即是寂然之體，意即是
> 感通之用，常寂常感，常感常寂，更無有不得時也。❼

見食知食，見色知好，可名為「知」，不可名為「良知」，蓋其屬
於「生之謂性」說統下之中性的知覺活動；而「良知」自有天則，
隨時酌損，不可得而過也，蓋其屬於「天命之性」說統下之至善的
本性。同一個知，「不動於欲」，則為「天性之知」；若「動於
欲」，則「非良」矣。前者即是「良知」，後者即為「知覺」，差
別即在是否「動於欲」。若是直承良知本體發用而不動於欲，則雖
顯現為知覺活動，亦不過是良知之具現罷了；若不能直承良知本體
發用而動於欲，則純然為一感性欲望的知覺活動矣。可見龍溪固有
「良知」與「知覺」之別，並未直接把「知覺」當作「良知」也。
再者，龍溪既曰：「若知致良知工夫，性無內外，良知亦徹內外。
心即是寂然之體，意即是感通之用，常寂常感，常感常寂，更無有
不得時也。」則可見良知並非只是一靜態孤懸的存有，其亦必通徹
於知覺活動來表現其自身之發用，常寂常感，常感常寂，性無內
外，良知亦徹內外也。若然，則念庵批評龍溪「見在良知」說是把
「知覺」認作「良知」，一方面固可說是誤解了龍溪「見在良知」
說之意，另一方面亦可說是對良知本身之「能動性」信不及也，故

---

❼　王畿：《王龍溪全集》，第一冊，卷三，〈答中淮吳子問〉，頁 254-255。

不許就著知覺發用處言良知。所以龍溪才提醒念庵：「良知即是主宰，而主宰淵寂，原無一物」。若離此見在感應處，別求收斂握固之道，便不免落入內外二見，流於執著，終成管帶，比之流轉馳逐，雖有不同，其為未得究竟法，則一矣。

念庵對龍溪之說並未浹洽於心，故在〈答王龍溪〉書中再次闡明自己真實的感受，並提出自己對本體和工夫的見解：

> 來教云：「良知非知覺之謂，然舍知覺無良知；良知即是主
> 宰，而主宰淵寂，原無一物。」兄之精義，盡在於此。夫謂
> 知覺即主宰，主宰即又淵寂，則是能淵寂亦即能主宰，能主
> 宰亦即自能知覺矣，又何患於內外之二哉？今之不能主宰
> 者，果知覺紛擾故耶？亦執著淵寂耶？其不淵寂者，非以知
> 覺紛擾故耶？其果識淵寂者，可復容執著耶？自弟受病言
> 之，全在知覺，則所以救其病者，舍淵寂無消除法矣。夫本
> 體與工夫固當合一，源頭與現在終難盡同。弟平日持源頭本
> 體之見解，遂一任知覺之流行，而於見在工夫之持行，不識
> 淵寂之歸宿，是以終身轉換，卒無所成。❼❺

念庵一方面似乎承認順著龍溪的說法，可以無患於內外二見；可是另一方面他也表示就自己受病而言，全在知覺之紛擾，則所以救其病者，捨淵寂並無消除之法。因此，他提出自己對本體和工夫的看法是：「本體與工夫固當合一，源頭與現在終難盡同」。事實上，

---

❼❺ 羅洪先：《石蓮洞羅先生文集》，卷八，〈答王龍溪〉，頁10上。

這樣的見解絕非念庵一時興起的說法，乃是其平日之定見。在〈讀困辯錄抄序〉中，念庵為雙江「歸寂」說辯解時即云：

> 譬之於水，良知源泉也，知覺其流也。流不能不雜於物，故須靜以澄汰之，與出於源泉者其旨不能不殊，此雙江公所為辯也。⓱

另外，在〈甲寅夏遊記〉中，念庵為調停獅泉與龍溪二人的論辯時亦云：

> 聖賢只是要從見在尋源頭，不曾別將一心換卻此心。獅泉欲創業，不享見在，豈是懸空做得？只時時收攝保聚，使精神歸一便是。但不可直任見在以為止足耳。⓲

總之，念庵喜從現實層面看問題，強調當下呈顯者往往有私欲混雜，故終究信不及「見在良知」。其將「見在」者視為「知覺」，譬如「水流」；將「良知」譬喻成「源頭」，而謂「聖賢只是要從見在尋源頭」，於是工夫便落在時時「收攝保聚」上。若相較於龍溪「見在良知」說強調直悟當下呈顯的良知本體而作工夫，念庵的「收攝保聚」說則強調靜中收攝以對治情識物欲來呈顯良知本體的主宰性。念庵曰：「靜中收攝，使精神常歛不散，培根之譬

⓱　同上，卷十九，〈讀困辯錄抄序〉，頁31上。

⓲　同上，卷十二，〈甲寅夏遊記〉，頁36上。

也。」❼而欲使精神常斂不散，最易收效的方法即是「靜坐」。念庵本人即曾關石蓮洞居之，默坐半榻間，不出戶者三年。龍溪恐其專守枯靜，不達當機順應之妙，訪之於松原。❼由此可見念庵修養工夫之基調。

　　對於這種透過「閉關靜坐」以期悟道成聖的工夫，龍溪在〈三山麗澤錄〉中曾有如下之評論曰：

　　尊嚴子問曰：荊川謂吾人終日擾攘，嗜欲相混，精神不得歸根，須閉關靜坐一二年，養成無欲之體，方為聖學，此意如何？

　　先生曰：吾人未嘗廢靜坐，若必藉此以為了手，未免等待，非究竟法。聖人之學主於經世，原與世界不相離。古者教人只言藏修游息，未嘗專說閉關靜坐。若日日應感，時時收攝，精神和暢充周，不動於欲，便與靜坐一般。況欲根潛藏，非對境則不易發。如金體被銅鉛混雜，非遇烈火，則不易銷。若以見在感應不得力，必待閉關靜坐，養成無欲之體，始為了手，不惟蹉卻見在功夫，未免喜靜厭動，與世間已無交涉，如何復經得世？❽

龍溪此說雖是對唐荊川（名順之，字應德，號荊川，1507-1560）而發，但

---

❼　羅洪先：《念庵文集》，卷二，〈答王著久〉，頁44上。

❼　黃宗羲：《明儒學案》，上冊，卷十八，〈江右王門學案三〉，頁389。

❽　王畿：《王龍溪全集》，第一冊，卷一，〈三山麗澤錄〉，頁112-113。

其對閉關靜坐的看法一樣適用於念庵和雙江。事實上，龍溪並不反對靜坐，他本人亦曾有習靜的經驗[81]，並曾為文專論靜坐調息的方法[82]，但認為靜坐只是「權法」[83]，若必藉此以為了手，「未免等待」。更何況欲根潛藏，非對境則不易發。若能日日應感，時時收攝，使精神和暢充周，不動於欲，便與靜坐一般。龍溪這樣的見解基本上和陽明一樣。《傳習錄》中載陳明水（名九川，字惟濬，號明水，1495-1562）問道：「靜坐用功，頗覺此心收斂，遇事又斷了。旋起箇念頭去事上省察，事過又尋舊功，還覺有內外打不作一片。」陽明曾詳為解答云：

> 此格物之說未透。心何嘗有內外？即如惟濬今在此講論，又豈有一心在內照管？這聽說時專敬，即那靜坐時心，功夫一貫，何須更起念頭？人須在事上磨鍊，做功夫乃有益。若只好靜，遇事便亂，終無長進。那靜時功夫，亦差似收斂，而實放溺也。[84]

---

[81] 案：龍溪曾與念庵往黃陂山人方與時處學習靜坐，龍溪先返，念庵獨留。見黃宗羲：《明儒學案》，上冊，卷十八，〈江右王門學案三〉，頁390。

[82] 龍溪云：「欲習靜坐，以調息為入門，使心有所寄，神氣相守，亦權法也。」王畿：《王龍溪全集》，第三冊，卷十五，〈調息法〉，頁1060-1062。

[83] 龍溪云：「顏子、仲弓，德行之首，惟曰視聽言動，曰出門使民，皆於人倫日用應感處求之，未嘗以靜坐為教也。至明道始教人靜坐，每見學者靜坐則嘆其善學，此非有異於孔門之訓，隨時立教，所謂權法也。」見同上，第一冊，卷五，〈竹堂會語〉，頁357。

[84] 陳榮捷：《王陽明傳習錄詳註集評》，卷下，第262條，頁324。

陽明於此點出「心無內外」之意。蓋當下聽講時專敬之心，即那靜坐時的心，功夫一貫，何須更起念頭？人須在事上磨鍊，做功夫乃有益。若只好靜，遇事便亂，終無長進。其實，陽明早期也曾教諸生「靜坐」以自悟性體，後來發現弟子漸有喜靜厭動、流入枯槁之病，故五十歲以後專提「致良知」三字，認為「只是致良知三字無病」。陽明曰：

> 良知明白，隨你去靜處體悟也好，隨你去事上磨鍊也好，良知本體原是無動無靜的，此便是學問頭腦。⑧⑤

由此看來，依陽明良知教為判準，不論是雙江之「歸寂」工夫或念庵之「收攝保聚」工夫，都只不過是致良知之「預備工夫」而已⑧⑥，陽明所謂「補小學收放心一段功夫」⑧⑦是也。從現實層面著眼，此預備工夫未嘗無意義，可以讓學者念慮澄清一下以默識良知心體。但默識良知心體之後，仍要落於見在感應中作「致良知」的工夫，所以根本不須要反對龍溪的「見在良知」說。雙江與念庵因過度著眼於現實層面私欲混雜的問題，遂扭曲了良知教之義理，造

---

⑧⑤　同上，卷下，第 204 條，頁 288。

⑧⑥　參見牟宗三：《從陸象山到劉蕺山》，第四章，頁 334-335。

⑧⑦　陽明曾云：「前在寺中所云靜坐事，非欲坐禪入定也。蓋因吾輩平日為事物紛拏，未知為己，欲以此補小學收放心一段功夫耳。」（見王守仁：《王陽明全書》，第四冊，《年譜》，頁 86。）龍溪亦云：「程門見人靜坐便嘆以為善學，蓋使之收攝精神，向裡尋求，亦是方便法門，先師所謂因以補小學一段工夫也。」（見王畿：《王龍溪全集》，第一冊，卷四，〈東遊會語〉，頁 297。）

成不必要的誤解與夾纏。所以，去除掉雙江與念庵對龍溪「見在良知」說種種的誤解，以及對於陽明良知教義理矩纓無謂的夾纏，彼二人所強調的工夫仍可納入王門良知教的範圍。

最後，再就劉獅泉而論，其論工夫主要是以「悟性修命」標宗，並謂「是說也，吾爲見在良知所誤，極探而得之。」⑱可見，他根本上也是反對龍溪「見在良知」說者，則其視良知本體是否「在」而能「見」呢？《明儒學案》中黃梨洲綜述其「悟性修命」說之旨如下：

> 夫人之生，有性有命，性妙於無爲，命雜於有質，故必兼修
> 而後可以爲學。蓋吾心主宰謂之性，性無爲者也，故須首出
> 庶物以立其體。吾心流行謂之命，命有質者也，故須隨時運
> 化以致其用。常知不落念，是吾立體之功；常運不成念，是
> 吾致用之功，兩者不可相雜。常知常止，而念常微也。⑲

獅泉一開始先客觀地提出「性」與「命」，而言其形式的意義，故曰：「性妙於無爲，命雜於有質」，此乃本於《中庸》、《易傳》而言也。其次，再落於「心」上就其「主宰義」與「流行義」，而言性與命的內容意義。所謂「吾心主宰謂之性」，猶言就吾心之爲主宰而言，則謂之性。性爲天下之大本，妙於無爲，故「須首出庶物以立其體」。性無作無爲，無聲無臭，不容言說，而成其妙，故

---

⑱　黃宗羲：《明儒學案》，上冊，卷十九，〈江右王門學案四〉，頁438。
⑲　同上。

只可言「悟」，不可言「修」。所謂「吾心流行謂之命」，猶言就吾心之為流行而言，則謂之命。命在流行之中，與氣相雜而有質，則不免隨時成滯，故「須隨時運化以致其用」。致命之用，命即是用也，故須修而致之，而運化即修也，故言「修命」，不言「至命」（《易傳》言：「窮理盡性以至於命」）或「立命」（《孟子》言：「夭壽不二，修身以俟之，所以立命也」）。命而言修，顯然非古義也。若問：於心上如何能成「立體之功」？則答曰：「常知不落念，是吾立體之功」。此若依良知教，即隱含說：常常讓良知呈現，而不落於意念之中，即是吾立體之功。若問：於心上如何能成「致用之功」？則答曰：「常運不成念，是吾致用之功」。此若依良知教，即隱含說：由致良知以運化，故心之流行雖有質卻不成念，此即成吾致用之功也。

此中，決定獅泉的「悟性修命」說是否符合陽明良知教之關鍵問題在於：「良知」與「性」為一乎？為二乎？若為一，則是良知教；若為二，則有兩歧路可走：㈠走向王塘南（名時槐，字子植，號塘南，1522-1605）之分解：把性看成先天未發之理，且性只是理，不能活動；而心為先天之發竅，屬於後天，介在體用之間，如是，則心性總是二，不能是一；㈡走向劉蕺山「以心著性」之路：其始也，暫設為二，其終也，總歸是一。獅泉究竟向何走，很難定。❾⓿

不過，若從獅泉反對「見在良知」說，繞出去另立「悟性修命」說來看，似乎比較是往王塘南之分解的路上走。蓋彼若往「以

---

❾⓿　以上分析獅泉「悟性修命」說之義理內涵，主要參考牟宗三先生之疏釋。參見氏著：《從陸象山到劉蕺山》，第五章，頁 409-412。

心著性」之路上走，亦不得不承認「見在良知」也。若欲符合陽明「即心言性」之良知教，亦實不得不承認「見在良知」也。彼既信不及「見在良知」說，則彼所悟之「性」恐只是「未發之中」，只是「只存有而不活動」者也。否則，何必繞出「良知」之外分設「性」與「命」，再落於「心」上就其「主宰義」與「流行義」而分別言性與命的內容意義。一方面既要「立其體」，一方面又要「致其用」，如此一來，則工夫不能歸一矣。

龍溪在〈與獅泉劉子問答〉中，即曾針對獅泉的「悟性修命」說提出批評云：

> 良知即是主宰，即是流行。良知原是性命合一之宗，故致知工夫只有一處用。若說要出脫運化，要不落念不成念，如此分疏，即是二用。二即是支離，只成意象紛紛，到底不能歸一，到底未有脫手之期。**❹**

依龍溪之見，「良知原是性命合一之宗，故致知工夫只有一處用。」良知即是主宰，即是流行。致知工夫亦即就當下流行處識此主宰而已。換言之，致良知工夫不是憑空去致，唯就當下呈現的良知而存養之、推擴之耳。故只言「致良知」即是「立其體」，亦即是「致其用」。若說要出脫，又要運化；要不落念，又要不成念，如此分疏，即是二用。「二即是支離，只成意象紛紛，到底不能歸一，到底未有脫手之期」。繼龍溪的批評之後，〈與獅泉劉子問

---

❹　王畿：《王龍溪全集》，第一冊，卷四，〈與獅泉劉子問答〉，頁 284。

答〉中又記錄了彼此的對話云：

> 劉子曰：「近來亦覺破此病，但用得慣熟，以為得力，一時
> 未忘得在。」先生（龍溪）曰：「兄但忘卻分別二見，功夫
> 自然歸一，只此便是脫手受用，更無等待也。老師提出此簡
> 宗旨，費盡多少苦心，吾人不能實落用功，使此學不能光顯
> 于世，自是吾人罪過。」❷

由此看來，獅泉的「悟性修命」說並不是非常成熟之思想，其於陽
明良知教之宗旨亦非把握得十分真切。故彼之反對「見在良知」
說，蓋因信不及良知性體為「在」而能「見」者也。

第四節　「見在良知」是
王龍溪哲學之核心概念

經由以上大段的討論，相信對於龍溪「見在良知」說之意涵當
該有更為清晰的了解。接下來要吾人要加以釐清的是，「見在良
知」這個概念與龍溪最具代表性的「四無」說之間究竟具有什麼關
係？而「見在良知」在龍溪整個哲學系統中又居於何種地位呢？

根據黃梨洲的說法，龍溪在天泉證道上經過陽明的一番印可之
後：「自此印正，而先生之論大抵歸於四無。」❸或許正基於這樣

---

❷　同上。

❸　黃宗羲：《明儒學案》，上冊，卷十二，〈浙中王門學案二〉，頁239。

一種普遍的印象，後儒中遂有以為龍溪「四無」之說「談不離口」者。**[94]**其實若從《王龍溪全集》中作一文獻上的考察，則除了述及天泉證道一事外，幾乎找不到直接表示「四無」的語句，反而更多的是圍繞「良知」這個概念而論及本體與工夫方面的陳述。所以，細玩梨洲「先生之論大抵歸於四無」之意，當指龍溪無論是談本體或是論工夫總不脫「四無」之意旨，而非直接搬弄「四無」的文句。因此，如果跳開天泉證道上「四無」說這一種絕無僅有的表達方式，直探「四無」說背後的根本洞見而抉發其義理基礎，則「見在良知」無疑是更為核心的表達。

因為，依龍溪「見在良知」的概念，良知既「當下具足且隨時可以呈現」，則直接順承此良知本體以為工夫，更將心、意、知、物一齊泯化而歸於無善無惡之境，當該是義理上自然可以推導出來的結論。若無對於「見在良知」之頓悟與肯認，亦將從何而言「四無」之「體用顯微只是一機，心意知物只是一事」的理境呢？所以，從義理上來分析，「見在良知」這個概念在龍溪的思想體系中無疑是居於核心的地位，較諸「四無」說更能凸顯「本體」與「工夫」的意涵，而且把「四無」說所隱含之「即本體即工夫」的洞見表達得更為親切明白，甚至於吾人可說「四無」之理境亦必先悟得「見在良知」方有下手處也，故筆者認為「四無」說的義理基礎在「見在良知」。

或疑龍溪「四無」說之提出當在「見在良知」說之前，如何反

---

[94] 許敬庵〈九諦〉中之「諦九」曾云：「其後四無之說，龍溪子談不離口。」參見《明儒學案》，中冊，卷三十六，〈泰州學案五〉，頁868。

倒以「見在良知」說為「四無」說之義理基礎？此可答曰：理論提
出之先後當不礙義理論證之次第也。蓋義理論證之次第乃純從概念
之內涵加以分析推論而成，除非對於概念本身之內涵分析推論有不
恰當者，否則當該不因理論提出之時間先後影響義理論證之有效性
也。況且，即就理論提出之先後而言，龍溪「四無」說之提出在明
嘉靖六年丁亥（1527 年）天泉證道上，龍溪時年三十；而「見在良
知」說究竟最早於何時提出，依現存文獻來看並無法考訂其確切的
時間。若必拘泥於文字，則嘉靖四十一年壬戌（1562 年）龍溪六十
五歲曾作〈松原晤語〉，其中明顯提及「現在良知」的字眼；若不
拘泥於文字，則嘉靖三十四年乙卯（1555 年）龍溪五十八歲時有
〈致知議略〉之作❻，其中已有「見在良知」的見解，故引發後來
與聶雙江之間的辯難，凡九難九答，遂輯成〈致知議辨〉；若純從
義理思想來分析，則嘉靖十八年己亥（1539 年）龍溪四十二歲時，
曾邀羅念庵共遊南京，其論學內容已提及「聖凡皆是平等」、「天
性原自平滿」等蘊涵「見在良知」的思想❻；若將龍溪思想視為早
熟而且一貫的，則嘉靖三年甲申（1524 年）龍溪二十七歲時即「大
悟，盡契師旨」，故自言道：「致良知三字，及門誰不聞，惟我信
得及。」又云：「先師提出良知二字，正指見在而言。」❻依此，
則可謂龍溪於此時即有「見在良知」之頓悟也。故不論從「義理論

---

❻　參見彭國翔：《良知學的展開──王龍溪與中晚明的陽明學》，附錄一，
　　〈王龍溪先生年譜〉，頁 593-594。

❻　參見錢穆：〈羅念庵年譜〉，收入氏著：《中國學術思想史論叢（七）》
　　（臺北：東大圖書公司，1986 年），頁 194-197。

❻　王畿：《王龍溪全集》，第一冊，卷四，〈與獅泉劉子問答〉，頁 284。

證之次第」或「理論提出之先後」（廣義地說）而言，此處所謂「『四無』說的義理基礎在『見在良知』」之論斷當該可以成立也。

其實，依筆者之見，「見在良知」這個概念實即龍溪整個哲學系統的拱心石，足以支撐和架構龍溪學說思想中有關本體論和工夫論的每一個面向。這一點可由陽明辭世以後，龍溪與同門諸子之間爭辯致良知教宗旨的言論中得到充分的證明。

蓋自從天泉證道上龍溪和緒山針對師門立教宗旨展開辯論之後，隔年（即嘉靖七年，1528 年）陽明即已逝世，同門之間不免於陽明良知之說，擬議攙和，紛成異見，演變成王門日後流派的分化與爭議，龍溪在其〈撫州擬峴臺會語〉一文中曾有如下的描述：

> 先師首揭良知之教以覺天下，學者靡然宗之，此道似大明於世，凡在同門，得於見聞之所及者，雖良知宗說，不敢有違，未免各以其性之所近，擬議攙和，紛成異見。有謂良知非覺照，須本於歸寂而始得，如鏡之照物，明體寂然，而妍媸自辨，滯於照，則明反眩矣。有謂良知無見成，由於修證而始全，如金之在礦，非火符鍛鍊，則金不可得而成也。有謂良知是從已發立教，非未發無知之本旨。有謂良知本來無欲，直心以動，無不是道，不待復加銷欲之功。有謂學有主宰，有流行，主宰所以立性，流行所以立命，而以良知分體用。有謂學貴循序，求之有本末，得之無內外，而以致知別始終。此皆論學同異之見，差若毫釐，而其謬乃至千里，不容以不辨者也。寂者心之本體，寂以照為用，守其空知而遺

照，是乖其用也。見入井之孺子而惻隱，見嘑蹴之食而羞惡，仁義之心，本來完具，感觸神應，不學而能也。若謂良知由修而後全，擾其體也。良知原是未發之中，無知而無不知，若良知之前復求未發，即為沈空之見矣。古人立教，原為有欲設，銷欲正所以復還無欲之體，非有所加也。主宰即流行之體，流行即主宰之用。體用一原，不可得而分，分則離矣。所求即得之之因，所得即求之之證，始終一貫，不可得而別，別則支矣。吾人服膺良知之訓，幸相默證，以解學者惑，務求不失其宗，庶為善學也已。**⑱**

根據龍溪此處所列，至少便有六種不同的看法：㈠主「歸寂」之說者，主要是指江右王門之聶雙江和羅念菴；㈡主「修證」之說者，主要是指江右王門之劉獅泉；㈢主「已發」之說者，主要是以江右王門之歐陽南野為代表，而浙中王門之錢緒山早期亦有此說法；㈣主「無欲」之說者，主要是指北方王門之孟我疆（名秋，字子成，號我疆，1525-1589）；㈤主「主宰流行」之說者，則江右王門之劉兩峰（名文敏，字宜充，號兩峰，1490-1572）、劉獅泉，與浙中王門之季彭山皆可為代表；㈥主「本末之序」之說者，則指泰州學派之王心齋。**⑲**由此看來，天泉證道之後，陽明道脈並不真能歸一。**⑳**

---

⑱　王畿：《王龍溪全集》，第一冊，卷一，〈撫州擬峴臺會語〉，頁 151-153。另外，在〈滁陽會語〉中（卷二，頁 173-174）龍溪亦曾提及，唯語多重複之處，故此處不再列出，可一併參看。

⑲　參見唐君毅：《中國哲學原論・原教篇》，第十三章，頁 361。

　　針對當時流行的這幾種有關良知的不同見解，龍溪也一一提出他個人的批評：㈠主「歸寂」之說者，守其空知而遺照，是乖其用也，忽略了良知原本即寂即照；㈡主「修證」之說者，謂良知由修證而後全，是擾其體也，不知仁義之心，本來完具，感觸神應，不學而能也。㈢主「已發」之說者，謂良知是從已發立教，非未發無知之本旨，乃於良知之前復求未發，是為沈空之見，殊不知良知即已發即未發，無知而無不知；㈣主「無欲」之說者，以為良知本來無欲，直心以動，無不是道，不待復加銷欲之功。此乃不明古人立教，原為有欲設，銷欲正所以復還無欲之體，非有所加也。㈤主「主宰流行」之說者，謂主宰所以立性，流行所以立命，而以良知分體用。不知主宰即流行之體，流行即主宰之用。體用一原，不可得而分。㈥主「本末之序」之說者，謂學貴循序，求之有本末，得之無內外，而以致知別始終。不知所求即得之之因，所得即求之之證，始終一貫，不可得而別矣。

　　綜觀龍溪評論各家說法的判準，實不外強調良知即寂即感、即未發即已發、即主宰即流行，通貫本末、內外、始終，不待修證卻能感觸神應，直心以動卻能自然銷欲。此即指向「即當下即圓滿」、「即存有即活動」之「見在良知」這個概念。由此看來，「見在良知」居於龍溪哲學系統中核心概念之地位，蓋亦十分明顯而無有疑義者也。

---

⑩　龍溪口述之〈天泉證道記〉文末載曰：「自此海內相傳天泉證悟之論，道脈始歸于一云。」見王畿：《王龍溪全集》，第一冊，卷一，〈天泉證道記〉，頁93。

　　由孔子言「我欲仁，斯仁至矣」、「有能一日用其力於仁矣乎？我未見力不足者。」以來，似乎已肯定吾人道德實踐的根據與動力皆充足之意。至孟子指出「人之所不學而能者，其良能也；所不慮而知者，其良知也。」更明白點出良知本來具足且隨時可以呈現之義。而陽明言「良知」正是從孟子承轉而來，故其亦將良知視為「隨他發見流行處當下具足」者也。龍溪親承陽明末命，於陽明「致良知」教之微旨多所領悟發明，故其正式提出「見在良知」之說，當該屬於儒家心學傳統在義理發展上水到渠成、順理成章之事，同時也把陽明致良知教推展至更為圓融高妙的境界。

第六章　王龍溪哲學之本體觀
——良知當下具足且隨時可以呈現

　　上一章分就良知之「見」而必「在」與良知之「在」而能「見」兩義，析論王龍溪與同門諸子之間論辯「見在良知」說之曲直源委，頗能彰顯出王龍溪「見在良知」說之根本意涵。蓋依良知之「見」而必「在」而言，可見良知本體為「即當下即圓滿」者也；依良知之「在」而能「見」而言，可見良知本體為「即存有即活動」者也。前者乃依「即用見體」的進路，證成良知當下必具「圓滿性」；後者則依「即體見用」的進路，證成良知本體必具「能動性」。其實，良知本體的「圓滿性」即涵蘊著其自身的「能動性」；良知本體的「能動性」即反顯出自身的「圓滿性」。故不論是「即用見體」，或是「即體見用」，都只是環繞在良知本身之體用上進行雙向的思考與表顯，實即總歸於頓悟良知本體之「體用一源」是也。王龍溪嘗曰：「天下未有無用之體、無體之用，故曰體用一原。」❶可見，既不可離體以言用，亦不可離用以言體也。王龍溪「見在良知」說既見得良知本身之體用如此緊切密合，因而

❶　王畿：《王龍溪全集》，第一冊，卷七，〈南遊會紀〉，頁459。

吾人認為透過對其「體用一源」義之探討，當可抉發出王龍溪哲學對良知本體的特殊洞見也。以下概分三節以論之。

第一節　朱子與陽明論「體用一源」

　　「體用一源」一詞自從程伊川提出以來❷，經過朱子的闡發與運用❸，幾乎成為宋明理學家基本的思想範型。❹到了明代，「體用一源」之說不僅在儒學，甚至在佛學內，都被更加廣泛的使用。以致如唐荊川便云：「儒者曰體用一原，佛者曰體用一原；儒者曰顯微無間，佛者曰顯微無間，其孰從而辨之？」❺可見，同樣使用「體用一源」這個概念，不同的思想家所賦與的內容意涵並不相同。

---

❷　伊川於〈易傳序〉中有云：「至微者，理也；至著者，象也。體用一源，顯微無間。」見程顥、程頤：《二程集》，《周易程氏傳·易傳序》，頁689。

❸　關於朱子對「體用一源」的闡發與運用，可參考張永儁先生〈朱熹哲學思想之「方法」及其實際運用〉一文，收入鍾彩鈞主編：《國際朱子學會議論文集》（上冊）（臺北：中央研究院中國文哲研究所籌備處，1993 年），頁343-369。

❹　陳榮捷先生於〈新儒家範型：論程朱之異〉一文中，除了表示程伊川的「理一分殊」、「涵養須用敬，進學則在致知」、以及「體用之說」可視為新儒家之基本範型外，並且對於程朱之「體用一源」說有進一步的闡釋，值得參考。參見氏著：《朱學論集》（臺北：臺灣學生書局，1988 年），頁 69-97。

❺　唐順之：《唐荊川集》（四部叢刊本，臺北：臺灣商務印書館，1983 年），卷十，〈中庸輯略序〉，頁 191。

　　所以，想要掌握龍溪「見在良知」說下所謂「體用一源」的意涵，則對於「體用一源」這個概念實有進一步深究的必要，否則單提「體用一源」四個字，並不足以充分彰顯出龍溪哲學之本體觀。首先，來看朱子對伊川「體用一源，顯微無間」的說法是如何解讀的：

> 體用一源者，自理而觀，則理為體，象為用，而理中有象，是一源也。顯微無間者，自象而觀，則象為顯，理為微，而象中有理，是無間也。……且既曰：「有理而後有象」，則理象便非一物，故伊川但言其「一源」而「無間」耳，其實體用顯微之分，則不能無也。今曰：「理象一物，不必分別」，恐陷於近日含胡之弊，不可不察。❻

依朱子之意，「理」為「體」，「象」為「用」，所謂「體用一源」云者，只是就「理中有象」而言，並非表示「理象一物，不必分別」。同樣地，「象」為「顯」，「理」為「微」，所謂「顯微無間」云者，只是就「象中有理」而言，亦並非表示「理」與「象」為同一物。朱子在此特別強調伊川只言「一源」與「無間」而已，所以體、用、顯、微之分不能無也。由此看來，朱子對於伊川「體用一源，顯微無間」一語的理解，透過「理」與「象」二者之間的關係來說明，主要是把體用表顯為「不離不雜」的關係。

---

❻　朱熹：《朱文公文集》（四部叢刊本，臺北：臺灣商務印書館），卷四十，〈答何叔京〉第三十書，頁 41 下-42 上。

然而，進一步來說，「理」與「象」之間的不同究竟要怎樣區別呢？對此，朱子在〈答呂子約〉第十二書中曾云：

> 至於形而上下卻有分別。須分別得此是體，彼是用，方說一源。合得此是象，彼是理，方說的無間。若只是一物，卻不須更說一源、無間也。❼

朱子於此指出，「理」與「象」之別，或說「體」與「用」之別，其實是「形而上」與「形而下」的區別。依此，則「理」與「象」之間「不離不雜」的關係其實是建立在「形而上」與「形而下」異層異質之二元論的基礎上。此看朱子論「理先氣後」之說可知，《朱子語類》載：

> 問：先有理，抑先有氣？曰：理未嘗離乎氣。然理，形而上者；氣，形而下者。自形而上下言，豈無先後？理，無形；氣便粗，有渣滓。❽

> 或問：必有是理，然後有是氣，如何？曰：此本無先後之可言，然必欲推其所從來，則須說先有是理。然理又非別為一物，即存乎是氣之中。無是氣，則理亦無掛搭處。氣則為金

---

❼　同上，卷四十八，〈答呂子約〉第十二書，頁 18 下。
❽　黎靖德編：《朱子語類》，第一冊，卷一，頁 3。

木水火，理則為仁義禮智。❾

從所謂「理，無形；氣便粗，有渣滓」，或說「氣則為金木水火，理則為仁義禮智」等義來看，則朱子雖然強調「理」與「氣」不相離而為一源，但「理」與「氣」畢竟分屬形而上下異層異質之兩物也。若然，朱子是以其「理氣二元，不離不雜」的思想模式來理解「體用一源」這個概念的。❿故雖說「體用一源」，背後其實是一種二元論的觀點。試看朱子平日所云：

> 孟子言：「惻隱之心，仁之端也。」仁，性也；惻隱，情也，此是情上見得心。又曰「仁義禮智根於心」，此是性上見得心。蓋心便是包得那性情，性是體，情是用。⓫

> 性以理言，情乃發用處，心即管攝性情者也。故程子曰「有指體而言者，寂然不動是也」，此言性也；「有指用而言者，感而遂通是也」，此言情也。⓬

> 心有體用。未發之前是心之體，已發之際乃心之用，如何指

---

❾　同上。

❿　參見林月惠：《良知學的轉折——聶雙江與羅念庵思想之研究》，第六章，頁 524-525。

⓫　黎靖德編：《朱子語類》，第一冊，卷五，頁 91。

⓬　同上，卷五，頁 94。

定說得！⑬

　　曰：「然則中、和果二物乎？」（朱子）曰：「觀其一體一
　　用之名，則安得不二？察其一體一用之實，則此為彼體，彼
　　為此用，如耳目之能視聽，視聽之由耳目，初非有二物
　　也。」⑭

朱子認為「性是體，情是用」，又順著伊川把「性」看成是「寂然
不動」之「體」，把「情」看成是「感而遂通」之「用」。同時，
又將「未發」與「已發」，「中」與「和」都分別看成是體用關
係。由此看來，朱子論性與情、寂與感、中與和、未發與已發等概
念時，基本上都是採用一種二元論的體用觀，這種二元論的體用觀
其實構成了朱子思想體系的重要特色。
　　至於陽明之論「體用一源」，便與朱子「理氣二元，不離不
雜」的思想模式不同，乃是直接扣緊「良知」自身「即體即用」的
觀點去立論。《傳習錄》卷上載：

　　侃問：「先儒以心之靜為體，心之動為用，如何？」先生
　　曰：「心不可以動靜為體用。動靜，時也。即體而言用在

---

⑬　同上，卷五，頁 90。
⑭　朱熹撰，黃坤校點：《四書或問》（上海：上海古籍出版社，2001 年），頁
　　55。

體，即用而言體在用，是謂體用一源。」**⑮**

此處薛侃（字尚謙，號中離，1486-1545）所稱先儒「以心之靜為體，心之動為用」，應當指朱子而言，陽明則強調「心不可以動靜為體用」。因為動靜，「時」也，只是表述現象界中兩個不同的狀態，不當直接用來形容本心自身之體用。蓋本心自身為一先天的存有，原是「動而無動，靜而無靜」**⑯**者也。故依陽明，體用只能就著良知本身而言，「即體而言用在體，即用而言體在用」，是謂「體用一源」。在這個意義下，「體」與「用」不再像朱子思想系統中分屬形上形下異層異質的兩物，只不過是同一個良知心體的兩個側面，所謂「體即良知之體，用即良知之用，寧復有超然於體用之外者乎？」**⑰**因此，陽明所理解的「體用一源」，可說是一種一元論的觀點。**⑱**

　　然而，單從體用的形式意義去理解陽明這種一元論的體用觀

---

⑮　陳榮捷：《王陽明傳習錄詳註集評》，卷上，第 108 條，頁 130。

⑯　周濂溪曰：「動而無靜，靜而無動，物也；動而無動，靜而無靜，神也。」（見周敦頤：《周子通書》，〈動靜第十六〉，頁 3。）其中「動而無靜，靜而無動」者，用來形容現象界中一般物體之相對的動靜；而「動而無動，靜而無靜」者，則用來形容天道誠體之神用動無動相、靜無靜相，乃超越於一般物體相對的動靜之上而為至動與至靜。後來陽明也用以形容良知本體之作用，此觀以下所引陽明〈答陸原靜書〉中所云可知也。

⑰　陳榮捷：《王陽明傳習錄詳註集評》，卷中，〈答陸原靜書〉，第 155 條，頁 218。

⑱　以上謂朱子論「體用一源」是一種二元論的觀點，陽明論「體用一源」是一種一元論的觀點，乃參考彭國翔先生的說法。參見氏著：《良知學的展開——王龍溪與中晚明的陽明學》，第六章，頁 354-358。

時，一下子似乎尚不易掌握得十分明白，對此，陽明嘗透過未發與已發、寂然與感通等概念去表達良知「體用一源」之義，如云：

> 蓋體用一源，有是體即有是用，有未發之中，即有發而中節之和。⓳

> 人之本體，常常是寂然不動的，常常是感而遂通的。未應不是先，已應不是後。⓴

在朱子的思想系統中，「未發之中」是「體」，「已發之和」是「用」；「寂然不動」是「體」，「感而遂通」是「用」。「體」與「用」分屬「形而上之理」與「形而下之氣」，而彼此「不離不雜」。然而在陽明的思想系統中，「未發之中」、「寂然不動」是用來表顯良知是一不睹不聞、沖漠無朕的超越之「體」；「已發之和」、「感而遂通」是用來表顯良知是一泛應曲當、神感神應的明覺之「用」。「體」與「用」實通貫「形而上之理」與「形而下之氣」而「相即為一」。如果說「體」側重在表示良知的「存有」義的話，那麼「用」便側重在表示良知的「活動」義。而良知原是一「即存有即活動」的創造實體，故體用亦不可截然分割。「蓋體用一源，有是體即有是用」也。良知本體「常常是寂然不動的，常常是感而遂通的」。「未應不是先，已應不是後」，蓋當下即是也。

⓳　陳榮捷：《王陽明傳習錄詳註集評》，卷上，第 45 條，頁 83。

⓴　同上，卷下，第 328 條，頁 376。

陽明〈答陸原靜書〉中亦云：

> 未發之中即良知也，無前後內外而渾然一體者也。有事無事，可以言動靜，而良知無分於有事無事也。寂然感通，可以言動靜，而良知無分於寂然感通也。動靜者所遇之時，心之本體固無分於動靜也。理，無動者也，動即為欲。循理則雖酬酢萬變，而未嘗動也。從欲則雖槁心一念，而未嘗靜也。動中有靜，靜中有動，又何疑乎？有事而感通，固可以言動，然而寂然者未嘗有增也。無事而寂然，固可以言靜，然而感通者未嘗有減也。動而無動，靜而無靜，又何疑乎？無前後內外，而渾然一體，則至誠有息之疑，不待解矣。未發在已發之中，而已發之中，未嘗別有未發者在；已發在未發之中，而未發之中，未嘗別有已發者存。是未嘗無動靜，而不可以動靜分者也。㉑

此處陽明論良知「即體即用」之意蓋詳矣。在朱子的思想系統中，前後、內外、動靜、寂感、未發已發等均落在其「理氣二元，不離不雜」的思想模式中，表現為一種體用二元的關係。陽明則認為良知本體「無分於有事無事」、「無分於寂然感通」、「無分於動靜」，甚至「無分於未發已發」，而純為一「即有事即無事」、「即寂即感」、「即動即靜」、「即未發即已發」之絕對無待的誠體神用。總之，良知為「無前後內外而渾然一體者也」，故其自身

㉑　同上，卷中，〈答陸原靜書〉，第157條，頁220。

乃超越一切相對立的兩端，而不當以此相對立的兩端來分指其體用，此所謂「是未嘗無動靜，而不可以動靜分者也」。繼上文之後陽明續云：

> 周子「靜極而動」之說，苟不善觀，亦未免有病。蓋其意從太極「動而生陽，靜而生陰」說來。太極生生之理，妙用無息，而常體不易。太極之生生，即陰陽之生生。就其生生之中，指其妙用無息者而謂之動，謂之陽之生，非謂動而後生陽也；就其生生之中，指其常體不易者而謂之靜，謂之陰之生，非謂靜而後生陰也。若果靜而後生陰，動而後生陽，則是陰陽動靜，截然各自為一物矣。陰陽一氣也，一氣屈伸而為陰陽；動靜一理也，一理隱顯而為動靜。㉒

陽明此處藉著解釋周濂溪《太極圖說》中「靜極而動」一語，闡明從太極誠體自身而言的動靜之實義。所謂就其生生之中，指其「妙用無息」者而謂之「動」，此動乃「動而無動」之意。所謂就其生生之中，指其「常體不易」者而謂之「靜」，此靜乃「靜而無靜」之意。而太極誠體原是妙用無息，常體不易，故其自身亦當是動而無動、靜而無靜，而即動即靜、即靜即動者也。若果靜而後生陰，動而後生陽，則是陰、陽、動、靜，截然各自為一物矣。如是，太極誠體便有止息之時，亦有變易之時，焉能為「妙用無息，常體不易」者也？由陽明此論看來，其視良知本體亦是「動而無動、靜而

㉒ 同上，頁 220-221。

無靜，而即動即靜、即靜即動」者也，「是未嘗無動靜，而不可以動靜分者也」。動靜如此，則寂感、未發已發、有事無事，乃至前後內外亦莫不如此也。順著陽明此處所說「動靜一理也，一理隱顯而為動靜」，亦可說「寂感、未發已發、有事無事，前後內外一理也，一理隱顯而為寂感、未發已發、有事無事，前後內外」。故良知之「體」「用」乃就其自身之「隱」「顯」而言，不就寂感、未發已發、有事無事，前後內外之相對立的兩端而言。良知自身之體用便是賅動靜、通內外、徹上下而如如常在永無止息者也。

　　相對於朱子把「理」「氣」視為形上與形下異層異質的二元來說，陽明甚至還從「良知」本身的角度切入，而將「理」與「氣」相互融貫而為一，陽明云：

　　　夫良知一也，以其妙用而言，謂之神；以其流行而言，謂之氣；以其凝聚而言，謂之精。❷

以「良知之流行」來說「氣」，此則將「氣」關連到「良知」本身之發用而言。如是，理氣亦相通而為一矣。由此可知，陽明之論「體用一源」，其體用關係為「理氣相即」之一元；而朱子之論「體用一源」，其體用關係則為「理氣不離不雜」之二元，其差異有如此之大者。

---

❷　同上，第 154 條，頁 216。

第二節　龍溪「見在良知」說下之「體用一源」義

　　對於朱子與陽明之間這種「體用二元論」和「體用一元論」的差異，龍溪在〈書婺源同志會約〉中曾有明白的表達曰：

> 存省一事，中和一道，位育一源，皆非有二也。晦翁隨處分而為二，先師隨處合而為一，此其大較也。❷❹

由此看來，龍溪本人對於朱子和陽明彼此之間思維模式的不同是瞭若指掌的。所以，在當雙江與念庵等人站在朱子體用二元論的立場上，反覆提出對「見在良知」說之批評時，龍溪所秉持的正是陽明體用一元論的觀點。如雙江批評「以愛敬為良知，則將以知覺為本體」時，龍溪則告之以「自然之良，即是愛敬之主，即是寂，即是虛，即是無聲無臭，天之所為也」。很顯然地，雙江所採取的是朱子「性為體，情為用」，「理氣二元，不離不雜」之體用二元論的觀點，而龍溪的回答則採取陽明「良知即性即情、即寂即感」之體用一元論的觀點。再如劉獅泉以「吾心主宰謂之性」，「吾心流行謂之命」，而提出「悟性修命」的工夫理論時，也是採取一種體用二元論的思維架構❷❺；龍溪則告之以「良知即是主宰，即是流行。

---

❷❹　王畿：《王龍溪全集》，第一冊，卷二，〈書婺源同志會約〉，頁184。

❷❺　龍溪對於獅泉分主宰與流行為二曾有如下的描述：「有謂學有主宰、有流行，主宰所以立性，流行所以立命，而以良知分體用。」（同上，卷一，

良知原是性命合一之宗，故致知工夫只有一處用」。甚至在〈撫州擬峴臺會語〉中，龍溪曾如此評論道：「主宰即流行之體，流行即主宰之用。體用一原，不可得而分，分則離矣。」❷⑥可見龍溪所執持的便是體用一元論的思維方式。

　　除此之外，龍溪曾就著雙江、東廓、念庵三人之言論，進一步發表其個人對陽明良知教宗旨的看法，寫成〈致知議略〉一文。❷⑦雙江則對於此文的觀點提出疑難，龍溪一一予以回應，凡九難九答，遂輯成〈致知議辨〉一文。❷⑧其中，龍溪與雙江彼此曾針對「先天與後天」、「寂與感」、「未發與已發」和「幾」等概念加以論辯，論辯時雙江所採取的便是朱子體用二元論的觀點，而龍溪則依循陽明體用一元論的觀點。透過研究釐清雙方的思維模式，將有助於吾人深刻掌握龍溪「見在良知」說下之「體用一源」義，從而抉發出龍溪哲學對良知本體的特殊洞見。茲依序探討如下：

　　〈撫州擬峴臺會語〉，頁 152。）從「以良知分體用」一語來看，則可見獅泉的思想體系也是屬於一種體用二元論的思維架構。

❷⑥　同上，頁 153。

❷⑦　在〈致知議略〉一文開頭，龍溪曾略述撰寫本文之緣起，其言云：「徐生時舉將督學敬所君之命，奉奠陽明先師遺像於天真，因就予而問學。臨別，出雙江、東廓、念庵三公所書贈言卷，祈予一言以證所學。三公言若人殊，無非參互演繹，以明師門致知之宗要。予雖有所言，亦不能外於此也。」（同上，第一冊，卷六，〈致知議略〉，頁 405-410。）可見龍溪寫作此文固有與雙江、東廓、念庵三人切磋，以闡明陽明致知宗旨之意。

❷⑧　同上，第一冊，卷六，〈致知議辨〉，頁 411-436。

一、關於「先天後天」之論辯

雙江難：

> 邵子云：「先天之學，心也；後天之學，迹也。」先天言其
> 體，後天言其用。蓋以體用分先後，而初非以美惡分也。㉙

龍溪答：

> 寂之一字，千古聖學之宗。感生於寂，寂不離感。舍寂而緣
> 感，謂之逐物；離感而守寂，謂之泥虛。夫寂者，未發之
> 中，先天之學也。未發之功卻在發上用，先天之功卻在後天
> 上用。明道云：「此是日用本領工夫，卻於已發處觀之。」
> 康節〈先天吟〉云：「若說先天無個字，後天須用著工
> 夫。」可謂得其旨矣。先天是心，後天是意。至善是心之本
> 體。心體本正，纔正心便有正心之病。纔要正心，便已屬於
> 意。欲正其心先誠其意，猶云舍了誠意，更無正心工夫可用
> 也。良知是寂然之體，物是所感之用，意則其寂感所乘之機
> 也。知之與物無復先後可分，故曰致知在格物。致知工夫在
> 格物上用，猶云《大學》明德在親民上用，離了親民更無學
> 也。良知是天然之則。格者，正也；物，猶事也。格物云
> 者，致此良知之天則於事事物物也。物得其則，則謂之格。

㉙　同上，頁 411。

非於天則之外別有一段格之之功也。〔……〕**30**

此處雙江根據邵康節（名雍，字堯夫，號康節先生，1011-1077）之語，認為「先天」、「後天」是以「體」「用」分，非以「美」「惡」分也。雙江所說的「先天」、「後天」是就龍溪〈致知議略〉中所提出的「良知」與「知識」二者而言，該文中龍溪的說法是這樣的：

> 同一知也，如是則為良，如是則為識，如是則為德性之知，如是則為聞見之知，不可以不早辨也。良知者，本心之明，不由學慮而得，先天之學也；知識則不能自信其心，未免假於多學億中之助，而已入於後天矣。**31**

龍溪在〈致知議略〉中以「良知」與「知識」分「先天」、「後天」，此自有美惡意。蓋良知為德性之知，從心體上立根，故為先天之學；知識是聞見之知，從識上立根，故為後天之學。前者不假外求，後者有待於外，故以美惡分並無不可。此義，若依龍溪在〈金波晤言〉中所云，則意思更為明顯：

> 知一也，根於良則為本來之真，依於識則為死生之本，不可不察也。知無起滅，識有能所，知無方體，識有區別。**32**

30　同上，頁 412-413。

31　同上，第一冊，卷六，〈致知議略〉，頁 406。

32　同上，第一冊，卷三，〈金波晤言〉，頁 244。

「良知」與「知識」雖同為「知」，但是良知根於「良」則為「本來之真」，知識依於「識」則為「死生之本」；良知「無起滅」，知識「有能所」；良知「無方體」，知識「有區別」，如此看來，「良知」與「知識」焉能無「美」「惡」之分？而雙江依紹子「先天之學，心也；後天之學，迹也」之語強調良知與知識二者是「體」「用」關係，其實亦無礙於以美惡分也。且一說到「迹」，籠統地說是「用」，此則有待簡別。因為落於實踐上說，迹不能無善惡，善者可謂用，惡者不可謂用，必化其惡而一於善，方可成體用。**❸❸**此即如龍溪所云：

> 變識為知，識乃知之用；認識為知，識乃知之賊，回、賜之學，所由以分也。**❸❹**

直接把「知識」當成「良知」，固然有以賊為良之弊；但是若能把「知識」加以轉化而依於「良知」本體，那麼「知識」亦可以成為「良知」之用。所謂「識根於知，知為之主，則識為默識，非識神之恍惚矣。」**❸❺**又所謂「果信得良知及時，則知識莫非良知之用，謂吾心原有本來知識，亦未為不可。」**❸❻**故「良知」與「知識」同時可以「體」「用」分，也可以「美」「惡」分，兩不相妨也，只要釐清概念使用的分際即可。

---

❸❸ 參見牟宗三：《從陸象山到劉蕺山》，第四章，頁 331。

❸❹ 王畿：《王龍溪全集》，第一冊，卷三，〈金波晤言〉，頁 244。

❸❺ 同上，第二冊，卷八，〈意識解〉，頁 558。

❸❻ 同上，第二冊，卷十，〈答吳悟齋〉第一書，頁 675。

再者，依龍溪之見，「良知」與「知識」雖有「先天」與「後天」之別，然「未發之功卻在發上用，先天之功卻在後天上用」。故龍溪於〈致知議略〉中云：

> 吾人今日之學，謂知識非良知，則可；謂良知外於知覺，則不可。謂格物正所以致知，則可；謂在物上求正，而遂以格物為義襲，則不可。後儒謂纔知即是已發，而別求未發之時，所以未免於動靜之分，入於支離而不自覺也。㊲

龍溪所要強調的是，「知識」雖然並非「良知」，但「良知」卻不能外於「知識」（「知覺」）而別有表現的管道。良知必然要發用，其發用便必然落到經驗層面，不可因落到經驗層面便完全視同後天已發的「知識」（「知覺」），而再別求一個未發的「良知」。若謂已發者皆不是良知，則良知又成何物？因此，龍溪才徵引明道所云：「此是日用本領工夫，卻於已發處觀之。」又徵引康節〈先天吟〉所云：「若說先天無個字，後天須用著工夫。」了解此意之後，落到道德實踐上說，「先天是心，後天是意」，「良知是寂然之體，物是所感之用，意則其寂感所乘之機也」，則致良知工夫必然要在意、物等後天經驗層面去落實，故謂：「欲正其心先誠其意，猶云舍了誠意，更無正心工夫可用也」；又謂：「致知工夫在格物上用，猶云《大學》明德在親民上用，離了親民更無學也」。龍溪此說正是承陽明致良知教而來，故強調「致良知」工夫是要推

擴良知於事事物物之上，不離日用感應才能真正復歸良知之天則
也。反之，離開了日用感應之事事物物，又要從何處下手去作「致
良知」工夫呢？

　　總之，「良知」與「知識」，在雙江的理解下為全然異層異質
之兩物，彼此可說是「體用有別，不離不雜」，此蓋依朱子體用二
元論的觀點而來。然而，若依龍溪的理解則是：

　　　　先後一揆，體用一原。先天所以涵後天之用，後天所以闡先
　　　　天之體。㊳

「良知」與「知識」（「知覺」）二者固然有「先天」與「後天」、
「體」與「用」之別，可是「先天所以涵後天之用，後天所以闡先
天之體」，依良知本體「即先天即後天」之特性來看，「良知」自
能下貫而成「知識」（「知覺」）之用也。此便是龍溪「先後一揆，
體用一原」之觀點也。

二、關於「寂感」之辯論

雙江難：

　　　　寂，性之體，天地之根也，而曰「非內」，果在外乎？感，
　　　　情之用，形器之迹也，而曰「非外」，果在內乎？抑豈內外
　　　　之間別有一片地界可安頓之乎？「即寂而感存〔行〕焉，即

㊳　同上，第二冊，卷八，〈先天後天解義〉，頁531。

感而寂行〔存〕焉」，以此論見成似也。若為學者立法，恐
當更下一轉語。《易》言內外，《中庸》亦言內外，今曰無
內外。《易》言先後，《大學》亦言先後，今曰無先後。是
皆以統體言工夫。如以百尺一貫論種樹，而不原枝葉之碩茂
由於根本之盛大，根本之盛大由於培灌之積累。此鄙人內外
先後之說也。❸

龍溪答：

即寂而感行焉，即感而寂存焉，正是合本體之工夫。無時不
感，無時不歸於寂也。若以此為見成，而未及學問之功，又
將如何為用也？寂非內，而感非外，蓋因世儒認寂為內、感
為外，故言此以見「寂感無內外」之學。非故以寂為外，以
感為內，而於內外之間別有一片地界可安頓也。既云寂是性
之體，性無內外之分，則寂無內外可不辨而明矣。❹

雙江於此堅持「寂」與「感」為「性」與「情」之分，為「體」與
「用」之分，為「內」與「外」之分，為「形上」與「形下」之
分，當然亦為「理」與「氣」之分，此分明與朱子體用二元論的思
路相同。所以他不能同意龍溪「即寂而感行焉，即感而寂存焉」的
說法，認為這是以「見成」而論；同時他也不能同意龍溪泯除內外

---

❸　同上，第一冊，卷六，〈致知議辨〉，頁 411-412。

❹　同上，頁 414-415。

先後的說法，認為這是以「統體」論工夫。由此看來，他根本反對龍溪「見在良知」說的見解。

　　而龍溪的回應是：「即寂而感行焉，即感而寂存焉」正是「合本體之工夫」。❹「良知」本體原是「無時不感，無時不歸於寂也」，若以此為現成而不足恃，又將如何用工夫呢？正如龍溪在〈與諸南明〉中所云：

> 先師提出良知二字，乃是至道之精神，神感神應，真是真非，一毫不容自昧，乃易簡直截根源，千聖從入之真機。世之學者信不及此，以為不足以盡天下之變。〔……〕蓋良知之宗，寂而常照。舜之明物察倫，照之用也；由仁義行，寂之體也。是謂明覺之自然，是謂無為而治，千古經綸之學盡於此矣。❷

真信得及良知乃「寂而常照」者也，則不論是明物察倫之照用；或是由仁義行之寂體，皆是良知本身明覺之自然如如呈現也。依此良知明覺之自然而作工夫，則當下神感神應，真是真非，一毫不容自昧，乃易簡直截根源，千聖從入之真機也。雙江蓋信不及此，故反對龍溪「即寂而感行焉，即感而寂存焉」的說法，必欲歸寂以復體，此則偏離良知教矣。龍溪於〈中庸首章解義〉云：「未發之

---

❹　陽明亦曾說過：「合著本體的，是工夫；做得功夫的，方識本體。」（見陳榮捷：《王陽明傳習錄詳註集評》，〈傳習錄拾遺〉，第 3 條，頁 390。）可見龍溪說法於陽明有據矣。

❷　王畿：《王龍溪全集》，第二冊，卷九，〈與諸南明〉，頁 644-645。

中，非對已發而言；即感而寂，非寂而後生感也。」⑱此正可以駁雙江之說也。良知無有一時止息，其本體作用隨時具在，所謂「見在良知」正是成聖的根據，也是致知工夫的起腳處，龍溪於此指出良知為「即寂即感」之「見成」，又有何不妥？

其次，龍溪對於自己主張「寂感無內外」之說，一方面提出解釋說是為了匡正世儒認「寂為內、感為外」之謬；另一面他則從「寂是性之體，性無內外之分」來推證「寂無內外」。關於此義，龍溪在〈滁陽會語〉中曾云：

> 虛寂原是良知之體，明覺原是良知之用。體用一原，原無先後之分。⑭

可見，虛寂與明覺原是良知自身之體用，不當以先後分，當然亦不可以內外分也。陽明〈答陸原靜書〉亦云：「未發之中即良知也，無前後內外而渾然一體者也。〔……〕寂然感通，可以言動靜，而良知無分於寂然感通也。」⑮由此可見，陽明也是主張良知無分於前後內外、無分於寂然感通，而為渾然一體者也。龍溪的思維模式蓋與陽明體用一元論的觀點相同也。

---

⑱　同上，第二冊，卷八，〈中庸首章解義〉，頁 528。
⑭　同上，第一冊，卷二，〈滁陽會語〉，頁 174。
⑮　陳榮捷：《王陽明傳習錄詳註集評》，卷中，第 157 條，〈答陸原靜書〉，頁 220。

三、關於「未發已發」之辯論

雙江難：

> 良知是未發之中，先師嘗有是言。若曰良知亦即是中節之
> 和，詞涉迫促。〔……〕「良知之前無未發，良知之外無已
> 發」，似是渾沌未判之前語。設曰良知之前無性，良知之外
> 無情，即謂良知之前與外無心，語雖玄，而意則舛矣。❻

龍溪答：

> 良知之前無未發者，良知即是未發之中，若復求未發，則所
> 謂沈空也。良知之外無已發者，致此良知即是發而中節之
> 和，若別有已發，即所謂依識也。語意似了然。「設為良知
> 之前無性，良知之外無情，即謂之無心」，而斷以為混沌未
> 判之前語，則幾於推測之過矣。❼

雙江於此首先質疑龍溪「良知即是未發之中，即是發而中節之和」
的說法，認為「詞涉迫促」；其次，他也質疑「良知之前無未發，
良知之外無已發」的說法，似是「渾沌未判之前語」。雙江甚至進
一步根據龍溪此說而提出質問說：「設曰良知之前無性，良知之外
無情」，那麼不就等於說「良知之前與外無心」嗎？這樣的說法

---

❻　王畿：《王龍溪全集》，第一冊，卷六，〈致知議辨〉，頁 411-412。
❼　同上，頁 415。

「語雖玄，而意則舛矣」。其實雙江提出這兩個質疑，背後的原由蓋因其個人對於「未發之中」和「已發之和」是採取二元論的觀點：「未發本是性，故曰大本者，天命之性，天下之理皆由此出〔……〕中是性，和是情。」❹此基本上仍是朱子未發與已發、中與和、性與情二分的思路。底下要討論龍溪的回應之前，先將雙江所質疑的龍溪說法之文本徵引如下，以便對照：

> 良知即是未發之中，即是發而中節之和，此是千聖斬關第一義，所謂無前後內外渾然一體者也。若良知之前別求未發，即是二乘沉空之學。良知之外別求已發，即是世儒依識之學。或攝感以歸寂，或緣寂以起感，受症雖若不同，其為未得良知之宗則一而已。❹

關於雙江的第一個質疑，龍溪在〈致知議略〉這裡的表達或許確有詞涉迫促之嫌。蓋說「良知是未發之中」此無問題，說良知「即是發而中節之和」則不免太快了些，此須關聯著「意」與「物」等經驗層面而說，就良知本身而言無所謂「中節」或「不中節」的問題。良知本身即是「節」（天理），通過格物、致知、誠意等工夫可使意誠、物正而中節矣，於此方可說「中節之和」。所以龍溪後來在〈致知議辨〉處的表達便較為妥適了，其言云：「致此良知即是發而中節之和」，中節之和是就「致此良知」而說，不就「良知

---

❹　《雙江聶先生文集》，卷十一，〈答王龍溪〉第二書，頁 46 下。
❹　王畿：《王龍溪全集》，第一冊，卷六，〈致知議略〉，頁 406。

自身」說。不過，如果通過致此良知而使得意與物成為中節之和，
此仍應是在良知感應流行之內，而不在良知之外。依此而言「良知
即是發而中節之和」亦無不可，只是這是「綜和地說」，即通過
「致」而關聯著「意」與「物」說。因為若是在良知之外別有已
發，則是「依識」也。所以，只要將語言的歧義分別清楚之後，亦
未嘗不可說也。❺⓿

關於雙江的第二個質疑，龍溪提出「良知之前無未發，良知之
外無已發」的見解並非毫無所據。蓋陽明〈答陸原靜書〉中即云：
「未發在已發之中，而已發之中，未嘗別有未發者在；已發在未發
之中，而未發之中，未嘗別有已發者存。」❺❶可見龍溪的回答原是
遵循陽明的說法。陽明在此〈答陸原靜書〉中所說的未發已發，是
將未發已發收到良知本身上講，此固不符《中庸》原意，但亦自成
理路。將未發已發收到「良知」本身上講，此時之所謂「發」乃是
「發用」或「顯現」之意，這與《中庸》就「情」上講便不同。
《中庸》就「情」上講的「發」是「激發」之意。❺❷龍溪繼承陽明

---

❺⓿　關於這個問題，牟宗三先生有詳細的疏釋。請參見氏著：《從陸象山到劉蕺
　　　山》，第四章，頁 339-341。

❺❶　陳榮捷：《王陽明傳習錄詳註集評》，卷中，第 157 條，〈答陸原靜書〉，
　　　頁 220。

❺❷　未發、已發，若依《中庸》原義解之，本是說在喜怒哀樂未被激發起時，吾
　　　人可以體認到良知為中體；有此不昧的中體，始能使喜怒哀樂有發而中節之
　　　和。如是，未發、已發是就「情」說，並不就「良知」本身說。此是程伊
　　　川、楊龜山（名時，字中立，世稱龜山先生，1053-1135）、李延平（名侗，
　　　字愿中，世稱延平先生，1093-1163）、朱子相傳談論未發已發的老方式。但
　　　後來在陽明〈答陸原靜書〉中，隨陸原靜（名澄，字原靜，又字清伯，生卒
　　　不詳）之問，亦將未發已發收到「良知」本身上講，此固不符《中庸》原

之說，亦將未發已發收到良知本身上講，所以良知自身乃是即未發即已發而實無分於未發已發者也。如是，則良知本身即是未發之中，如何再於此良知之前別求個未發？此豈不是「沉空」乎？又依綜和義說，良知統攝意與物而使之為中節之和，如是則良知即是中節之和，又如何再於此良知之外別求個已發？此豈不是「依識」乎？龍溪於此點出個「即未發即已發」的「良知」，正是要判開渾沌也❸，此不可謂為「渾沌未判之前語」。又雙江根據龍溪此說而提出質問說：「設曰良知之前無性，良知之外無情，即謂良知之前與外無心。語雖玄，而意則舛矣。」此真可謂「幾於推測之過」也。蓋良知即是性、即是情、亦即是心，良知之前之外若尚有心，那必定是識心。龍溪之說並無乖舛之處也。❸龍溪曾云：

> 至善者，心之本體，天命之性，粹然無欲，其虛而靈者，皆其至善之發見，所謂體用一原。❺

可見，心體、性體、乃至其虛而靈者（良知），一齊皆是至善者也。良知即是心，即是性，亦不能不即是情也，此蓋即是龍溪之

意，但亦自成理路。惟「發」字的意涵便有不同。參見牟宗三：《從陸象山到劉蕺山》，第三章，頁 300-301。

❸　龍溪平日便有「一念靈明，從混沌立根基」之說。其中「一念靈明」即指「見在良知」而說（此義詳見下章），「從混沌立根基」，不即表示可以判開混沌乎？見王畿：《王龍溪全集》，第一冊，卷七，〈龍南山居會語〉，頁 499。

❸　參見牟宗三：《從陸象山到劉蕺山》，第四章，頁 342-343。

❺　同上，第二冊，卷八，〈大學首章解義〉，頁 517。

「體用一源」觀也。

四、關於「幾」之辯論

雙江難：

> 兄謂聖學只在幾上用功。有無之間是人心真體用，當下具
> 足，是以見成作工夫看。夫寂然不動者，誠也；感而遂通
> 者，神也。今不謂誠神爲學問真工夫，而以有無之間爲人心
> 真體用，不幾於舍筏求岸，能免望洋之歎乎？誠精而明寂，
> 而疑於無也，而萬象森然已具，無而未嘗無也。神應而妙
> 感，而疑於有也，而本體寂然不動，有而未嘗有也。即是爲
> 有無之間，亦何不可？老子曰：「無無既無，湛然常寂。常
> 寂常應，真常得性。常應常定，常清靜矣。」則是以無爲有
> 之幾，寂爲感之幾。非以寂感有無隱度其文，故令人不可致
> 詰爲幾也。知幾之訓，《通書》得之。《易傳》子曰：「知
> 幾其神乎？幾者，動之微，吉之先見者也。」即《〔通〕
> 書》之「動而未形，有無之間」之謂。《易》曰：「介如石
> 焉，寧用終日，斷可識矣。」此夫子之斷案也。蓋六二以中
> 正自守，其介如石，故能不溺於豫。「上交不諂，下交不
> 瀆」，知幾也。〔……〕幾在介，而非以不諂不瀆爲幾也。
> 《易》曰：「憂悔吝者存乎介」，介非寂然不動之誠乎？
> 《中庸》曰：「至誠如神」，又曰：「誠則明」，言幾也。
> 舍誠而求幾，失幾遠矣。內外先後，混逐忘助之病，當有能

辨之者。⑯

龍溪答：

> 周子云：「誠神幾曰聖人」，良知者，自然之覺，微而顯，
> 隱而見，所謂幾也。良知之實體為誠，良知之妙用為神，幾
> 則通乎體用而寂感一貫，故曰有無之間者幾也。有與無正指
> 誠與神而言。此是千聖從入之中道。過之則墮於無，不及則
> 滯於有，多少精義在！非謂以見成作工夫，且隱度其文，令
> 人不可致詰為幾也。豫之六二，以中正自守，不溺於豫，故
> 能觸幾而應，不俟終日而吉。良知是未發之中，良知自能知
> 幾。非良知之外，別有介石以為能守，而後幾可見也。《大
> 學》所謂「誠意」，《中庸》所謂「復性」，皆以「慎獨」
> 為要，獨即幾也。⑰

雙江在此所表達的意思，主要是以「無」為「有」之幾，以「寂」
為「感」之幾，以「介」為「不謟不瀆」之幾，以「誠」為「神」
之幾。這是將「幾」收歸到「體用二分」下的「體」上來講，走的
依舊是「歸寂以復體」的路數。由於其所理解的良知本體原是「只
存有而不活動者」，故其所理解的「幾」當亦是收攝於此孤懸的本
體之中，而一切工夫只落在歸寂後返所見的「誠體」上用。此不免

---

⑯　同上，第一冊，卷六，〈致知議辨〉，頁 421-423。

⑰　同上，頁 423-424。

仍是其體用二元論的思路。

　　相對地，龍溪所理解的「幾」，是就著當下「即存有即活動」的「良知」而言，故曰：「良知者，自然之覺，微而顯，隱而見，所謂幾也。」如果說「誠」是良知之體、良知之微、良知之隱、良知之無，「神」是良知之用、良知之顯、良知之見（現）、良知之有，那麼，「幾」便是通乎體用、顯微、隱見、有無而寂感一貫者也。此則為體用一元論的思路。龍溪復舉《大學》、《中庸》皆以「慎獨」為要，而謂「獨」即「幾」也。此「慎獨」之「獨」，即指「獨知」而言，而「獨知」在龍溪的觀念中便等於「良知」，故「幾」實無異於「良知」也。因此龍溪才說：「此是千聖從入之中道，過之則墮於無，不及則滯於有，多少精義在！」龍溪這種將「幾」直接收攝於「良知」本體的說法，似乎與周濂溪《通書》中「誠無為，幾善惡」的說法不類，然而，於陽明的思想中未必無據。如《傳習錄》卷下便載：

　　　　或問至誠前知。先生曰：「誠是實理，只是一個良知，實理之妙用流行就是神，其萌動處就是幾。誠神幾曰聖人。聖人不貴前知。禍福之來，雖聖人有所不免。聖人只是知幾，遇變而通耳。良知無前後，只知得見在的幾，便是一了百了。」❺❽

陽明在此將「幾」解釋為「良知的萌動處」，則「幾」當該為純善

---

❺❽　陳榮捷：《王陽明傳習錄詳註集評》，卷下，第 281 條，頁 335-336。

而無惡者也；而且既強調它是良知的「萌動處」，則是指「當下呈現的良知」而言，此似乎便與龍溪所謂「見在良知」的概念非常接近。陽明甚至於說：「良知無前後，只知得見在的幾，便是一了百了。」似乎也強調作聖的工夫從「見在的幾」下手，便可一了百了，不須再於此幾之前後另尋工夫的著力點。這種說法與龍溪論「幾」時所說「此是千聖從入之中道，過之則墮於無，不及則滯於有」的說法不也有異曲同工之妙？由此看來，龍溪對於「幾」字的詮釋雖與濂溪思想不符，但未必不是從陽明的思想傳承過來。事實上，龍溪這種對於「幾」的看法並非偶發之論，乃是其平日的定見，如在〈周潭汪子晤言〉中云：

> 予惟君子之學，在得其幾。此幾無內外，無寂感，無起無不起，乃性命之原，經綸之本，常體不易，而應變無窮。譬之天樞居所而四時自運、七政自齊，未嘗有所動也。此幾之前，更無收斂；此幾之後，更無發散。蓋常體不易，即所以為收斂，寂而感也；應變無窮，即所以為發散，感而寂也。恒寂恒感，造化之所以恒久而不已。若此幾之前更加收斂，即滯，謂之沈空；此幾之後更加發散，即流，謂之溺境。沈與溺，雖所趨不同，其為未得生機，則一而已。浩然之氣，由集義所生，即是致良知，即是獨知。獨知者，本來不息之生機也。時時致其良知，時時能握其幾。〔……〕若能於動而未形、有無之間者察之，以究其毫釐之辨，則生機常在我

而氣自克，千古經綸之術，盡於此矣。❺❾

龍溪此處劈頭便說：予惟君子之學，在「得其幾」，可見「幾」的重要。接著又說此「幾」為「無內外，無寂感，無起無不起，乃性命之原，經綸之本，常體不易，而應變無窮。」則「幾」似乎與「良知」無異矣。接下去又形容此「幾」，即收斂即發散，恒寂恒感，造化之所以恒久而不已。「若此幾之前更加收斂，即滯，謂之沈空；此幾之後更加發散，即流，謂之溺境。」此與其形容良知時云：「良知即是未發之中，若復求未發，則所謂沈空也。良知之外無已發者，致此良知即是發而中節之和，若別有已發，即所謂依識也。」何其相似也？如果參考陽明對「幾」的定義以及配合龍溪將「幾」視為「動而未形，有無之間者」的說法，則「幾」乃「良知最初萌發的一念」。❻❶龍溪非常重視從這「良知最初萌發的一念」之「幾」上作工夫，故曰：「若能於動而未形、有無之間者察之，以究其毫釐之辨，則生機常在我而氣自克，千古經綸之術，盡於此矣。」這與龍溪在他處所經常提到的「從一念靈明識取」❻❶、「從

---

❺❾　王畿：《王龍溪全集》，第一冊，卷三，〈周潭汪子晤言〉，頁227-228。

❻❶　龍溪曾云：「今人乍見孺子入井，皆有怵惕惻隱之心，乃其最初無欲一念，所謂元也。轉念則為納交要譽、惡其聲而然，流於欲矣。〔……〕顏子不失此最初一念，不遠而復，才動即覺，才覺即化，故曰顏子其庶幾乎？學之的也。」（同上，第一冊，卷五，〈南雍諸友雞鳴憑虛閣會語〉，頁360-361。）由此看來，顏子之「庶幾」乃「不失其最初一念」，則龍溪對「幾」字的看法可以不言而喻了。

❻❶　龍溪云：「千古聖學，只從一念靈明識取，只此便是入聖真脈路。當下保此一念靈明，便是學；以此觸發感通，便是教。隨事不昧此一念靈明，謂之格

一念入微處討生死」❷的工夫相一致。綜合這種種的描述，吾人有理由相信龍溪所說的「幾」便是其所謂的「見在良知」。再看龍溪於〈別言贈沈思畏〉中所云：

> 予謂千古惟在歸一。極深云者，即其幾而深之。非研幾之前，復有此段作用也。吾人感物，易於動氣，只是幾淺。幾微故幽，微者，深之謂也。惟其幾深，故沈而先物，自不為其所動，而其要存乎一念獨知之地。若研幾之前復有此段作用，即為世儒靜而後動之學，二而離矣。顏子未嘗不知，未嘗復行，以其早覺也。才動即覺，才覺即化，故曰顏氏其庶幾乎？❸

龍溪此處藉用《易·繫辭上》：「夫易，聖人之所以極深而研幾也」（第十章）中「極深」和「研幾」兩個詞語來說明作聖工夫的

物；不欺此一念靈明，謂之誠意；一念廓然，無有一毫固必之私，謂之正心。直造先天羲皇，更無別路。此是易簡直截根源，知此謂之知道，見此謂之見易，千聖之密藏也。」（同上，第三冊，卷十六，〈水西別言〉，頁1123。其中所提到的「一念靈明」便可說是指「見在良知」而言，此處不及細辨，詳見下一章析論。

❷ 龍溪云：「吾人此生幹當，無巧說，無多術，只從一念入微處討生死，全體精神打並歸一，看他起處，看他落處。精專凝定，不復知有其他。此念綿密，道力勝於業力，習氣自無從而入，雜念自無從而生。此是端本澄源第一義，所謂宗要也。」（同上，第二冊，卷十一，〈答李漸庵〉第一書，頁731-732。）此中所提到的「一念入微」也可說是指「見在良知」而言，此處不及細辨，詳見下一章之析論。

❸ 同上，第三冊，卷十六，〈別言贈沈思畏〉，頁1133。

要領。他認為「極深」云者，只是「即其幾而深之」，並非「研幾」之前，復有此段作用也。故「極深」只是「研幾」工夫的深化，兩者是同一種工夫，不可以分先後，這才是他所所謂千古以來「歸一」的學問。從這裡也可以看得出來龍溪無論談本體或說工夫，都有這種「歸一」的傾向，此蓋其堅持體用一元論的信念所致，甚至於在其「見在良知」說的影響下，體與用、本體與工夫都收攝得更為緊切，完全凝合於「見在」之中。這或許也可說是龍溪與陽明在「體用一源」觀上細微的差別。陽明言良知之體用本已從良知之「即存有即活動」處見得良知之「即體即用」性，龍溪則更進一步喜從「見在良知」說之觀點，把良知之「即體即用」性收攝於「當下呈顯的良知」立言，此便逼顯出「即本體即工夫」一義，而這正是龍溪學說思想中最大的特色。龍溪接著表示吾人感物，易於動氣，只是「幾淺」。如果能做到「幾深」，則能沈潛而先物，自不為物感所動，而其要存乎「一念獨知」之地。如果說龍溪口中的「獨知」即是「良知」的話，那麼「一念獨知」便是「良知最初萌發的一念」，此即通於「見在良知」一概念矣。所以在龍溪的用語中，「幾」、「一念獨知」、「一念靈明」、「一念入微」等，幾乎都是「見在良知」的另一種表達方式罷了！❻若然，龍溪強調要做到「幾深」，其要在於「存乎一念獨知之地」，此則無異於教人從「見在良知」處立工夫。龍溪屢屢稱讚顏淵「才動即覺，才覺即化」，其「庶幾」乎？可見依龍溪的看法，顏淵的工夫進路便是

---

❻　彭國翔先生也持同樣的看法，參見氏著：《良知學的展開──王龍溪與中晚明的陽明學》，第三章，頁 127-150。

從「見在良知」處立工夫，從「見在良知」處立工夫便是「從心上立根」之工夫也，這即是龍溪所揭櫫的「先天正心之學」也。❻事實上，除了「庶幾」之外，龍溪所謂研幾的工夫還包括「知幾」和「審幾」，其在〈致知議略〉中云：

> 良知者，無所思為，自然之明覺。即寂而感行焉，寂非內也；即感而寂存焉，感非外也。動而未形，有無之間，幾之微也。動而未形，發而未嘗發也。有無之間，不可以致詰。此幾無前後，無內外。聖人知幾，賢人庶幾，學者審幾。故曰幾者動之微、吉之先見者也。知幾故純吉而無凶；庶幾故恒吉而寡凶；審幾故趨吉而避凶。過之則為忘幾，不及則為失幾。忘與失，所趨雖異，其為不足以成務均也。❻

不論是聖人的「知幾」，賢人的「庶幾」，或學者的「審幾」，其實都是從「見在良知」處立工夫也。所謂聖人之「知幾」，意謂著當下「即本體即工夫」，時時保任無失，故能「純吉而無凶」也。賢人之「庶幾」，即如顏子「才動即覺，才覺即化」，故能「恒吉而寡凶」也。學者之「審幾」，則是在當意念有善惡之紛起時，同

---

❻　黃梨洲在《明儒學案》中纂述龍溪工夫論特色時云：「以正心為先天之學，誠意為後天之學。從心上立根，無善無惡之心，即是無善無惡之意，是先天統後天。從意上立根，不免有善惡兩端之決擇，而心亦不能無雜，是後天復先天。」見氏著：《明儒學案》，上冊，卷十二，〈浙中王門學案二〉，頁239。

❻　王畿：《王龍溪全集》，第一冊，卷六，〈致知議略〉，頁407-408。

時即以見在良知加以照察,雖在不斷修正的過程中卻時時力求回歸當下之良知,故能「趨吉而避凶」也。此三者造境雖然有別,然而就其本於「見在良知」處立工夫則一也。

牟宗三先生曾批評龍溪把那「動而未形、有無之間」的「幾」提到「誠」「神」上說,是混感性層為超越層,混形而下為形而上,而知幾、庶幾、審幾之工夫意亦全不顯,此不合《易傳》與《通書》之原意。❻這一個問題或許可以從兩方面來討論:一是龍溪言「幾」究竟符不符合《易傳》與《通書》之原意?二是龍溪如此言「幾」在義理上能不能成立?第一個問題牽涉到對《易傳》與《通書》言「幾」的理解,此非本處論題之重點,或可先暫時存而不論;至於第二個問題則直接關涉到龍溪思想核心概念的問題,此則不得不辯也。

根據上來之分析,龍溪論學的特色向來著重在「攝意歸心」,所謂「意根於心,心無欲,則念自一,一念萬年,無有起作,正是本心自然之用。」❻此一特色從其提出「四無」說以來幾乎便是龍溪思想之基調,此基調即從悟得「見在良知」而來。蓋所謂「見在良知」即有見於「良知當下具足且隨時可以呈現」也,所以「若果信得良知及時,即此知是本體,即此知是功夫。」❻縱使在萬欲沸騰中,良知亦無完全泯滅之虞,正所謂「良知在人,本無汙壞,雖昏蔽之極,苟能一念自反,即得本心。」❼此蓋隨時信得及良知

---

❻ 參見牟宗三:《從陸象山到劉蕺山》,第四章,頁 363-370。

❻ 王畿:《王龍溪全集》,第一冊,卷五,〈與陽和張子問答〉,頁 393。

❻ 同上,第三冊,卷十七,〈不二齋說〉,頁 1221。

❼ 同上,第一冊,卷六,〈致知議略〉,頁 416。

也。如今，龍溪順陽明之意而將「幾」視為「良知的萌動處」，而於此言「知幾」、「庶幾」、「審幾」的工夫，正是基於對「見在良知」隨時信得及也。此義不能說沒有道理。牟先生之所以不許龍溪將「幾」視為超越層者，關鍵在於牟先生認為只有在感性層的意識上才可以談工夫，所謂「在幾上用功並不錯。然而現成具足者（即人心之真體用）並無工夫義。如何恢復此具足者才是工夫。說此中『多少精義在』，此並不能算工夫。」**❼** 如果說良知本身真是「當下具足且隨時可以呈現」，則一旦悟入此義，當下即此本體便是工夫也。龍溪所主張的「即本體即工夫」正是以此現成具足者為本體，亦以此現成具足者為工夫，此乃是「無工夫中真工夫」**❼** 也。「無工夫中真工夫」才是究竟意義之工夫。**❼**

　　總而言之，雙江之以寂為幾、以無為幾、以介為幾、以誠為幾，皆在其體用二元論的思路下，將「幾」收攝在其「只存有而不活動」之本體上，此不合陽明良知教之軌範。龍溪言「幾」則就著

---

❼　參見牟宗三：《從陸象山到劉蕺山》，第四章，頁 364。

❼　王畿：《王龍溪全集》，第一冊，卷六，〈與存齋徐子問答〉，頁 447。

❼　彭國翔先生對於這個問題的看法基本上與筆者一致，他同時指出：「龍溪這種對『幾』的理解，在當時整個陽明學者中也並非個別現象。」如王時槐（字子植，號塘南，1522-1605）在〈唐曙臺索書〉曾云：「寂然不動者誠，感而遂通者神，動而未形、有無之間者幾。此是描寫本心最親切處。夫心一也，寂其體，感其用，幾者體用不二之端倪也。當知幾前別無體，幾後別無用，只幾之一字盡之。希聖者終日乾乾，惟研幾為要矣。」（參見氏著：《良知學的展開──王龍溪與中晚明的陽明學》，第三章，頁 142-143。）另外，他也指出中晚明學者在工夫論的問題上都有追求「究竟工夫」的一致傾向。（參見同上，第六章，頁 365-384。）

「即存有即活動」的「見在良知」而言，故以「幾」為通乎體用、顯微、隱見、有無、前後、內外而寂感一貫者也，此乃其體用一元論之思路。透過探討龍溪對「幾」的重視，更能將龍溪「見在良知」說下對良知本體的特殊洞見充分彰顯無遺。

第三節　「見在良知」說下對良知本體的特殊洞見

　　討論至此，龍溪「見在良知」說下之「體用一源」義實已得以彰顯。他所體悟之良知本體是「即性即情」、「即寂即感」、「即中即和」、「即未發即已發」、「即先天即後天」、「即主宰即流行」、「無前後內外」而渾然一體者也。基本上這是傳承自陽明體用一元論的觀點。而如雙江所體悟的則是「性」與「情」、「寂」與「感」、「中」與「和」」、「未發」與「已發」、「先天」與「後天」，「內」與「外」、「先」與「後」均為理氣二分者也。這基本上採取的是朱子體用二元論的觀點。不過，值得注意的是，當吾人說朱子的「體用一源」觀是「理氣二元，不離不雜」的二元論，陽明的「體用一源」觀是「即體即用」的一元論時，比較偏就體用的形式側面來描述，此並不足以充分道出彼此之間差異的根由。若能同時從體用的內容側面來加以表達，當較能指出導致彼此體用觀差異背後真正的原因所在。所以，吾人認為朱子與陽明之體用觀的差異，隱藏在二元論和一元論的說法背後，其實真正的原因是他們對於良知心體或性體的體悟之不同。朱子所體悟的性體是

「只存有而不活動」者也，故其體用觀展現為性與情、寂與感、中與和、未發與已發、乃至前後內外均析分為二的架構。而陽明所體悟的良知是「即存有即活動」者也，故其體用觀展現為即性即情、即寂即感、即中即和、即未發即已發，無前後內外而渾然一體者也。由此看來，對於良知心體或性體之體悟上的不同，恐怕才是造成彼此體用觀差異的主要原因。此義落在龍溪與雙江等人身上亦然。

　　順著此義來說，吾人本章討論龍溪哲學之本體觀，其實是建立在上一章所析論出來「見在良知」說之二義的基礎上的，亦即肯定良知本體為「即當下即圓滿」以及「即存有即活動」者也。透過此兩義之析論比較能具體地展現龍溪「見在良知」說下之本體觀的內容側面，復透過本章從「體用一源」義之考察則比較能彰顯龍溪「見在良知」說下之本體觀的形式側面（「即體即用」）。此蓋論題本身之性質所決定，有所偏重然也，但亦非可以全然區隔者也。故總合兩章所論，則龍溪哲學之本體觀乃昭然明矣，其主要的內涵若析分成兩義來說則曰：良知本體為「即當下即圓滿」者也，以及良知本體為「即存有即活動」者也；若總合起來說則曰：良知本體為「即性即情」、「即寂即感」、「即中即和」、「即未發即已發」、「即先天即後天」、「即主宰即流行」、「無前後內外」而渾然一體者也。識得義理通透時，即簡括成：「良知本體為當下具足且隨時可以呈現者也」一句，亦已足矣。良知既「當下具足」且「隨時可以呈現」，則不僅成聖有當下必然的根據，道德實踐亦成為即時可見之行。若然，則吾人隨時可從「見在良知」處立基以作工夫也。龍溪云：「若果信得良知及時，只此知是本體，只此知便

是工夫。良知之外，更無致法；致知之外，更無養法。」**⓮**因此，所謂的「體」與「用」，「本體」與「工夫」，似乎皆一齊凝合於「當下」之中，這便是龍溪「見在良知」說下對良知本體的特殊洞見也。

事實上，除了以上透過龍溪與同門諸子論辯之資料中，可以看出龍溪哲學之本體觀的特色外，在《龍溪全集》中處處皆可以親切體味出龍溪這種獨到的洞見，以下試徵引數例論之，以證明所言之不虛。

首先，來看龍溪〈與陽和張子問答〉一文，其中龍溪曾藉「眾人之目，與離婁同」為譬，來闡明「見在良知」與「聖人良知」相同之意。其言云：

> 良知不學不慮，本來具足，眾人之心，與堯舜同。辟之眾人之目，本來光明，與離婁同。然利欲交蔽，夜氣不足以存，失其本體之良。必須絕利去欲，而後能復其初心，非苟然而已也。今謂眾人之目，與離婁異，是自誣也；障翳之目，自謂與離婁同，是自欺也。夫致知之功，非有加于性分之外。學者，復其不學之體而已；慮者，復其不慮之體而已。若外性分而別求物理，務為多學，而忘德性之知，是猶病目之人，不務服藥調理，以復其光明，悵悵然求明於外，祇益盲瞶而已。此回賜之學，所由以分也。**⓯**

⓮ 王畿：《王龍溪全集》，第三冊，卷十六，〈魯江草堂別言〉，頁 1137。

⓯ 同上，第一冊，卷五，〈與陽和張子問答〉，頁 400。

說「良知不學不慮，本來具足」，這是肯定良知為「即當下即圓滿」者也。接著又說「眾人之心，與堯舜同」，這不正是意謂著「見在良知」與「聖人良知」相同嗎？龍溪在此不用「昭昭之天」與「廣大之天」原無差別之譬，而是以「眾人之目」與「離婁之目」本來相同為喻。此喻之重點即在指出：「見在良知」與「聖人良知」本來相同，若信不及，則可謂「自誣」；反之，那些冒「見成情識」為「聖人良知」者，則是「自欺」。自誣者，是信不及良知；自欺者，則是輕玩良知也。龍溪進一步強調：「學者，復其不學之體而已；慮者，復其不慮之體而已」此乃點出良知天生固有，本來完具，故致知工夫只在復其不學不慮之本體而已，非可以假藉見聞多學以為之助，如此則不免有往外逐求之病也。

　　類似「眾人之目，與離婁同」之譬，在龍溪所作〈松原晤語壽念庵羅丈〉一文中也曾提及：

> 良知本虛，天機常活，未嘗有動靜之分。如目本明，如耳本聰，非有假於外也。致知之功，惟在順其天機而已。有不順者，欲為之累。如目之有翳，耳之有垢，非聰明本然也。累釋則天機自運，翳與垢去，則聰明自全矣。離婁之明，師曠之聰，天下莫加焉，然其耳目，初未嘗有異於人也。世人不能自信其耳目，而謂聰明即與師曠、離婁異者，謂之自誣；不務去其翳與垢，而謂聰明即與師曠、離婁同者，謂之自欺。㊱

㊱　同上，第二冊，卷十四，〈松原晤語壽念庵羅丈〉，頁 989-990。

龍溪於此指出「良知本虛，天機常活，未嘗有動靜之分」，正說明了良知本體為「即寂即感」、「即存有即活動」者也。「致知之功，惟在順其天機而已」，強調致知工夫只在順承良知本體之發用，更無須作意也。世人不能自信良知者，正如那些不能自信其耳目而謂自己之聰明與師曠、離婁不同者，此謂之「自誣」；而那些奢言良知卻不能落實去除習氣私欲之障蔽者，正如耳目有疾而不務去其翳與垢卻謂自己之聰明與師曠、離婁相同者，此謂之「自欺」。前者指出良知本體之普遍具在，後者強調作聖工夫之不可或缺。正所謂「論工夫，聖人亦須困勉，方是小心緝熙；論本體，眾人亦是生知安行，方是真機直達。」**⑦**

再者，如龍溪所作〈答耿楚侗〉第三書中，曾舉「良知知是知非，原是無是無非」來闡明良知「即未發即已發」之旨：

> 夫未發之中，是太虛本體，隨處充滿，無有內外，發而中節處，即是未發之中，若有在中之中，另為本體，與已發相對，則誠二本矣。良知知是知非，原是無是無非，正發真是真非之義。非以為從無是無非中來，以標末視之，使天下胥至於惛惛憧憧也。**⑦**

良知無有內外，發而中節處，即是未發之中，可見，良知原是「即未發即已發」者也。正如「良知知是知非，原是無是無非」，如此

---

⑦ 同上，第一冊，卷三，〈水西精舍會語〉，頁 235。
⑦ 同上，第二冊，卷十，〈答耿楚侗〉第三書，頁 666。

方可說是「真是真非」。蓋一來無有作意也，故即有即無；二來實無先後之分也，故已發即是未發。龍溪並且指出若把良知之「知是知非」看成是從「無是無非」而來，而以「標末」視之，則將令天下人陷於「無是無非」之惛惛憧憧當中也。可見，龍溪對於良知之知是知非，並非如雙江、念庵等人將之視為只是後天已發的「知覺」活動，而是肯定良知當下之知是知非，同時是無是無非。良知即有即無，即已發即未發，此便是龍溪「即體即用」之體用一元觀也。

　　另外，在龍溪所作〈書同心冊卷〉一文中，對於良知之「即存有即活動」與「即當下即圓滿」兩義，有精闢扼要的闡述；同時對於「見在良知」說觀點下之致知工夫，亦有簡明切當的發揮：

> 夫學，有本體，有工夫。靜為天性，良知者，性之靈根，所謂本體也。知而曰致，翕聚緝熙，以完無欲之一，所謂工夫也。良知在人，不學不慮，爽然由於固有；神感神應，盎然出於天成。本來真頭面，固不待修證而後全。若徒任作用為率性，倚情識為通微，不能隨時翕聚，以為之主，倏忽變化，將至於蕩無所歸，致知之功，不如是之疎也。㊾

當說「良知在人，不學不慮，爽然由於固有」時，這是說明良知「本來完具」；當說「神感神應，盎然出於天成」，這是說明良知「隨時可以呈現」，合之則可見良知為本來完具且隨時可以呈現者

㊾　同上，第一冊，卷五，〈書同心冊卷〉，頁 383-384。

也。前者指出良知之「當下圓滿性」，後者指出良知之「自然能動性」。而良知之「當下圓滿性」即同時涵蘊著「自然能動性」，良知之「自然能動性」即反顯出其「當下圓滿性」，由此可見良知同時為「即當下即圓滿」與「即存有即活動」者也。「本來真頭面，固不待修證而後全」這正是龍溪「見成良知」的概念。然而龍溪雖強調良知的「見成性」，卻不意謂著不須要作致知的工夫。所以他指出那些「任作用」卻以為是是「率性」，「倚情識」卻以為是「通微」者，並不足以言致知之功也。龍溪「見在良知」下之工夫，正是在識得良知為「性之靈根」後，時時「翕聚緝熙」，以完滿此無欲之本體也。由是，既可見龍溪「見在良知」說下獨到的本體觀，亦同時可見其「見在良知」說下之工夫論也。

最後，再看龍溪於〈南雍諸友雞鳴憑虛閣會語〉中提到今人乍見孺子入井，皆有怵惕惻隱之心，乃其「最初無欲一念」的說法：

> 夫天地靈氣，結而為心。無欲者，心之本體，即伏羲所謂乾也。剛健中正純粹精，天德也。有欲則不能以達天德。元亨利貞，文王演之以贊乾之為德。有此四者，非有所加也。元亨主發用，利貞主閉藏。故曰元亨者，始而亨者也。利貞者，性情也。天地靈氣，非獨聖人有之，人皆有之。今人乍見孺子入井，皆有怵惕惻隱之心，乃其最初無欲一念，所謂元也。轉念則為納交要譽、惡其聲而然，流於欲矣。元者始也，亨通利遂貞正皆本於最初一念，統天也。最初一念，即易之所謂復。復見其天地之心，意必固我有一焉，便與天地不相似。顏子不失此最初一念，不遠而復。才動即覺，才覺

即化，故曰顏子其庶幾乎？學之的也。❽

龍溪於此先從「天地靈氣，結而為心」談起，論乾卦「元亨利貞」
四德，並謂「天地靈氣，非獨聖人有之，人皆有之」，此乃肯定良
知心體為人人皆有者也。進而指出「今人乍見孺子入井，皆有怵惕
惻隱之心，乃其最初無欲一念，所謂元也」，此處所謂「最初無欲
一念」實從「怵惕惻隱之心」說來，故與龍溪所謂「見在良知」之
義同矣。龍溪並以此「最初無欲一念」為「元」而可以「統天」，
則其意蓋以「見在良知」為乾元之始、為天地之始也。更以此「最
初無欲一念」即《易》之所謂「復」也，強調「復見其天地之心」
須要「無意必固我」，此則明示吾人「見在良知」自身即具圓滿能
動之體用，更不待後天人為安排造作，即此本體便是工夫，則天地
之心可見矣。最後，並舉顏子「才動即覺，才覺即化」之所謂「庶
幾」乎，乃因其「不失此最初一念」，故能不遠而復。依此，則龍
溪實以「見在良知」為本體，更即以此為工夫，將本體與工夫同時
收攝於此「最初無欲一念」之中，此即是龍溪論學之最精要處，亦
即是其「見在良知」說下對良知本體的特殊洞見也。

　　總括來說，吾人以為龍溪的「見在良知」說有進於陽明良知教
者，蓋將陽明平日所言「良知」之種種特性加以明確的表顯出來並
且推至其極也。談「良知」而明白點出其為「見在」者，蓋一方面
確立良知為「即當下即圓滿」者也，此可方便表述為良知之「見」
而必「在」；另一方面則確立良知為「即存有即活動」者也，此可

---

❽　同上，第一冊，卷五，〈南雍諸友雞鳴憑虛閣會語〉，頁 360-361。

方便表述為良知之「在」而能「見」。將良知本體在這兩方面的意涵加以確立並且毫無保留地把它揭示出來，這正是龍溪「見在良知」說最主要的意義。而且在龍溪的「見在良知」說下，對於良知本體之「見在性」既把握得如此真切，因而對良知本身在「體」上之「圓滿性」與「用」上之「能動性」，都能更加緊密地綰合在「當下」之中，使得吾人可以隨時悟入這當下圓滿具足而自然能動的良知本身，且即就這當下圓滿具足而自然能動的良知本身以為工夫，這便形成了龍溪哲學獨到的本體觀──不僅體用是一，而且本體工夫也是一，皆一齊統合於當下呈顯的良知之中。準此，則龍溪「見在良知」說下之「體用一源」的意涵，實不僅是在良知之存有論上展示為「即體即用」之義而已，亦必涵蘊著在工夫論上展示為「即本體即工夫」之義也。❸事實上，反覆推原龍溪提出「見在良

知」說之微旨，其強調的重點實在於指點出良知的「見在性」，令人悟入當下現成具足的良知本體，並且即此本體以為工夫也。❽陽明良知教原已是顯教，而龍溪的「見在良知」說則顯之又顯，幾乎把良知教的意境推向最高峰，順此當可進一步開出儒家的圓教理論。❽

---

❽　唐君毅先生說：「王龍溪之學，亦似有此現成良知之說，故人亦可本其說以成其狂肆。然實則龍溪言現成良知，乃悟本體，而即此本體以為工夫；非悟本體後，更無去蔽障嗜欲工夫者也。」（參見氏著：《中國哲學原論·原教篇》，第十四章，頁 376。）由此看來，唐先生頗能正視龍溪依「見在良知」說所開出之「悟本體即工夫」之工夫義。甚至他認為陽明後學的工夫論可以概括在「悟本體即工夫」與「由工夫以悟本體」這兩種基本類型之下。龍溪、心齋、近溪等人屬於前者，錢緒山、季彭山、鄒東廓、聶雙江、羅念庵等人屬於後者。而在這兩種基本類型之下，每個人還可以再區分成不同的型態。（參見同上，第十三章至第十六章，頁 363-441。）

❽　參見牟宗三：《圓善論》，第六章，頁 243-335；王財貴：《從天臺圓教論儒家心學建立圓教之可能性》，第四章，頁 181-239。

第七章　王龍溪哲學之工夫論 ──即本體即工夫

　　在王龍溪的「見在良知」說下，既信得及良知當下圓滿具足，據此當可以開出「從心上立根」之工夫；同時既信得及良知當下自然能動，據此當可以開出「好惡無所作」之工夫。由本體而開工夫，由工夫而證本體。王龍溪云：「聖人、學者，本無二學；本體、工夫，亦非二事。……舍工夫而談本體，謂之虛見，虛則罔矣；外本體而論工夫，謂之二法，二則支矣。」❶可見本體與工夫原是不可截然分割者也。「從心上立根」之工夫與「好惡無所作」之工夫，原都是以「正心」為核心概念所展開的一體兩面之工夫，這一體兩面之工夫便構成了王龍溪所謂的「先天之學」。而「先天之學」最大的特色便是強調「即本體即工夫」。這種工夫其實是建立在「悟」本體之基礎上的，所謂「君子之學，貴於得悟，悟門不開，無以徵學」。❷然而，「理乘頓悟，事屬漸修；悟以啟修，修

---

❶　王畿：《王龍溪全集》，第二冊，卷九，〈答季彭山龍鏡書〉，頁 601。
❷　同上，第三冊，卷十七，〈悟說〉，頁 1224。

以證悟」❸，王龍溪固然重視「悟」，然亦未嘗不言「修」也。真悟真修，方能真正契入王龍溪「見在良知」說所欲揭櫫的實踐理境，從而真正掌握王龍溪哲學之工夫論。以下概分三節以論之。

第一節　「從心上立根」之工夫

先前闡述陽明生平學思之演變時，曾經提到龍溪區分陽明在「江右時期」與「居越以後」之思想為二變的說法，析論後指出陽明在「致良知」說時期不免較著重在「本致知以格物誠意而復其心體之正」一義上，而在「四句教」提出之階段則比較著重在「悟得心體之無善無惡而致知以格物誠意」一義上。陽明在這兩個時期思想之轉變，落到工夫教法上似乎亦不能說沒有巧拙偏圓之細微差別，此從《傳習錄》卷下所載陽明晚年與弟子之間問答的實錄可知，本文第三章第四節中已有探討，此不復贅。

依此，則龍溪提出「從心上立根」之工夫，雖與陽明江右時期以「誠意」工夫為主的教法不同，然於陽明晚年居越以後的圓熟思想不無傳承遞嬗之關係。特別是從「四句教」首句「無善無惡心之體」來說，即隱含一頓悟良知心體之工夫，此可見龍溪之說其來有自矣，而龍溪思想之主要特色亦即在此。黃梨洲在《明儒學案》中纂述龍溪生平學說之要點時曾有如下之描述：

> 以正心為先天之學，誠意為後天之學。從心上立根，無善無

---

❸　同上，第三冊，卷十七，〈漸庵說〉，頁1224。

惡之心，即是無善無惡之意，是先天統後天。從意上立根，
不免有善惡兩端之決擇，而心亦不能無雜，是後天復先天。
此先生論學大節目，傳之海內學者不能無疑。❹

依梨洲此處所說，則龍溪提出「從心上立根」之工夫，正是所謂
「以正心為先天之學也」，這與「從意上立根」之工夫，乃「以誠
意為後天之學也」，兩者之間似乎形成了鮮明的對照。梨洲甚至指
出：「此先生論學大節目」，那麼，究竟龍溪提出此一工夫理論之
精義為何？其立說之主旨又如何？且看《王龍溪全集》中龍溪本人
是如何闡述的。

在〈三山麗澤錄〉中龍溪曾對遵巖子（姓王，名慎中，字道思，號
遵巖，1509-1559）如此說道：

先生（龍溪）謂遵巖子曰：「正心，先天之學也；誠意，後
天之學也。」遵巖子曰：「必以先天後天分心與意者，何
也？」先生曰：「吾人一切世情嗜欲，皆從意生。心本至
善，動於意始有不善。若能在先天心體上立根，則意所動，
自無不善，一切世情嗜欲，自無所容，致知工夫，自然易簡
省力，所謂後天而奉天時也。若在後天動意上立根，未免有
世情嗜欲之雜，才落牽纏，便非斬截，致知工夫，轉覺繁
難，欲復先天心體，便有許多費力處。顏子有不善未嘗不
知，知之未嘗復行，便是先天易簡之學；原憲克伐怨欲不

---

❹　黃宗羲：《明儒學案》，上冊，卷十二，〈浙中王門學案二〉，頁239。

　　行，便是後天繁難之學，不可不辨也。」❺

事實上，這樣的說法並非龍溪偶發之論，在〈陸五臺贈言〉中，龍溪也同樣對陸五臺（名光祖，字與繩，別號五臺居士，生卒不詳）闡述道：

　　　　正心，先天之學也；誠意，後天之學也。良知者，不學不
　　　　慮，存體應用，周萬物而不過其則，所謂先天而天弗違，後
　　　　天而奉天時也。人心之體，本無不善，動於意，始有不善。
　　　　一切世情見解嗜欲，皆從意生。人之根器不同，工夫難易，
　　　　亦因以異。從先天立根，則動無不善，見解嗜欲，自無所
　　　　容，而致知之功易。從後天立根，則不免有世情之雜，生滅
　　　　牽擾，未易消融，而致知之功難。勢使然也。顏子不遠復，
　　　　才動即覺，才覺即化，便是先天之學。其餘頻失頻復，失則
　　　　咎，復則無咎，便是後天之學。難易之機，不可不辨也。❻

從這兩段文字看來，龍溪所謂「正心，先天之學也」與「誠意，後天之學也」，其間主要的差異如下：㈠工夫的立基處不同：前者從先天心體上立根，後者從後天動意上立根。㈡工夫的效驗不同：前者攝意歸心，所以意之所動，自無不善，一切世情嗜欲，自無所容；後者治於意念發動之後，所以未免有世情嗜欲之雜，生滅牽擾，未易消融。㈢工夫的難易不同：前者致知工夫，易簡省力；後

---

❺　王畿：《王龍溪全集》，第一冊，卷一，〈三山麗澤錄〉，頁 110-111。
❻　同上，第三冊，卷十六，〈陸五臺贈言〉，頁 1109。

者致知工夫，轉覺繁難。透過這三方面的比較，吾人對於「正心」
與「誠意」兩種不同的工夫內容，當有較為清楚的了解。龍溪甚至
舉顏子「有不善未嘗不知，知之未嘗復行」，作為「先天之學」的
代表；而以原憲「克伐怨欲不行」，作為「後天之學」的代表。

　　值得注意的是，龍溪並非先主觀地把工夫分成這兩種，然後再
將之比配於不同根器的人。而是反過來，因為先客觀地認識到存在
有兩種不同根器的人，所以才有這兩種工夫的區分。此中因果先後
次第不可混淆，否則將造成對龍溪提出這兩種工夫的誤解。這一點
在龍溪〈答馮緯川〉一書中，便有了較為明白的解說：

　　　　來教謂區區以正心為先天之學，誠意為後天之學，若過於分
　　　　疏，非敢然也。人之根器，原有兩種。意即心之流行，心即
　　　　意之主宰，何嘗分得？但從心上立根，無善無惡之心，即是
　　　　無善無惡之意，先天統後天，上根之器也。若從意上立根，
　　　　不免有善惡兩端之抉擇，而心亦不能無雜，是後天復先天，
　　　　中根以下之器也。區區先後合一之宗，正是不可分之本旨，
　　　　兄之所言是也，不得已而有分者，乃為兩種根器而發，亦權
　　　　法也。❼

龍溪在此一方面說明「以正心為先天之學，誠意為後天之學」這種
區分是必要的，其理由是「人之根器，原有兩種」；另一方面又說
明這種區分其實也只是一種不得已的「權法」，因為，「意即心之

───────────────

❼　同上，第二冊，卷十，〈答馮緯川〉，頁669。

流行，心即意之主宰，何嘗分得？」這才是他平日所主張的「先後合一」之宗旨。❸由此可見龍溪立教吞吐之苦心。蓋自方便法說，人之根器，原有兩種，所以工夫入路有「正心」和「誠意」兩路❾；自究竟處論，則「聖人亦是學知，眾人亦是生知」，實無定性眾生，根器上下之分只是暫時之權說❿，故「正心」和「誠意」兩

---

❸ 龍溪〈先天後天解義〉中云：「先後一揆，體用一原。先天所以涵後天之用，後天所以闡先天之體。」見同上，第二冊，卷八，〈先天後天解義〉，頁531。

❾ 龍溪嘗云：「聖賢立教，皆為未悟者說，因其未悟，所以有學。」（見同上，第二冊，卷九，〈答章介庵〉，頁597。）又云：「古人立教，皆為未悟者設，不得已而有言。」（見同上，第二冊，卷十一，〈與王敬所〉第二書，頁744。）依此而論，一切言說教法，原是為未悟者設，亦皆只是方便之權施也。又云：「若夫法外之巧，則存乎心悟」。（見同上，第二冊，卷八，〈大學首章解義〉，頁517。）故對未悟者而言，眾人根器與工夫入路可以權分為二；對已悟者而言，則可冥契相通而為一，要在觀法能默而識之而已。

❿ 陽明曰：「聖人亦是學知，眾人亦是生知。」又曰：「眾人自孩提之童，莫不完具此知。只是障蔽多，然本體之知，自難泯息。雖學問克治，也只憑他。」（陳榮捷：《王陽明傳習錄詳註集評》，卷下，第221條，頁299。）龍溪亦云：「論工夫，聖人須困勉，方是小心緝熙；論本體，眾人亦是生知安行，方是真機直達。」（王畿：《王龍溪全集》，第一冊，卷三，〈水西精舍會語〉，頁235。）由此方便藉用佛家語來說，亦可謂「眾生是未悟的聖人，聖人是已悟的眾生」，或謂「一念悟即聖人，一念迷即眾生」，世間原無命定之眾生。所謂根器之上下利鈍，只是就其氣質之清明與昏濁而論，而不是就其聰明才智高低而論。氣質清明者，習氣私欲較少，本心所受障蔽也比較小，此可名為「上根之器」；反之，氣質昏濁者，習氣私欲較多，本心所受障蔽比較大，此可名為「中根以下之器」。然不論是上根還是中根以下，其良知皆是當下具足的，皆有足夠的力量沖破習氣私欲的障蔽，故孔子云：「有能一日用其力於仁矣乎？我未見力不足者」（《論語·里仁》），此究竟之說也。

路亦可經由教者之點化而上提為一路，所謂「正心只是誠意工夫裡面，體當自家心體，常要鑑空衡平，這便是未發之中。」⓫所以，推原龍溪立教之微旨，並非將眾人根器之上下視為命定不可轉者，而必欲分設此兩種工夫入路；實欲從工夫的對比中指點人向上一機，令學者當下信得及「見在良知」，而作「從心上立根」之工夫也。

　　明白了龍溪設教之微旨後，吾人接著再來看龍溪在〈答茅治卿〉一文中對於兩種工夫型態之不同方式的表達：

　　　　夫良知本來是真，不假修證。只緣人我愛憎，分別障重，未免多欲之累，才有所謂學問之功。堯舜清明在躬，障蔽淺，是即本體便是工夫，所謂性之之學。湯武以下，嗜欲重，障蔽深，是用工夫求復本體，所謂反之之學。其用力雖有難易深淺不同，而於良知本來，實未嘗有所加損也。⓬

另外，在〈松原晤語〉中，龍溪也有類似的說法：

　　　　夫聖賢之學，致知雖一，而所入不同。從頓入者，即本體以

⓫　陳榮捷：《王陽明傳習錄詳註集評》，卷上，第 119 條，頁 141。龍溪〈大學首章解義〉亦云：「誠意者，真好真惡，毋自欺其良知而已。正心者，好惡無所作，復其良知之體而已。」（王畿：《王龍溪全集》，第二冊，卷八，〈大學首章解義〉，頁 523。）當吾人作「誠意」工夫時，能同時「好惡無所作」，便是「正心」工夫，兩者實無二致。此義下節論之，此不及詳。
⓬　王畿：《王龍溪全集》，第二冊，卷九，〈答茅治卿〉，頁 642。

為功夫，天機常運，終日兢業保任，不離性體。雖有欲念，一覺便化，不致爲累，所謂性之也。從漸入者，用功夫以復本體，終日掃蕩欲根，袪除邪念，以順其天機，不使爲累，所謂反之也。若其必以去欲爲主，求復其性，則頓與漸未嘗異也。❸

龍溪在這裡指出致知工夫的兩種類型：一是從「頓入」者，「即本體以爲功夫」，所謂「性之」也；一是從「漸入」者，「用功夫以復本體」，所謂「反之」也。如果對照前面分析「正心」和「誠意」的差別，將會發現彼此之間有極大的相似性。亦即前面所分析出來的三點差異，包括：㈠工夫的立基處不同；㈡工夫的效驗不同；㈢工夫的難易不同，應該皆可適用於「即本體以爲功夫」和「用功夫以復本體」之間的比較上。所以，如果吾人說「即本體以爲功夫」便是「正心，先天之學也」，「用功夫以復本體」便是「誠意，後天之學也」，當該也無不可。若然，則龍溪提出「即本體以爲功夫」和「用功夫以復本體」這兩種工夫入路的真正目的，其實亦如吾人前面所指出的，是想要從工夫的對比中指點人向上一機，令學者當下信得及「見在良知」，而作「從心上立根」之工夫也。這是龍溪一生論學的基調。而他之所以形成此一基調，關鍵便在於深信「良知當下具足且隨時可以呈現」也。就在〈答茅治卿〉一文中，龍溪繼提出以上兩種不同的工夫之後，有一段語重心長的談話，頗能表達他內心真正的想法：

---

❸　同上，第一冊，卷二，〈松原晤語〉，頁 192-193。

　　然非獨聖賢有是也，人皆有之。雖萬欲騰沸之中，若肯反諸
　　一念良知，其真是真非，迥然未嘗不明。只此便是天命不容
　　滅息所在，只此便是人心不容蔽昧所在。此是千古入賢入聖
　　真正路頭，舍此更無下手用力處矣。吾人甘心不學則已，學
　　則當以顏子為宗。顏子不遠而復，且道顏子是何學？迺孔門
　　易簡直截根源。先天之學，非可以知解想像而求者也。⓮

龍溪此處所謂的「一念良知」，其實就是指「見在良知」。一如吾
人前面的研究所指出的，龍溪對於「良知」最大的體悟，就在於對
良知的「見在性」把握得十分真切。換言之，他對良知本身之「當
下圓滿性」與「自然能動性」都能深信不疑，因此強調吾人可以隨
時悟入這當下圓滿具足而且自然能動的良知本身，且即就這當下圓
滿具足而且自然能動的良知本身以為工夫，故曰「雖萬欲騰沸之
中，若肯反諸一念良知，其真是真非，迥然未嘗不明。只此便是天
命不容滅息所在，只此便是人心不容蔽昧所在。」龍溪並非不知人
有習氣欲望而過度高看人性，而是信得及良知永不泯滅且隨時可以
呈現。吾人只要肯一念自反，立得本心，而「心之良知是為聖」
⓯，匹夫匹婦的「見在良知」與堯舜的「聖人良知」無二無別。這
便是一切道德實踐的起腳處，故曰「此是千古入賢入聖真正路頭，
舍此更無下手用力處矣」。龍溪進一步強調吾人甘心不學則已，學
則「當以顏子為宗」，而顏子之學何學耶？乃「先天之學」也，這

⓮　同上，第二冊，卷九，〈答茅治卿〉，頁 642-643。
⓯　同上，第二冊，卷八，〈艮止精一之旨〉，頁 539。

正是「孔門易簡直截根源」。從《王龍溪全集》裡吾人可以看到龍溪反覆提到顏子之學,並視其為先天之學的代表,則龍溪之意不甚明乎?

準此而論,龍溪所謂的「頓入」、「性之」、或「即本體便是工夫」,均是立基於「見在良知」處之工夫,也就是「從心上立根」之工夫。說「頓入」,是表示「當下契入」,無須等待,也不經歷程,因為「見在良知」原是「當下具足且隨時可以呈現」者也。說「性之」,是表示「即此良知本性便是實踐的根據和動力」,不須另覓根據,也無虞動力不足,因為「見在良知」原是「即當下即圓滿」和「即存有即活動」者也。說「即本體便是工夫」,是表示「即此本體之圓滿能動便自然能生發作用」,不待修證,更無須作意,因為「見在良知」原是「即性即情」、「即寂即感」、「即中即和」、「即未發即已發」、「即先天即後天」、「即主宰即流行」、「無前後內外」而渾然一體者也。

對於這種「從心上立根」之工夫,龍溪有時也更換其表達方式為「從一念靈明,自作主宰」,如在〈答周居安〉中便云:

> 若果信得良知及時,不論在此在彼,在好在病,在順在逆,只從一念靈明,自作主宰,自去自來,不從境上生心,時時徹頭徹尾,便是無包裹;從一念生生不息,直達流行,常見天則,便是真為性命;從一念真機,綿密凝聚,不以習染、情識參次其間,便是混沌立根。良知本無起滅,一念萬年,

恒久而不已。⓰

龍溪在此強調如果信得「良知」及時，只「從一念靈明，自作主宰」，然後由此去作種種工夫，便是「混沌立根」。而良知本無起滅，「一念萬年」，恒久而不已。由此看來，龍溪所說的「一念靈明」當是扣緊「良知」而言，而所謂「從一念靈明，自作主宰」實即無異於「從心上立根」也。另外，龍溪尚有「從一念靈明識取」的說法，如他在〈水西別言〉中云：

> 千古聖學，只從一念靈明識取，只此便是入聖真脈路。當下保此一念靈明，便是學；以此觸發感通，便是教。隨事不昧此一念靈明，謂之格物；不欺此一念靈明，謂之誠意；一念廓然，無有一毫固必之私，謂之正心。直造先天羲皇，更無別路。此是易簡直截根源，知此謂之知道，見此謂之見易，千聖之密藏也。⓱

龍溪在此鄭重表示：「千古聖學，只從一念靈明識取，只此便是入聖真脈路。」可見龍溪十分重視從「一念靈明」下工夫。又說：「隨事不昧此一念靈明，謂之格物；不欺此一念靈明，謂之誠意；一念廓然，無有一毫固必之私，謂之正心。直造先天羲皇，更無別路。」龍溪將「一念靈明」關聯著「格物」、「誠意」和「正心」

⓰　同上，第二冊，卷十二，〈答周居安〉，頁 858。

⓱　同上，第三冊，卷十六，〈水西別言〉，頁 1123。

而言，而獨不提「致知」，則「一念靈明」顯然用來指謂「良知」也。

　　事實上，「靈明」二字即「虛靈明覺」之省稱，「虛靈明覺」原本便用來描述「本心之作用」，甚至有時也直接用來指謂「良知」，如陽明在〈答顧東橋書〉中所云：「心者身之主也，而心之虛靈明覺，即所謂本然之良知也。」⑱可見，以「靈明」指謂「良知」，陽明早已有先例可循。只是，以「一念」加諸「靈明」之前，這「一念」究竟代表何意？同樣在〈答顧東橋書〉中，陽明曾曰：

> 夫良知之于節目時變，猶規矩尺度之於方圓長短也。節目時變之不可預定，猶方圓長短之不可勝窮也。故規矩誠立，則不可欺以方圓，而天下之方圓不可勝用矣；尺度誠陳，則不可欺以長短，而天下之長短不可勝用矣；良知誠致，則不可欺以節目時變，而天下之節目時變不可勝用矣。毫釐千里之謬，不于吾心良知一念之微而察之，亦將何所用其學乎？⑲

陽明這裡所說謂「吾心良知一念之微」中的「一念」，似乎是就「本於良知而發動的念頭」而言，不是泛就一般「有善有惡的意念」而說的。在《傳習錄》卷下也曾記載陽明與陳明水討論有關

---

⑱　陳榮捷：《王陽明傳習錄詳註集評》，卷中，〈答顧東橋書〉，第 137 條，頁 176-177。

⑲　同上，頁 182。

「念」的問題：

> 九川問：「近年因厭泛濫之學，每要靜坐，求屏息念慮。非
> 惟不能，愈覺擾擾，如何？」先生曰：「念如何可息？只是
> 要正。」曰：「當自有無念時否？」先生曰：「實無無念
> 時。」曰：「如此卻如何言靜？」曰：「靜未嘗不動，動未
> 嘗不靜。戒慎恐懼即是念，何分動靜？」曰：「周子何以言
> 『定之以中正仁義而主靜』？」曰：「無欲故靜，是『靜亦
> 定，動亦定』的『定』字，主其本體也。戒懼之念是活潑潑
> 地，此是天機不息處，所謂『維天之命，于穆不已』，一息
> 便是死。非本體之念，即是私念。」❷⓿

陽明於此表示吾人實無無念之時，念不可息，只是要「正」。又表
示「戒慎恐懼」即是「念」，而「戒懼之念是活潑潑地，此是天機
不息處，所謂『維天之命，于穆不已』，一息便是死。非本體之
念，即是私念。」由此看來，念有「正」與「不正」之分。「戒懼
之念」既是活潑潑地，既是天機不息處，此當為「正念」；而「非
本體之念」即是「私念」，亦即「不正之念」也。所以，在陽明的
用語中，「念」不全然是就「有善有惡的意念」而說，也可以是就
「本於良知而發動的念頭」而言。這種「本於良知而發動的念頭」
可依陽明之意而名曰「本體之念」，或名曰「正念」。

　　回頭再來看看龍溪所謂的「一念靈明」，此中之「一念」當該

---

❷⓿　同上，卷下，第 202 條，頁 286。

也是指「本體之念」，或「正念」而言。「本體之念」或「正念」實即「良知本體當下之呈現」也，這便無異於龍溪所謂「見在良知」的概念。所以，吾人可說「一念靈明」其實便是「見在良知」的另一種表達用語。龍溪本人對於「念」字也曾有一番解釋，其〈念堂說〉云：

> 人惟一心，心惟一念。念者，心之用也。念有二義：今心為念，是為見在心，所謂正念也；二心為念，是為將迎心，所謂邪念也。正與邪，本體之明，未嘗不知，所謂良知也。念之所感謂之物，物非外也。心為見在之心，則念為見在之念，知為見在之知，而物為見在之物。致知格物者，克念之功也，見在則無將迎而一矣。正心者，正此也；修身者，修此也。〔……〕孟子曰：必有事焉，而毋正，心毋忘毋助長也。必有事者，念念致其良知也；毋忘者，毋忘此一念之謂也；毋助者，無所意必，以無念為念之謂也。**㉑**

龍溪在此明分「念」有二義：「今心為念」，是為「見在心」，所謂「正念」也；「二心為念」，是為「將迎心」，所謂「邪念」也。龍溪既以「今心為念」為「見在心」，並謂此為「正念」，則此「正念」當指「本體之念」，「本體之念」實即「良知本體當下之呈現」也，故亦可說是「見在良知」也。雖然，從「念者，心之用也」與「念之所感謂之物」兩句合看，或者從「心為見在之心，

㉑ 王畿：《王龍溪全集》，第三冊，卷十七，〈念堂說〉，頁 1240。

則念為見在之念，知為見在之知，而物為見在之物」一整個系列來看，龍溪所說的「念」都指向「意」這個概念，似乎不當直接把「正念」說成「見在良知」。可是，如果通徹龍溪「四無」說的意境來理解，所謂「體用顯微，只是一機。心意知物，只是一事」，則見在之心、見在之念、見在之知、見在之物，也一齊皆是本心良知明覺感應之實理實事而已，此中更無分於心、意、知、物矣。若然，則龍溪所說的「正念」雖說相當於「意」，但「意統於心，心為之主，則意為誠意，非意象之紛紜矣」。㉒如是，則此「誠意」不正是「良知本體當下之呈現」乎？此即指向「見在良知」這個概念矣。故龍溪所謂「人惟一心，心惟一念」，此中之「一念」即指「今心為念」而言，「今心為念」即是「見在良知」也。龍溪並且勉人要從此「一念」下手，以為致知之功，所謂「致知格物者，克念之功也，見在則無將迎而一矣」。而必有事焉者，只在「念念致其良知」；毋忘者，只是「毋忘此一念」；毋助者，也只是「無所意必，以無念為念」也。㉓凡此，皆可見龍溪對「一念」工夫之重視。

　　事實上，除了「一念靈明」的表達外，關聯著「一念」的用語，在龍溪的全集中比比皆是，如「一念之微」、「一念入微」、「一念獨知」、「一念之良」以及「最初一念」等，至少有八十多

㉒　同上，第二冊，卷八，〈意識解〉，頁 558。

㉓　龍溪曾云：「一念明定，便是緝熙之學。一念者，無念也，即念而離念也。故君子之學，以無念為宗。」（同上，第三冊，卷十五，〈趙庭謾語付應斌兒〉，頁 1098。）可見在龍溪的思想中，若能做到「即念而離念」，則「一念」即是「無念」也。

處，其中尤以「一念之微」或「一念入微」的說法最為頻繁。❷如龍溪在〈趙麟陽贈言〉中便云：

> 蓋吾人本心，自證自悟，自有天則。握其機，觀其竅，不出
> 於一念之微。率此謂之率性，立此謂之至命。譬之明鏡照
> 物，鑒而不納。妍媸在彼，而鏡體未嘗有所動也。斂而不
> 滯，縱而不溢，此千古經綸無倚之實學。了此便是達天德，
> 意識云乎哉？❷

此處龍溪由吾人「本心」說起，而謂「握其機，觀其竅，不出於一念之微」，可見此「一念之微」乃直承本心而發，當亦是指「本體之念」，或「正念」而言。接著並謂「率此謂之率性，立此謂之至命」，則此「一念之微」實無異於本心或良知也。文末更云：「了此便是達天德，意識云乎哉？」明白表達此「一念之微」並非一般所謂的意識。凡此，皆可證明「一念之微」同於「一念靈明」，都是指「見在良知」而言。而龍溪之重視從「見在良知」立工夫，由此可見一斑。另外，在〈書顧海陽卷〉中龍溪也云：

> 古人之學，惟在理會性情。性情者，心之體用，寂感之則
> 也。然欲理會性情，非可以制於中而矯飾於外，其要存乎一

---

❷ 參見彭國翔：《良知學的展開──王龍溪與中晚明的陽明學》，第三章，頁 129。

❷ 王畿：《王龍溪全集》，第三冊，卷十六，〈趙麟陽贈言〉，頁 1113。

念之微。人心本自中和，一念者，寂感之機也。致謹於一念
之微，則自無所偏倚，無所乖戾，中和由此而出。中則性
定，和則情順，大本立而達道行，發育萬物，峻極於天，以
收位育之全功，聖學之的也。❷❻

龍溪在此將「存乎一念之微」，看成是「理會性情」最切要的工
夫。性情者，心之體用，寂感之則也。而人心本自中和，一念者，
寂感之機也。此處之「一念」，就其從「本自中和的心」連貫下來
而言，當該也是如前面所分析的是指「本體之念」或「正念」而
言。致謹於「一念之微」，則自無所偏倚，無所乖戾，中和由此而
出。依此，則「一念之微」實相當於「見在良知」也。再如龍溪
〈答李漸庵〉第一書中所云：

　　吾人此生幹當，無巧說，無多術，只從一念入微處討生死，
　　全體精神打並歸一，看他起處，看他落處。精專凝定，不復
　　知有其他。此念綿密，道力勝於業力，習氣自無從而入，雜
　　念自無從而生。此是端本澄源第一義，所謂宗要也。❷❼

龍溪認為吾人此生最要緊者莫過於從「一念入微」處下工夫，此念
綿密，則道力勝於業力，習氣自無從而入，雜念自無從而生，此便
是「端本澄源第一義」，所謂「宗要」也。由此看來，從「一念入

❷❻　同上，第三冊，卷十六，〈書顧海陽卷〉，頁 1181-1182。
❷❼　同上，第二冊，卷十一，〈答李漸庵〉第一書，頁 731-732。

微」處作工夫，對龍溪而言無疑是第一義的工夫，這也證明了「見
在良知」說在其思想體系中實居於最核心的地位。同樣地，在〈答
李漸庵〉第二書，龍溪亦十分剴切地表達他對「一念入微」工夫的
高度重視：

> 《易》曰：貞吉悔亡，悔生於動。自信良知，直心而發，天
> 則在我，是謂貞吉而悔亡。譬之日月之明，自然往來，未嘗
> 有所動也。才涉安排，即為憧憧。萬起萬滅，眾欲相引而
> 來，是為朋從爾思，非自然之往來也。試於默作反觀時，密
> 加體究，動與不動，只從一念入微處決之，此乃本心寂然之
> 靈樞，非可以意識承領而得也。不肖年已八十，百念盡灰，
> 一日亦可，百年亦可，任之而已。㉘

案龍溪卒於明萬曆十一年癸未，享壽八十有六。㉙此書中龍溪自言
「不肖年已八十」，顯見此書內容足以代表他晚年之思想。龍溪於
此再度強調「一念入微」工夫的重要，並謂「此乃本心寂然之靈
樞，非可以意識承領而得也」。這不就再一次證明了他所謂的「一
念入微」之「一念」並非指憧憧往來的意念，而是就著當下顯現的
良知而言。故其引用《易經》「貞吉悔亡，悔生於動」之言，而解
釋曰：「自信良知，直心而發，天則在我，是謂貞吉而悔亡。譬之
日月之明，自然往來，未嘗有所動也。才涉安排，即為憧憧。」此

㉘　同上，〈答李漸庵〉第二書，頁 733-734。
㉙　黃宗羲：《明儒學案》，上冊，卷十二，〈浙中王門學案二〉，頁 238。

即是龍溪「從心上立根」之先天工夫也，龍溪最大的體悟在此，其一生學說的精粹亦在於此。

第二節　「好惡無所作」之工夫

　　由上一節的討論可知，龍溪的「先天之學」是透過「正心」和「誠意」的對比而提出來的，其中「正心」意謂著「從心上立根」而作工夫，「誠意」意謂著「從意上立根」而作工夫。可是，除了從這個角度來區分「正心」和「誠意」的不同外，龍溪尚從另一個側面來作說明。如在〈大學首章解義〉中龍溪便云：

> 誠意者，真好真惡，毋自欺其良知而已。正心者，好惡無所作，復其良知之體而已。❸⓿

透過對比，龍溪指出「誠意」與「正心」之不同，在於「誠意」是「真好真惡，毋自欺其良知」而已；而「正心」則是「好惡無所作，復其良知之體」而已。對於「誠意」和「正心」之間的細微差別，龍溪曾經舉例云：

> 古人說個誠意，又說個正心，此中煞有理會，樂善取友，無些子虛假，豈不是誠意？若盼盼不已，心中多著了些子意思，見在工夫反為牽擾，便是有所好樂，便不得其正，此處

---

❸⓿　王畿：《王龍溪全集》，第二冊，卷八，〈大學首章解義〉，頁523。

正好體當用功。**❸**

從龍溪的舉例中,吾人可以更加清楚地區分「誠意」和「正心」之間的不同。「誠意」固然是「真好真惡,毋自欺其良知」,可是若「心中多著了些子意思」,便是有所好樂,便不得其正;若能「好惡無所作」,反而能使心體回復平正,這便是「正心」了。

其實,以「好惡無所作」來區分「誠意」和「正心」之不同,並非龍溪所獨創,在《傳習錄》中陽明即曾引用《書經》「無有作好作惡」之說來表達此意:

> 為學工夫有淺深。初時若不著實用意去好善惡惡,如何能為善去惡?這著實用意,便是誠意。然不知心之本體原無一物,一向著意去好善惡惡,便又多了這分意思,便不是廓然大公。書所謂「無有作好作惡」,方是本體。所以說有所忿懥好樂,則不得其正。**❸**

陽明於此指出「著實用意去好善惡惡」,便是「誠意」,可是這不免多了一分意思,必須「無有作好作惡」,才是廓然大公之道,才能回歸「心之正」也。

可見,龍溪的說法原是承繼陽明而來。在《王龍溪全集》當中,類似這樣的表達並不少見,茲引數例以為之證:

---

❸ 同上,第一冊,卷四,〈過豐城答問〉,頁 278-279。

❸ 陳榮捷:《王陽明傳習錄詳註集評》,卷上,第 119 條,頁 140-141。

> 如好好色，如惡惡臭，求以自謙，意之誠也。好惡無所作，
> 不使有所忿懥，有所好樂，心之正也。㉝

> 如好好色，如惡惡臭，意之誠也。好惡無所作，心之正也。㉞

> 是故如惡惡臭，如好好色，而毋自欺，意之誠也。好惡無所
> 作，心之正也。㉟

如果說在上一節中，龍溪以「從心上立根」來詮釋「正心」的意
涵，是著重在正面「見體」的工夫；那麼，此處以「好惡無所作」
來詮釋「正心」的意涵，則可說是強調反面「無執」的工夫。事實
上，這兩面的工夫本是相須相涵的。唯有真正「見體」，才能做到
「無執」；也唯有真正「無執」，才有可能「見體」。這是以「正
心」為核心概念所展開的一體兩面之工夫，這一體兩面之工夫便構
成了龍溪所謂的「先天之學」的內涵。龍溪在〈慈湖精舍會語〉中
便曾表達此意：

> 如好好色，如惡惡臭，率其良知之自然，而一無所作，是謂
> 王道。無作則無起，而意自誠。正心、修身、達之家國天
> 下，一以貫之而無遺矣，《大學》之全功也。㊱

㉝　　王畿：《王龍溪全集》，第一冊，卷七，〈新安斗山書院會語〉，頁 487。
㉞　　同上，第二冊，卷八，〈政學合一說〉，頁 566。
㉟　　同上，第二冊，卷十，〈答吳悟齋〉第一書，頁 677。
㊱　　同上，第一冊，卷五，〈慈湖精舍會語〉，頁 367。

從正面說，則曰「率其良知之自然」；從反面說，則曰「好惡無所作」。其實，真能「率其良知之自然」，便能「好惡無所作」；真能「好惡無所作」，便能「率其良知之自然」。前者由良知本體說下來，後者由致知工夫說上去。兩種工夫原是一體之兩面，識得透時，只提其中一面之工夫，自必涵蘊著另一面的工夫，更不待分疏，關鍵在於是否真信得及良知自身即能起用。龍溪在〈贈紹坪彭侯入覲序〉中曾有如下之感慨：

> 予讀《洪範》，至無有作好作惡，王道蕩蕩平平之說，喟然而歎曰：斯固古人經世之學乎？夫心本平平，本能好惡，譬諸鑒之別妍媸，衡之能權輕重，非有假於外也，一有作焉，始不得其平。**❸**

龍溪於此指出吾人心體原本平平，本自能好善惡惡，本自能辨別妍媸，本自能權衡輕重，根本無須人為擬議造作，一有擬議造作，反而使吾人心體不得其平。龍溪此說即是基於真信得及良知心體自身便具有「能動性」，所以工夫上只須「好惡無所作」，便自然能回歸心體本來之正也。類似的意思，龍溪在〈答楚侗耿子問〉亦曾說道：

> 良知原是不學不慮，原是平常，原是無聲無臭，原是不為不

欲。才涉安排放散等病,皆非本色。㊳

可見,若真信得及良知本體無為不滯之本性,在工夫上便無須作
意,只要直承此良知本體自然起用,乃是「不著力中大著力處」
㊴、「無修證中真修證」㊵也。龍溪曾有詩云:「人心原活潑,出
入本無時。執藥翻為病,忘機自不馳。」㊶頗能道出個中意味。

　　此外,同樣表達「好惡無所作」這種「無執」的工夫,龍溪還
曾以「何思何慮」的用語來闡發。如龍溪在〈南遊會紀〉中曾云:

> 　　從古以來,生天生地,生人生物,皆此一靈而已。孟子於其
> 中指出良知,直是平鋪應感,而非思慮之所及也。良知不外
> 思慮,而思慮卻能障蔽良知。故孟子尤指其不慮者而後謂之
> 良。見孺子入井而怵惕,良知也;而納交、要譽、惡其聲,
> 則慮矣。見嘑蹴而不屑不受,良知也;而宮室妻妾,得我而
> 為之,則慮矣。故曰:「天下何思何慮?」此正指用功而
> 言,非要其成功也。㊷

㊳　同上,第一冊,卷四,〈答楚侗耿子問〉,頁 338。
㊴　莫晉所作〈重刻王龍溪先生全集序〉中云:「工夫專用在本體上,以自然為
　　宗,乃是不著力中大著力處。」見同上,第一冊,卷首,頁 17-18。
㊵　龍溪曾云:「良知不學不慮,本無修證,格物正所以致之也。學者,復其不
　　學之體而已;慮者,復其不慮之體而已,乃無修證中真修證也。」見同上,
　　第二冊,卷十,〈答吾悟齋〉,頁 681。
㊶　同上,第三冊,卷十八,〈會城南精舍和徐存齋少師韻四首〉之二,頁
　　1264。
㊷　同上,第一冊,卷七,〈南遊會紀〉,頁 465。

龍溪在此所要表達的重點是：「良知」依孟子所說是就其「不慮而知」而言，若著於思慮反而可能障蔽良知。故曰：「良知不外思慮，而思慮卻能障蔽良知」。譬如：見孺子入井而怵惕，是「良知」也；而接著有三念之雜，則屬於「慮」。又如：見嘑蹴而不屑不受，是「良知」也；而宮室妻妾，得我而為之，則又屬於「慮」矣。所以，真信得及良知自能應萬事萬物之變，則「天下何思何慮」？龍溪並且強調「此正指用功而言，非要其成功也」，換言之，「何思何慮」正是當下之工夫，而非最後之境界。

「天下何思何慮」一語，原本出於《易·繫辭下》，其文為：「易曰：『憧憧往來，朋從爾思』。子曰：『天下何思何慮？天下同歸而殊途，一致而百慮。天下何思何慮！日往則月來，月往則日來，日月相推而明生焉；寒往則暑來，暑往則寒來，寒暑相推而歲成焉。』」這種強調「何思何慮」的說法，從文字表面上看，似乎與《孟子·告子上》所強調的「心之官則思」的意思不同，也與《尚書·洪範》所謂「思曰睿，睿作聖」，或《詩經》所謂「思無邪」的說法相反，故經常有人向龍溪請教「何思何慮」之旨，如在〈答南明汪子問〉中，龍溪對此一問題便有詳細的回答：

> 孟軻氏曰：「心之官則思」，以思為職，而得失係之，故曰：「思者，聖功之本」。《書》曰：「思作聖」，言思之本於睿也。《詩》言：「思無邪」，言思之本於正也。思顧可少哉？然而《易》之〈繫〉曰：「何思何慮」，又曰：「易無思也」，若與《詩》、《書》、孟氏之言相背而馳，此千古不決之疑案，學者將何所取衷哉？昔上蔡問於伊川

曰：「天下何思何慮？」伊川曰：「有此理，卻說得太早」，繼而曰：「卻好用功」，則已覺其說之有未盡矣。堯夫曰：「思慮未起，鬼神莫知，纔被鬼神覷破，便咎以為修行無力」，然則未起之思慮將何如也？夫何思何慮，非不思不慮也。所思所慮，一出於自然，而未嘗有別思別慮，我何容心焉？譬如日月之往來，而萬物畢照，日月何容心焉？既曰：「何思何慮」，又曰：「百慮而一致」，此即伊川所謂「卻好用功」之意，非以效言也。❹

龍溪於此一者闡明「何思何慮」之意，「非不思不慮」也，而是「所思所慮，一出於自然，而未嘗有別思別慮」之謂也；二者藉伊川答上蔡之問，指出「何思何慮」正是當下工夫之起腳，而非以最後之效驗而言。

　　事實上，龍溪對於「何思何慮」所持的見解，在《傳習錄》中陽明早已如是言之：

　　〈繫〉言「何思何慮」，是言所思所慮只是一箇天理，更無別思別慮耳，非謂無思無慮也。〔……〕心之本體即是天理，天理只是一箇，更有何可思慮得？天理原自寂然不動，原自感而遂通。學者用功，雖千思萬慮，只是要復他本來體用而已，不是以私意去安排思索出來。故明道云：「君子之學，莫若廓然大公，物來而順應。」〔……〕何思何慮，正

---

❹　同上，第一冊，卷三，〈答南明汪子問〉，頁 246-247。

是功夫。在聖人分上，便是自然的；在學者分上，便是勉然的。伊川卻是把作效驗看了，所以有發得太早之說；既而云：「卻好用功」，則已自覺其前言之有未盡矣！❹

以陽明之說來看龍溪之見，兩者蓋若合符節、同出一轍矣！若真悟得良知心體原自寂然不動，原自感而遂通，那麼工夫更不待起作，更無須以私意去安排思索，只是直下順承此良知心體自然之發用便是工夫，這也才是明道所謂「廓然大公，物來順應」的君子之學。故陽明本人也是肯定「何思何慮」，正是「功夫」，而不是「效驗」。由此看來，龍溪喜從「見在良知」處直言「即本體即工夫」，亦不過發揮陽明心中之意而已。順陽明良知教之發展，毫無隱藏地合盤托出，便自然走向龍溪「見在良知」說「即本體即工夫」之理境。若然，則吾人先前提到牟宗三先生認為龍溪直接於良知本體上作工夫並無工夫義之說，似乎與陽明之見亦不相侔矣。❺
　　關於龍溪以「何思何慮」為工夫之意，茲再舉其於〈竹堂會語〉中所說，以明龍溪立論之旨：

---

❹　陳榮捷：《王陽明傳習錄詳註集評》，卷中，〈啟周道通書〉，第 145 條，頁 202-203。

❺　陽明曾云：「功夫不離本體，本體原無內外。只為後來作┊夫的分了內外，失其本體了。如今正要講明功夫不要有內外，乃是本體┊：。」（同上，卷下，第 204 條，頁 288。）由此可見，陽明本人該當也╲認有一種「即本體即工夫」之工夫的，只是陽明平日並未刻意強調於此　而龍溪資性明朗（陽明評語），好取徑高明，故特喜從此意去作發揮也。

蔡子復以何思何慮之旨求印可。先生（龍溪）曰：「此雖孔
門極則語，亦是吾人見在切己功夫。信得此及，則機竅在
我，日應萬變而常寂然，譬諸水鏡之鑑物，萬象紛紜，過而
不留，未嘗有所動也。❹❻

龍溪於此強調「何思何慮」雖是「孔門極則語」，但也是吾人「見
在切己功夫」。蓋信得良知及時，愚夫愚婦之「見在良知」與堯舜
等聖人之「見在良知」無二無別，皆是本來完具且隨時可以呈現者
也，即此是本體，即此是工夫，更無二致，差別只在生熟安勉之不
同而已。❹❼每一步道德實踐何嘗不須「率其良知之自然」，又何嘗
不須做到「何思何慮」？否則焉可謂所呈顯者是「寂然不動，感而
遂通」之「良知」？若謂愚夫愚婦之「見在良知」呈顯時，並不能
做到「何思何慮」，不能做到「寂然不動，感而遂通」，則此時所
呈顯者非真良知也。蓋良知只是一個，原是人心之所同然，實無分
於百姓與聖人，亦無分於見在與未來，其不呈顯則已，一呈顯則必
須是無私無雜，也必須是圓瑩無滯的。愚夫愚婦與聖人之不同，只
在前者不能時時存養，後者能刻刻保任而已，並非當下呈顯的良知

---

❹❻　王畿：《王龍溪全集》，第一冊，卷五，〈竹堂會語〉，頁 358-359。

❹❼　〈慈湖精舍會語〉中曾載：「馮子曰：『或以不起意為立說過高，非初學所
　　能及，何也？』先生（龍溪）曰：『亦非也。初學與聖人只有生熟安勉不
　　同，原無二致，故曰及其成功一也。譬之行路，初學則馴習步趨於庭除之
　　間，未能遠涉；聖賢則能縱步千百里之外，雖遠且險，亦無所阻，生熟則有
　　間矣。然庭除之步與百里之步，未嘗有異也，此入聖之微機也。』」同上，
　　第一冊，卷五，〈慈湖精舍會語〉，頁 364。

真有不同也。故「見在良知」真是吾人成聖之根據，亦是吾人工夫的起腳，又何疑哉？龍溪反覆強調，三復其言，其意即在於斯也。

除了「好惡無所作」與「何思何慮」外，龍溪用來表達「無執」這一面的工夫時，也常舉顏回「屢空」為例，並稱此為「減擔法」。〈南遊會紀〉中載：

> 李子問顏子屢空之義。先生（龍溪）曰：「古人之學，只求日減，不求日增。減得盡，便是聖人。一點虛明，空洞無物，故能備萬物之用。聖人常空，顏子知得減擔法，故庶乎屢空，子貢子張諸人，便是增了。」❹

龍溪所謂聖人「常空」，是就《論語·子罕》中子曰：「我有知乎哉？無知也。有鄙夫問於我，空空如也，我叩其兩端而竭焉。」而說；而謂顏子「屢空」，是就《論語·先進》中子曰：「回也，其庶乎，屢空。賜不受命，而貨殖焉，億則屢中」而說。前者原文中所謂「空空」之意，原指孔子無意、無必、無固、無我，故能虛己以待問，此固可以形容聖人體道之境界；後者原文中所謂「屢空」之意，原指顏子家境貧窮，「數至空匱」（朱子注語），今龍溪將之用以形容顏子之修養工夫與境界，此蓋宋明儒者常有「六經皆我註腳」之習也。姑不論「屢空」之原意如何，龍溪如此「創造的詮

---

❹　同上，第一冊，卷七，〈過豐城答問〉，頁 280-281。

釋」❹或許也無不可。龍溪所要強調的是，良知本是空洞無物，故能備萬物之用❺，故吾人為學「只求日減，不求日增。減得盡，便是聖人」。龍溪在與時人論學時曾再度提及這段話，並謂「先師云」，可見這種說法亦非龍溪自創，而是傳承自陽明的思想。〈九龍紀誨〉中載：

> 或叩顏子屢空之旨。先生（龍溪）曰：「此是減擔法。人心原無一物，原是空空之體。形生以後，種種世情，牽引填塞，始不能空。吾人欲復此空空之體，更無巧法，只在一念知處用力。一切世情，念頭上有牽扯放不下，皆謂之妄，皆是不善之動。顏子之學，只是有不善未嘗不知，知之未嘗復行。謂之不遠復，復者，復其不善之動而已。先師云：『吾人只求日減，不求日增。減得盡，便是聖人。』吾人護心如護眼，好念頭、不好念頭，俱著不得。譬之泥沙與金玉之屑皆足以障眼。諸友欲窺見此意，端居之暇，試將念頭不斷一著理會，果能全體放下，無一物否？一切知解，不離世情，皆是增擔子，擔子越重，越超脫不出矣。」❺

---

❹　參見傅偉勳：《學問的生命與生命的學問》（臺北：正中書局，1993 年），第十章，頁 220-258。

❺　龍溪對良知本體言「空洞無物，故能備萬物之用」當是傳承自陽明所云：「良知之虛，便是天之太虛。良知之無，便是太虛之無形。日月風雷，山川民物，凡有貌象形色，皆在太虛無形中發用流行。」（見陳榮捷：《王陽明傳習錄詳註集評》，卷下，第 269 條，頁 328。）此固是以儒家良知心體為主，而形容其無執不滯之一面，並非如佛老之言空無也。

❺　王畿：《王龍溪全集》，第一冊，卷三，〈九龍紀誨〉，頁 226-227。

龍溪於此指出「吾人只求日減，不求日增」的說法出自陽明，其實包括「泥沙與金玉之屑皆足以障眼」之說亦傳承自陽明。❺❷龍溪之所以強調「減擔法」之工夫，蓋因著眼於吾人於形生之後，被種種世情牽引填塞，才不能保持良知本體之空空，所以要人在「一念知處」用力，才能復此空空之體。所謂「一念知處」正是指「見在良知」而言。龍溪欲將工夫收到此「見在良知」處去用，把一切世情欲念全體放下，正所謂「萬握絲頭，一齊斬斷」❺❸也。此外，龍溪在〈周潭汪子晤言〉中，亦曾單獨提及「減擔」之說，並未同時舉顏子「屢空」為例，可見「減擔法」應該是龍溪當時持以教人的方法之一：

> 吾人今日之學，只要減擔。減得輕，方知省力處；減淨盡，方知無可著力處。❺❹

正如龍溪本人對此句話所下的轉語云：「世間只要添擔子，非豪傑之士，全體放得下，未足語此」。❺❺在〈維揚晤語〉中曾記載龍溪曾對於唐荊川的言行有一非常鞭辟入裡的評論，恰好可以為此說作

---

❺❷ 陽明嘗語學者曰：「心體上著不得一念留滯，就如眼著不得些子塵沙。些子能得幾多，滿眼便昏天黑地了。」又曰：「這一念不但是私念，便好的念頭亦著不得些子。如眼中放些金玉屑，眼也開不得了。」見陳榮捷：《王陽明傳習錄詳註集評》，卷下，第 335 條，頁 380。

❺❸ 龍溪云：「萬握絲頭，一齊斬斷，此頓法也；芽苗增長，馴至秀實，此漸法也。」見王畿：《王龍溪全集》，第一冊，卷四，〈留都會紀〉，頁 303。

❺❹ 同上，第一冊，卷三，〈周潭汪子晤言〉，頁 236。

❺❺ 同上。

註腳：

荊川唐子，開府維揚，邀先生往會，時已有病。遇春汎，日
坐治堂，命將遣師，為防海之計。一日退食，笑謂先生曰：
「公看我與老師之學有相契否？」先生曰：「子之力量，固
自不同，若說良知，還未致得在。」荊川曰：「我平生佩服
陽明之教，滿口所說，滿紙所寫，那些不是良知？公豈欺我
耶？」先生笑曰：「難道不是良知，只未致得真良知，未免
攙和。」荊川憤然不服，云：「試舉看。」先生曰：「適在
堂遣將時，諸將校有所稟呈，辭意未盡，即與攔截，發揮自
己方略，令其依從，此是攙入意見，心便不虛，非真良知
也。將官將地方事體，請問某處該如何設備，某事卻如何追
攝，便引證古人做過勾當，某處如此處，某事如此處，自家
一點靈明，反覺凝滯，此是攙入典要，機便不神，非真良知
也。及至議論未合，定著眼睛，沈思一回，又與說起，此等
處認作沈幾研慮，不知此已攙入擬議安排，非真良知也。有
時奮掉鼓激，屬聲抗言，使若無所容，自以為威嚴不可犯，
不知此是攙入氣魄，非真良知也。有時發人隱過，有時揚人
隱行，有時行不測之賞，加非法之罰，自以為得好惡之正，
不知自己靈根，已為動搖，不免有所作，非真良知也。他如
製木城，造銅面，畜獵犬，不論勢之所便，地之所宜，一一
令其如法措置，此是攙入格套，非真良知也。嘗曰：『我已
一一經營，已得勝算，猛將如雲，不如著一病都堂在陣。』
此是攙入能所，非真良知也。若是真致良知，只宜虛心應

物，使人人各得盡其情，能剛能柔，觸機而應，迎刃而解，更無些子攪入，譬之明鏡當臺，妍媸自辨，方是經綸手段。纔有些子才智伎倆，與之相形，自己光明，反為所蔽。口中說得十分明白，紙上寫得十分詳盡，只成播弄精魂，非真實受用也。」荊川憮然曰：「吾過矣！友道以直諒為益，非虛言也。」⑯

龍溪之判可謂微矣深矣！唐荊川非不著實做工夫者也，其本人或亦以為所言所行盡合陽明良知之教，而龍溪卻能深察其言行的背後所不自覺隱含的病痛：舉凡所謂意見、典要、擬議、氣魄，作意、格套、能所，皆未免是習氣上之攪和，非良知之自然呈露。「若是真致良知，只宜虛心應物」，「纔有些子才智伎倆，與之相形，自己光明，反為所蔽。」工夫未能全然放下，隨時有所執著而不自知，良知之虛明反為蔽塞，此不可不慎也。正如龍溪他處所言：「纔有所向便是欲，纔有所著便是妄，既無所向，又無所著，便是絕學無為本色道人，一念萬年，更有何事？」⑰

　　除此之外，龍溪還強調「忘」的工夫。「忘」字原從孟子說下來，所謂「必有事焉而勿正，心勿忘，勿助長也。」（《孟子·告子上》）龍溪在〈水西精舍會語〉曾對「忘」字加以註解，並且說明這種工夫適用的對象：

---

⑯　同上，第一冊，卷一，〈維揚晤語〉，頁103-106。

⑰　同上，第二冊，卷十一，〈與李見亭〉，頁770。

　　忘是對助而言。〔……〕忘即棄之義也。且此言為用功者
　　說，為執著凝滯者說，不然，又為痴人前說夢矣。❺❽

龍溪對「忘」字的解釋是「棄」，而且指出這種工夫是針對「用功
者」說，提醒他不可用力太猛；是為「執著凝滯者」說，點撥他不
要著了一分意思。這便是「忘」這種工夫之意義所在，否則無異於
痴人前說夢矣。龍溪又云：

　　忘則澄然無事，工夫方平等，不起爐灶。❺❾

正是透過「忘」，工夫上才能不起爐灶，也才能回復良知心體之自
然流行，故曰「忘則澄然無事」。對於此意，龍溪在〈三山麗澤
錄〉中曾有一番闡述：

　　忘好惡，方能同好惡；忘是非，方能同是非。蓋好惡是非，
　　原是本心自然之用。惟作好惡，任是非，始失其本心。所謂
　　忘者，非是無記頑空。率其明覺之自然，隨物順應，一毫無
　　所作、無所任，是謂忘無可忘。在知道者，默而識之。❻⓿

忘好惡、忘是非，才能同好惡、同是非，但這並非表示完全不分別

---

❺❽　同上，第一冊，卷三，〈水西精舍會語〉，頁 242。

❺❾　同上。

❻⓿　同上，第一冊，卷一，〈三山麗澤錄〉，頁 115。

好惡是非（所謂「無記頑空」），而是要人順著本心自然之用。因為
本心自然能好善惡惡、是是非非。所以，工夫在於「率其明覺之自
然，隨物順應，一毫無所作、無所任」，這可謂「忘無可忘」。其
實，「忘無可忘」才能「得無所得」也。龍溪在〈別言贈周順之〉
中云：

> 予聞之道無方所，而學無止極。淵然而寂，若可即，而非以
> 形求；若可知，而非以知索；若可循，而非以力強也。夫非
> 以形求，則為忘形之形；非以知索，則為忘知之知；非以力
> 強，則為忘力之力。惟忘無可忘，斯得無所得。得且不可，
> 而況於住乎？若此者，存乎心悟。未有所悟而求得，與未有
> 所得而求忘，皆妄也。❻

道既無方所，又淵然而寂，則不可以形求，不可以知索，不可以力
強。唯有忘形、忘知、忘力，方能得道。然而，道既無方所，則所
謂「得道」乃「得無所得」也，若此者，存乎「心悟」而已。若
然，「忘」的工夫，正如同「好惡無所作」與「何思何慮」等工夫
一樣，都是一種強調「無執」的工夫，唯有「無執」方能「見體」
也。然而，反過來說，亦唯有「見體」才真能「無執」也。故龍溪
云：「未有所悟而求得，與未有所得而求忘，皆妄也」。「悟」是
「忘」的基礎，「忘」是「悟」的條件，「悟」與「忘」原是一體
之兩面，彼此相須相涵，不容分割矣。龍溪在〈過豐城答問〉中亦

---

❻　同上，第三冊，卷十六，〈別言贈周順之〉，頁 1129。

云：

> 若覺相未忘，到底不忘照管，永無超脫之期。懸崖撒手，直
> 下承當。若撒不得手，捨不得性命，終是承當未得在。❷

「覺」者，「悟」也。「悟」而不能「忘」，畢竟不忘照管，永無
超脫之期。所謂「非全放下，終難湊泊」。❸故工夫說到究竟處，
只是「懸崖撒手，直下承當」。「懸崖撒手」者，「忘」之工夫
也；「直下承當」者，「悟」之工夫也。忘則悟，悟則忘，悟忘合
一，則澄然無事，只是順此良知心體自然流行而已。說本體，此即
是本體；說工夫，此即是工夫。其實，更無分於本體與工夫，即此
本體便是工夫也。

第三節　理乘頓悟，事屬漸修

　　以上分從兩面來論述龍溪的工夫理論，一曰「從心上立根」之
工夫；二曰「好惡無所作」之工夫，這兩面的工夫本是順著龍溪
「見在良知」說而開出者，同時亦構成了龍溪「先天之學」的內
涵。透過以上的討論，吾人可以發現無論是「從心上立根」之工
夫，或是「好惡無所作」之工夫，前提都必須要「信得及」良知
「即本體即工夫」。龍溪於〈不二齋說〉一文中有云：

---

❷　同上，第一冊，卷四，〈南遊會紀〉，頁473-474。
❸　同上，第一冊，卷三，〈答南明汪子問〉，頁253。

夫養深則迹自化，機忘則用自神。若果信得良知及時，即此
知是本體，即此知是工夫。故不從世情嗜欲上放出路，亦不
向玄妙意解內借入頭。良知之外，更無致法；致知之外，更
無養法。良知原無一物，自能應萬物之變。譬之規矩無方
圓，而方圓自不可勝用，貞夫一也。有意有欲，皆為有物，
皆屬二見，皆為良知之障。於此消融得盡，不作方便，愈收
斂愈精明，愈超脫愈神化。變動周流，不為典要，日應萬變
而心常寂然。無善無不善，是為至善；無常無無常，是為真
常；無迷無悟，是為徹悟。此吾儒不二之密旨，千聖絕學
也。❻

龍溪於此指出，如果「信得良知及」時，「即此知是本體，即此知
是工夫」。可見「信得及」三個字非常重要。龍溪嘗曰：「致良知
三字，及門誰不聞，惟我信得及。」❺由此看來，「信得及」本身
雖不是工夫，但背後似乎正有大工夫在。它意謂著一個人對於良知
本身具有相當程度的體悟，而且隨著自己涵養日益深厚，對於良知
的信念也隨之日益堅固。所以，當龍溪說：「良知之外，更無致
法；致知之外，更無養法。」這代表了龍溪深信「良知當下具足且
隨時可以呈現」，於是致知工夫便只剩下「即本體即工夫」了。龍
溪於此並描述他對於良知的體悟云：「良知原無一物，自能應萬物
之變。譬之規矩無方圓，而方圓自不可勝用，貞夫一也。」從強調

---

❻　同上，第三冊，卷十七，〈不二齋說〉，頁 1221-1222。
❺　同上，第一冊，卷首，〈王龍溪先生傳〉，頁 19。

良知「能應萬物之變」看來，這表示龍溪信得及良知的「圓滿性」；從強調良知「自能」如何如何看來，這表示龍溪信得及良知的「能動性」。既信得及良知圓滿具足且自然能動，便隨時即就此良知本體以銷融世情嗜欲，不放它出路，便能「愈收斂愈精明，愈超脫愈神化」，「日應萬變而心常寂然」，乃至種種玄妙化境，亦皆不過從「信得良知及」起步。❻❻

如此看來，「信得良知及」並非只是從言語思辯中承當過來便是，必須要對於良知真有一番悟透才行。龍溪嘗曰：「君子之學，貴於得悟，悟門不開，無以徵學。」❻❼又謂：「若論千聖學脈，自有真正路頭，在於超悟。」❻❽凡此皆強調「悟」的重要。至於如何入悟，龍溪在〈悟說〉一文中曾有詳細的敘述：

> 入悟有三：有從言而入者，有從靜坐而入者，有從人情事變鍊習而入者。得於言者，謂之解悟，觸發印證，未離言詮。譬之門外之寶，非己家珍。得於靜坐者，謂之證悟，收攝保聚，猶有待於境。譬之濁水初澄，濁根尚在，才遇風波，易

---

❻❻　除以上所徵引之文獻外，龍溪全集中處處可見龍溪對「信得良知及」的強調，如〈答吳悟齋〉中云：「良知是斬關定命真君子，若果信得及時，當下具足，無剩無欠，更無磨滅，人人可以為堯舜。」（同上，第二冊，卷十，〈答吳悟齋〉，頁 689）；又如〈金波晤言〉中亦云：「若信得良知及時，時時從良知上照察，有如太陽一出，魑魅魍魎自無所遁其形，尚何諸欲之為患乎？此便是端本澄源之學。」（同上，第一冊，卷三，〈金波晤言〉，頁 244。）凡此，皆可見龍溪對「信得良知及」之看重。

❻❼　同上，第三冊，卷十七，〈悟說〉，頁 1224。

❻❽　同上，第二冊，卷十，〈復顏沖宇〉，頁 710。

於澄動。得于鍊習者，謂之徹悟，磨礱鍛煉，左右逢源。譬
之湛體冷然，本來晶瑩，愈震蕩愈凝寂，不可得而澄澄也。
根有大小，故蔽有淺深，而學有難易，及其成功一也。⑲

此處雖列舉了「解悟」、「證悟」和「徹悟」三種悟入的門徑，其
實前二者只可說是「徹悟」前的預備工夫而已。因為就「解悟」而
言，只是從言語上承當過來，根本未接觸到良知本體之真實面貌，
其由此而作工夫，亦不過執持一個思理中的良知以為根據罷了，思
理中的良知並非真正的良知。而「證悟」雖得力於靜坐，對於良知
本體之超越性若有所得，可是因仍有待於境，未能當下即本體以為
工夫，故同樣對於良知本體之真實面貌有一間之隔。因此要說真正
悟得良知本體之本來面目，唯有「徹悟」方是究竟。「徹悟」者，
從人事中鍊習而得，忘言忘境，觸處逢源，愈搖蕩愈凝寂，如此方
可謂真悟得良知矣。

龍溪除了在〈悟說〉中提出三種入悟的方法以外，在〈別言贈
周順之〉當中也從另一個角度提出入悟之道：

故君子之學，以悟為則，以遣累為功。累釋而後可以入悟，
悟得而後其功始密而深，是謂真得真忘。⑳

誠如先前所論，「見體」和「無執」兩面的工夫原是相須相涵的，

---

⑲　同上，第三冊，卷十七，〈悟說〉，頁 1224。
⑳　同上，第三冊，第十六卷，〈別言贈周順之〉，頁 1130。

「悟」與「忘」也是不容分割之一體兩面。龍溪此處提出「君子之學，以悟為則，以遣累為功」的說法，便是強調這兩面工夫可以相輔相成。其中「以悟為則」是強調「見體」的重要；「以遣累為功」是強調「無執」的重要。「累釋而後可以入悟，悟得而後其功始密而深，是謂真得真忘」，正是指出「無執」方能「見體」，「見體」方能「無執」的道理，而這才是「真得真忘」也。

雖然，龍溪強調「悟」的重要性，但這並不表示他不重視「修」，龍溪在〈漸庵說〉中便提出「理乘頓悟，事屬漸修；悟以啟修，修以證悟」的說法：

> 或者又問昔賢有頓漸之說，顏子之頓為乾道，仲弓之漸為坤道，於象何所當也。
>
> 予曰：「頓漸之別，亦概言之耳。頓漸一機，虛實之辨；乾坤一道，剛柔之節也。理乘頓悟，事屬漸修；悟以啟修，修以證悟。根有利鈍，故法有頓漸。要之頓亦由漸而入，所謂上乘兼修中下也。真修之人，乃有真悟。用功不密而遽云頓悟者，皆墮情識，非真修也。孔子自敘十五而志學，是即所謂不逾矩之學，猶造衡即是權始。矩者，良知之天則也。自志學馴至於從心，只是志到熟處，非有二也。權不離經，自始學以至用權，只是經到化處，非有二也。孔子之學自理觀之，謂之頓可也；自事觀之，謂之漸亦可也。此終身經歷之次第，學道之榜樣也。」❼

---

❼　同上，第三冊，卷十七，〈漸庵說〉，頁 1238。

一般總以為龍溪的工夫論強調「即本體即工夫」，故只有言「頓悟」，而廢棄「漸修」，從龍溪此處所說來看並不盡然。蓋從理上說，「悟」總是「頓」，以其不歷階程，當下契入，故曰「頓悟」；然落到事上說，道德實踐總在歷程中奮鬥，故「修」總是「漸」，故曰「漸修」。然而，說「頓悟」並不一定廢棄「漸修」；說「漸修」亦不表示不能隨時「頓悟」。兩者並非互斥而矛盾者也。所謂「上乘兼修中下」，此謂之「悟以啟修」也；所謂「真修之人，乃有真悟」，此謂之「修以證悟」也。所以龍溪舉孔子為例而云：「孔子之學自理觀之，謂之頓可也；自事觀之，謂之漸亦可也」，此正可以為「理乘頓悟，事屬漸修」一句作註腳也。

關於「悟」、「修」、「頓」、「漸」的問題，在〈留都會紀〉裡記載龍溪與耿楚侗（名定向，字在倫，號楚侗，世稱天臺先生，1524-1596）的一番對話當中，有更清楚而精細的說法：

> 楚侗耿子曰：「吾人講學，雖所見不同，約而言之，不出兩端。論本體者有二，論工夫者有二。有云：學須當下識本體，有云：百倍尋求研究，始能認識本體。工夫亦然，有當下工夫直達，不犯纖毫力者，有百倍工夫研究，始能達者。」
>
> 先生曰：「此可兩言而決，頓與漸而已。本體有頓悟，有漸悟。工夫有頓修，有漸修。萬握絲頭，一齊斬斷，此頓法也。芽苗增長，馴至秀實，此漸法也。或悟中有修，或修中有悟。或頓中有漸，或漸中有頓，存乎根器之有利鈍，及其成功一也。吾人才學，悟須實悟，修須真修。凡見解上揣

摩，知識上轉泊，皆是從門而入，非實悟也。凡氣魄上承
當，格套上模擬，皆是泥象而求，非真修也。實悟者，識自
本心，如啞子得夢，意中了了，無舉似處。真修者，體自本
性，如病人求醫，念中切切，無等待處。悟而不修，玩弄精
魂。修而不悟，增益虛妄。二者名號種種，究而言之，致良
知三字盡之。良知是本體，於此能日著日察，即是悟。致知
是工夫，於此能勿助勿忘，即是修。」⓲

吾人一般只說「頓悟」與「漸修」兩種工夫，龍溪此處則分別就本
體與工夫而言頓與漸，故成了四種：本體有「頓悟」，有「漸
悟」；工夫有「頓修」，有「漸修」。「頓悟」是指一時而悟，這
比較好懂。「漸悟」是指慢慢入悟，這是就吾人入悟過程之遲速而
言，非謂入悟本身是在歷程之中。「頓修」應指悟後起修，所謂
「才動即覺，才覺即化」是也，非謂修行可以不歷階程。「漸修」
應指未悟之前循序而修，此時或隨人言語或因自己模糊之道德意識
而修。⓳

　　此處或許可以借用天泉證道上，陽明合會龍溪「四無」說與緒
山「四有」說時的評語來作說明：陽明說龍溪之「四無」是接引上
根人的教法，「上根之人，悟得無善無惡心體」，這是「頓悟」，
「雖已得悟，仍當隨時用漸修工夫，不如此不足以超凡入聖」，這
是「頓修」。以悟統修，藉修以完悟，這便是龍溪所謂「從頓入

⓲　同上，第一冊，卷四，〈留都會紀〉，頁 303-304。
⓳　參見王財貴：《王龍溪良知四無說析論》，第五章，頁 439。

者，即本體以為功夫，天機常運，終日兢夜保任，不離性體。雖有欲念，一覺便化，不致為累」之工夫特色。陽明說緒山之「四有」是接引中根以下人的教法，「中根以下之人，未嘗悟得本體，須隨處對治，使之漸漸入悟」，這是「漸悟」，「未免在有善有惡上立根基，心與知物皆從有生，須用為善去惡工夫」，這是「漸修」。未悟而修，因修以入悟，這便是龍溪所謂「從漸入者，用功夫以復本體，終日掃蕩欲根，祛除邪念，以順其天機，不使為累」之工夫特色。

其實，不論是「以悟統修，藉修完悟」之實踐工夫，或者「未悟而修，因修入悟」之實踐工夫，皆不外是陽明「致良知」教下所開發出來的工夫理路。正如龍溪此處所言：「良知是本體，於此能日著日察，即是悟。致知是工夫，於此能勿忘勿助，即是修。」若悟能「實悟」，修能「真修」，則不管是依「頓入」或依「漸入」之實踐方式去做工夫，皆可達到成聖的目標。

依著以上所說，吾人可以進一步考察龍溪「頓入」的工夫進路下如何作「修」（「頓修」）的工夫。在〈華陽明倫堂會語〉中龍溪曾提出「操存」之道，並謂操存正是「養心之法」：

> 平旦虛明之氣，好惡與人相近，便是是非本心。養者，養此虛明之體，不為旦晝所牿亡。所養之得失，係於所操之存亡，操存正是養心之法。操只是操練、操習之操，非把持執定之謂。人心虛明湛然，其體原是活潑，豈容執得定。惟隨時練習，變動周流，或順或逆，或縱或橫，隨其所為，還他

活潑之體，不為諸境所礙，斯謂之存。❼

另外，如〈新安斗山書院會語〉中亦載：

> 或問操存之義。先生曰：「心之得養與否，係於所操之存
> 亡。操心正是養之之法。操非執定之謂，乃操練之操也。人
> 心湛然虛明，其體原是活潑，如何執得定。惟在隨時操練，
> 復還活潑之體，不為旦晝所牿亡，斯謂之存。」❼

龍溪於此指出「操存」之「操」，只是「操練」、「操習」之操，
非把持執定之謂。蓋人心本來虛明湛然，其體原是活潑，豈容執得
定。惟須隨時練習，變動周流，還他本心活潑之體，不為諸境所
礙，便謂之「存」。

　　另外，在〈留都會紀〉中，龍溪曾因友人提到涵養工夫當該
「如雞之抱卵」，龍溪則進一步指出須先識得卵中原有一點「真陽
種子」，然後「全體精神只是保護得」才行：

> 涵養工夫，貴在精專接續，如雞之抱卵，先正嘗有是言。然
> 必卵中原有一點真陽種子，方抱得成。若是無陽之卵，抱之
> 雖勤，終成假卵。學者須先識得真種子，方不枉費工夫。明
> 道云：「學者須先識，仁」。吾人心中一點靈明，便是真種

---

❼　王畿：《王龍溪全集》，第一冊，卷七，〈華陽明倫堂會語〉，頁 483-484。
❼　同上，第一冊，卷七，〈新安斗山書院會語〉，頁 489-490。

> 子，原是生生不息之機。種子全在卵上，全體精神只是保護
> 得，非能以其精神助益之也。❼

龍溪此處所說的涵養工夫雖因友人之問而說，不過其中透露的意思
也頗值得關注：其一，龍溪指出吾人心中「一點靈明」，便是「真
種子」，並舉明道「學者須先識仁」之說類比之，顯見其對於「見
體」之重視；其二，見體之後，龍溪強調要將全體精神只是用來保
護此一點靈明，而非以其精神助益之。此與前面所謂「操存」之道
「非把持執定」之謂，意思相近矣。蓋見得良知原是活潑，豈容執
定，此亦符合龍溪所謂養心之法也。

再者，同樣在〈留都會紀〉中，龍溪曾因許敬庵（名孚遠，字孟
中，又作孟仲，號敬庵，1535-1604）之問，而提出對於「保任」工夫的
看法：

> 敬庵子曰：「古人云一得永得，既得矣，復有所失，何
> 也？」
> 先生（龍溪）曰：「吾人之學，患無所得，既得後，保任工
> 夫自不容已。且道得是得箇怎麼？此非意解所及。擇乎中庸
> 而不能朞月守，便是忘卻保任工夫，亦便是得處欠穩在。堯
> 舜兢業，無息無荒；文王勉翼，亦臨亦保，方是真得，方是
> 真保任。學至大成，始能強立不反，放得太早，自是學者大

病，吾儕所當深省也。」❼

龍溪此處舉出「堯舜兢業，無怠無荒」與「文王勉翼，亦臨亦保」，作為「保任」工夫的代表，並謂此「方是真得，方是真保任」。顯見龍溪雖然提倡「即本體即工夫」之先天工夫，但並非不作工夫者也。其說得良知本體圓瑩無滯自然能動，只不過稱理而談，發明良知之本然體性，亦並非全無修持保任之工夫也。正如陽明所謂「灑落生於天理之常存，天理常存生於戒慎恐懼之無間」❽，觀龍溪此處所言，其所透顯出來之嚴肅的道德意識，又何嘗不然耶？

　　討論至此，吾人對於龍溪既強調「頓悟」的重要，亦不廢「漸修」的工夫，當該有所了解。最後，吾人再看看龍溪回應徐存齋（名階，字子升，號存齋，又號少湖，1503-1583）有關工夫方面之質疑時，對於自己工夫理論之辯解：

> 徐子曰：「我公見教，終日行持，只是復此無物之體，甚善！甚善！蓋工夫本體，原非二物，故無二用。若以工夫可無，則本體畢竟不可復，而當用之時，不免求助於幫補湊泊矣。」
> 先生（龍溪）曰：「某所請教，不是謂工夫為可無。良知不學不慮，終日學，只是復他不學之體；終日慮，只是復他不

❼　同上，頁 319。
❽　陳榮捷：《王陽明傳習錄詳註集評》，〈傳習錄拾遺〉，第 48 條，頁 417。

　　慮之體。無工夫中真工夫，非有所加也。」❼❾

徐存齋對於龍溪所主張的「即本體即工夫」的理論信不及，所以也依著一般人的誤解，認為龍溪是「只談本體，不作工夫」。對此，龍溪提出澄清說：「即本體即工夫」並非以為工夫為可無。蓋良知不學不慮，終日學，只是復他不學之體；終日慮，只是復他不慮之體，這是「無工夫中真工夫」也。龍溪此時已屆八十三歲高齡，此說無疑是他的晚年定論。❽❾「無工夫」並非不作工夫也，而是真信得及「見在良知」為「當下具足且隨時可以呈顯」者也，故作一種「不犯作手本領工夫」❽❶，此才是究竟工夫，故曰「真工夫」也。此見龍溪「見在良知」說下之工夫論的特色。

---

❼❾　王畿：《王龍溪全集》，第一冊，卷六，〈與存齋徐子問答〉，頁 446-447。

❽❾　參見彭國翔：《良知學的展開——王龍溪與中晚明的陽明學》，第三章，頁155：附錄一，頁 626。

❽❶　王畿：《王龍溪全集》，第一冊，卷六，〈致知議辨〉，頁 416。

第八章　王龍溪哲學之歷史評價
──以良知範圍三教之宗

　　上來既以「見在良知」說為中心，分別就本體觀和工夫論兩個側面，對王龍溪思想進行了一哲學系統之建構；緊接著，吾人將針對此一學說在歷史上獲得的主要評價，來進行回顧與檢討。❶任何一個有創發性的思想在剛開始提出來的時候，總不免或多或少遭到質疑甚至是誤解，不過隨著歷史的淘洗和淬煉，相信真理總會越辯越明，逐漸還原其本來的面目，得到其應有的價值定位。透過中晚明思想史的發展來看，對王龍溪哲學執持這種「見在良知」說的觀點所提出的主要批評，似乎由一開始的「良知學內部義理之辨」，到「導致現實流弊之譏」，再到「混同良知於佛老之評」。當然這不是指各種評價出現時絕對的先後次第，只不過在主要的評價方面

---

❶　王龍溪哲學思想遭到後世批評詬病者，除了「見在良知」說外，當然還包括「無善無惡」說，惟本文之作主要著眼在龍溪哲學系統之核心義理，故承以上各章所論一脈下來，便自然聚焦在對其「見在良知」說之評價上，至於對於「無善無惡」說之批評，筆者於碩士論文中曾有專文疏理過，請讀者自行參閱，此不及詳。見拙著：《王門天泉證道研究──從實踐的觀點衡定「四無」、「四有」與「四句教」》，第二章第二節，頁 25-30。

似乎隱約透顯出這樣的脈絡。以下即依著這個脈絡來闡述這些主要的歷史評價，同時對於這些評價予以義理上一一的回應，冀能對王龍溪哲學作出恰如其分的思想定位。

第一節 「見在具足」與「脫略工夫」

　　如前所論，龍溪提出「見在良知」說之後，即招致同門諸子之批評，這些批評大抵是聚焦在良知學內部的義理上面，即對於「良知本體」與「致知工夫」看法之分歧上，如聶雙江即批判曰：

> 尊兄高明過人，自來論學，只從混沌初生、無所汙壞者而言，而以見在為具足，不犯做手為妙悟。❷

羅念庵亦批評道：

> 世間那有現成良知？良知非萬死工夫，斷不能生也，不是現成可得。今人誤將良知作現成看，不知下致良知工夫，奔放馳逐，無有止息，茫蕩一生，有何成就？❸

劉獅泉更評論云：

---

❷　聶豹：《雙江聶先生文集》，卷八，〈答王龍溪〉第一書，頁 3 上。

❸　羅洪先：《念庵文集》，卷八，〈松原志晤〉，頁 41 下-42 下。

赤子之心，孩提之知，愚夫婦之能知，如頑礦未經鍛煉，不
可名金。其視無聲無臭、自然之明覺，何啻千里！是何也？
為其純陰無真陽也。復真陽者，便須開天闢地，鼎立乾坤，
乃能得之。以見在良知為主，決無入道之期矣。❹

彼三人批判之重點歸納起來實不外兩端：一是從本體論上質疑良知
並非「見在具足」，認為「見在良知」與「聖人良知」並不相同；
二是從工夫論上質疑「見在良知」說將會有導致「脫略工夫」之弊
病。這兩方面的質疑，根據吾人以上之研究，似乎可以完全加以解
消。

　　首先，從本體論上來說，龍溪所舉「昭昭之天與廣大之天原無
差別」之喻❺，即傳承自陽明「一節之知，即全體之知」之說❻；
龍溪所謂「論工夫，聖人亦須困勉，方是小心緝熙；論本體，眾人
亦是生知安行，方是真機直達」之見❼，亦不外傳承自陽明「聖人
亦是學知，眾人亦是生知」之論❽；龍溪所持「良知不學不慮，本
來具足，眾人之心，與堯舜同」之主張❾，又何嘗異於陽明論「成
色分兩」時所言「若除去了比較分兩的心，各人儘著自己力量精

❹　羅洪先：《石蓮洞羅先生文集》，卷十二，〈甲寅夏遊記〉，頁36上。
❺　王畿：《王龍溪全集》，第一冊，卷四，〈與獅泉劉子問答〉，頁284。
❻　陳榮捷：《王陽明傳習錄詳註集評》，卷下，第222條，頁300。
❼　王畿：《王龍溪全集》，第一冊，卷三，〈水西精舍會語〉，頁235。
❽　陳榮捷：《王陽明傳習錄詳註集評》，卷下，第221條，頁299。
❾　王畿：《王龍溪全集》，第一冊，卷五，〈與陽和張子問答〉，頁400。

神，只在此心純天理上用功，即人人自有，箇箇圓成」之論調。❿
凡此，皆可見龍溪所持良知「見在具足」之說，以及「見在良知」
與「聖人良知」相同之見，實無悖於陽明良知之教。

　　況且，不僅無悖於陽明良知之教，實亦無悖於孟子之教。孟子
言良知之「不學不慮」，即已然肯定良知當下具備「圓滿性」；言
孩提之「知愛知敬」，即已然肯定良知當下具備「能動性」也。故
龍溪云：「先師良知之說，仿於孟子。不學不慮，乃天所為，自然
之良知也。惟其自然之良，不待學慮，故愛親敬兄，觸機而發，神
感神應。惟其觸機而發，神感神應，然後為不學不慮、自然之良
也。」⓫顯然，良知本體的「圓滿性」即涵蘊著其自身的「能動
性」，故曰：「惟其自然之良，不待學慮，故愛親敬兄，觸機而
發，神感神應」；而良知本體的「能動性」即反顯出自身的「圓滿
性」，故曰：「惟其觸機而發，神感神應，然後為不學不慮、自然
之良也」。良知本體原是「即存有即活動」者也，亦即是「即當下
即圓滿」者也，總之是「當下具足且隨時可以呈現」者也。此不獨
於聖人為然，即於孩提身上亦可得到明證。

　　若然，則龍溪主張良知「見在具足」，並認為「見在良知」與
「聖人良知」未嘗不同，此蓋千古聖賢一脈相承之睿見，又何可疑
哉？

　　其次，再就工夫論上來說，天下豈有言「見在良知」即必然導
致「脫略工夫」者耶？難道強調「吾人道德實踐的根據和動力當下

---

❿　　陳榮捷：《王陽明傳習錄詳註集評》，卷上，第 107 條，頁 129。
⓫　　王畿：《王龍溪全集》，第一冊，卷六，〈致知議辨〉，頁 425。

具足」即必然構成「道德實踐工夫之否定」乎？若然，則豈非必言吾人道德實踐的根據和動力當下不足而後方可言道德實踐之工夫耶？龍溪提出「見在良知」之說，強調「良知當下具足且隨時可以呈現」，只不過表明吾人道德實踐的根據和動力當下具足而已，並非認為吾人不須更作道德實踐之工夫即當下是圓滿之聖人。故龍溪云：「謂見在良知便是聖人體段，誠不可。然指一隙之光，以為決非照臨四表之光，亦所不可。」[12]又云：「見在良知與聖人未嘗不同，所不同者，能致與不能致耳。」[13]可見龍溪雖然一方面肯定「見在良知」，一方面亦強調「致知工夫的必要性」，吾人實在看不出龍溪這種肯定「見在良知」的說法與「脫略工夫」之間有任何必然的關係。相反地，正因為肯定良知「當下具足」，道德實踐才有當下必然的根據；正因為肯定良知「隨時可以呈現」，道德實踐才有當下可以著力之處，否則又從何展開道德實踐之工夫，又從何保證必然可以成聖耶？

　　龍溪復云：「今謂眾人之目，與離婁異，是自誣也；障翳之目，自謂與離婁同，是自欺也。夫致知之功，非有加于于性分之外。學者，復其不學之體而已；慮者，復其不慮之體而已。」[14]「見在良知」與「聖人良知」本來相同，若信不及，則可謂「自誣」；反之，那些冒「見成情識」為「聖人良知」者，則是「自欺」也。自誣者，是信不及良知；自欺者，則是輕玩良知也。前者

---

[12]　羅洪先：《石蓮洞羅先生文集》，卷十二，〈甲寅夏遊記〉，頁 36 上。

[13]　王畿：《王龍溪全集》，第一冊，卷四，〈與獅泉劉子問答〉，頁 284。

[14]　同上，第一冊，卷五，〈與陽和張子問答〉，頁 400。

強調良知本體之普遍具在，後者則點出作聖工夫之不可或缺。由此
可見，肯定「見在良知之普遍性」與強調「致知工夫的必要性」之
間，並不會構成衝突與矛盾。由於龍溪體悟到「致知之功，非有加
於于性分之外」，故其論「致知」工夫在於「學者，復其不學之體
而已；慮者，復其不慮之體而已」，這正是龍溪所謂「無修證中真
修證」❶「無工夫中真工夫」❶之工夫論的特色也。

　　根據本文第七章之分析，龍溪「見在良知」說下所開出來的工
夫論，不僅有「從心上立根」之「見體」的工夫，亦有「好惡無所
作」之「無執」的工夫，兩者構成其「先天之學」一體兩面之工
夫。又龍溪不僅強調「頓悟」，亦不廢「漸修」，所謂「理乘頓
悟，事屬漸修；悟以啟修，修以證悟」❶是也。凡此皆可見龍溪
「見在良知」說觀點下之工夫理論其實甚為嚴謹與完備，又何來
「脫略工夫」之疑呢？

第二節　「情識而肆」與「虛玄而蕩」

　　以上檢討聶雙江、羅念庵與劉獅泉對龍溪「見在良知」說之評
價，吾人似乎可以得到這樣的結論：即純從良知學內部的義理層面
來探討的話，龍溪「見在良知」說無論在本體論或工夫論上，皆有
其言之成理、自成體系之論據，足以解消聶雙江等人的質疑。然

---

❶　同上，第二冊，卷十，〈答吾悟齋〉，頁681。

❶　同上，第一冊，卷六，〈與存齋徐子問答〉，頁446-447。

❶　同上，第三冊，卷十七，〈漸庵說〉，頁1238。

而，這並非意謂著龍溪「見在良知」說落到現實層面上完全不會產生任何流弊。事實上，如果從中晚明社會以知覺為良知的情形日益嚴重來看，則對於「見在良知」說之種種批評，便越來越顯出其現實上的針對性。劉蕺山即如此批評道：

　　今天下爭言良知矣，及其弊也，猖狂者參之以情識，而一是皆良；超潔者蕩之以玄虛，而夷良於賊，亦用知者之過也。❽

所謂「猖狂者參之以情識，而一是皆良」，是指未能嚴辨良知與情識之不同，而一任情識之自然發用，更將此情識之自然發用當作是良知之天理流行，遂導致「情識而肆」之流弊。所謂「超潔者蕩之以玄虛，而夷良於賊」，是指未能明辨良知與佛性或虛靜心之不同，一味談玄說虛，誤把良知混同於佛性或虛靜心而不自知，遂導致「虛玄而蕩」之流弊。前者通常是就泰州學派王心齋以下所引生之流弊而言，後者則大抵是指浙中學派王龍溪以下所引生之流弊而言。❾蓋當時主「見在良知」說者，其實並非只有龍溪一人而已，如泰州學派王心齋、王東崖、羅近溪等人亦率多如是。❿

---

❽　見劉宗周著，戴璉璋、吳光主編：《劉宗周全集》，第二冊，語類卷八，〈證學雜解〉，頁325。
❾　參見牟宗三：《從陸象山到劉蕺山》，第三章，第二節，頁297-298。
❿　如《心齋語錄》載：「學者問：『放心難求』，先生呼之即應。先生曰：『爾心見在，更何求乎？』」（見黃宗羲：《明儒學案》，中冊，卷三十二，〈泰州學案一〉，頁719。）如王東崖亦云：「纔提起一個學字，卻似便要起幾層意思，不知原無一物，原自現成，順明覺自然之應而已。」（見同上，頁721。）又如羅近溪亦云：「聖人之為聖人，只是把自己不慮不學

　　然而，從現實上可能產生的流弊來批評「見在良知」說本身的理論，似乎又不具有義理上的必然性。因為任何再完美的實踐理論，落到現實層面，皆不能保證不會產生任何弊端，何況像「見在良知」說這種看似十分平常簡易，而其實非常圓融高妙的理境，更容易為虛偽矯詐者拿來騰說搬弄，用以自欺欺人。事實上，龍溪對於這個情形亦十分了解：

> 世間薰天塞地，無非欲海；學者舉心動念，無非欲根，而往往假託現成良知，騰播無動無靜之說，以成其放逸無忌憚之私，所謂行盡如馳，莫之能止。㉑

「世間薰天塞地，無非欲海；學者舉心動念，無非欲根」，此固是現實人間亙古以來無法完全泯除的現象，而世人因假託「見在良知」而掩飾其無所忌憚之私，此當屬於人病而非法病。蓋假託者畢竟是假，真依著龍溪「見在良知」說而作道德實踐工夫，不必然走向「情識而肆」或「虛玄而蕩」的結果，相反地，也有可能作成如顏子、明道一般的聖賢人物。故不可因為現實上產生流弊而直接推論「見在良知」說在理論上具有瑕疵。該當稱理而談地指出「見在良知」說義理上之謬誤，方是中肯的批判。且看顧涇陽（名憲成，字叔時，號涇陽，1550-1612）於《小心齋劄記》中對於「見在良知」說所

的見在，對同莫為莫致的源頭，久久便自然成個不思不勉而從容中道的聖人也。」（見同上，卷三十四，〈泰州學案三〉，頁765。）

㉑　王畿：《王龍溪全集》，第一冊，卷二，〈松原晤語〉，頁193-194。

提出之批評：

> 羅念庵先生曰：「世間那有見成良知？」良知不是見成的，
> 那個是見成的？且良知不是見成的，難道是做成的？此個道
> 理稍知學者，類能言之，念庵能不曉得而云爾？只因人自有
> 生以來，便日向情欲中走，見聲色逐聲色，見貨利逐貨利，
> 見功名逐功名，勞勞攘攘，了無休息。這良知卻擲在一邊，
> 全然不採，有時覿面相逢，亦默然不認，久久習熟那一切後
> 來添上的，日親日近，遂爾不招而集，不呼而應，反似見
> 成。那原初見成的日疏日遠，甚且嫌其能覺察我，能檢點
> 我，能阻礙我，專務蒙蔽，反成胡越。於此有人焉為之指使
> 本來面目，輒將見成情識，冒作見成良知。這等亂話，豈不
> 自欺欺人？於此又有人提出個致字，謂須著實去致，方得良
> 知到手。輒又言良知不慮而知，不學而能，本自見成，何用
> 非纖毫氣力？這等大話，豈不自誤誤人？其為天下禍甚矣。
> 念庵目擊心恫，不得已特開此口，以為如此庶幾。㉒

顧涇陽此處把世人冒「見成情識」為「見成良知」的心理發展狀態
刻畫得非常生動傳神，並且把這些義襲虛矯的流弊完全歸咎於「見
成良知」說。然而，如果吾人仔細考察顧涇陽這段話裡頭企圖將羅
念庵本人所主張的：「世間那有見成良知？」偷偷轉換成「良知不
是見成的，難道是做成的？此個道理稍知學者，類能言之，念庵能

㉒　顧憲成：《小心齋箚記》（臺北：廣文書局），卷十一，頁274-275。

不曉得而云爾？」，則其中所透露的訊息頗耐人尋味：首先，依顧涇陽的看法，「見成良知」的說法在理論上應該是可以被接受的，故曰：「良知不是見成的，難道是做成的？」；其次，既然「見成良知」的說法在理論上可以被接受，那麼羅念庵所主張的：「世間那有見成良知？」的說法便站不住腳；第三，既然羅念庵所主張的：「世間那有見成良知？」的說法已失去其義理層面上的合法性，顧涇陽遂強將其說轉成針對現實層面之流弊立言。從顧涇陽這段論述在語義表達上之承轉變化來看，適足以證明筆者以上所言之不誤，亦即那些批評「見在良知」說導致各種流弊的說法，其實只具有現實層面上的針對性，未必具有義理層面上的合法性。換言之，中晚明出現所謂「情識而肆」與「虛玄而蕩」之流弊主要是出於人病而非法病，不當因此完全歸咎於龍溪「見成良知」說本身之理境。

顧涇陽的弟子史玉池（名孟麟，字際明，號玉池，生卒不詳）曾云：「人心有見成的良知，天下無見成的聖人。」❷這是他對於「見成良知」說所提出的批評。劉蕺山亦有類似的看法，他一方面也肯定「良知本是見成」❷，另一方面又批評「自古無現成的聖人，即堯舜亦不廢兢業」❷。由此 來，晚明的學者似乎多能在義理層面上肯定吾人具有「見成良知 ，只是又不免從現實層面上批評人們把具有「見成良知」誤認為 下即是「見成聖人」。

---

❷ 黃宗羲：《明儒學案》，卷六十，〈東林學案三〉，頁 1475。

❷ 劉宗周著，戴璉璋、吳光主：《劉宗周全集》，第三冊下，文編卷十一，〈重刻王陽明先生傳習錄序〉，頁 728。

❷ 同上，第二冊，語類卷一，譜·證人要旨》，頁 10。

　　從否認吾人具有「見成良知」，到進一步接受吾人具有「見成良知」，似乎表示中晚明陽明學者對「見成良知」說義理了解之深化。然而，隨著現實上假託「見成良知」而逞其情欲之私的現象越來越多，中晚明陽明學者對「見成良知」的批評似乎也已逐漸從「義理層面」轉換到「現實層面」。此種批判焦點的轉移，就哲學論理的層面來看，似乎又顯得失之鬆泛。

第三節　「陽儒陰釋」與「流入佛老」

　　此外，劉蕺山亦嘗從「陽儒陰釋」的角度來批判龍溪的「見在良知」說。如此一來，對龍溪的「見在良知」說批判的焦點，似乎已從「良知學內部義理之辨」，轉向「導致現實流弊之譏」，再轉向到「混同良知於佛老之評」。劉蕺山云：

> 王門有心齋、龍溪，學皆尊悟，世稱二王。心齋言悟雖超曠，不離師門宗旨。至龍溪，直把良知作佛性看，懸空期個悟，終成玩弄光景，雖謂之操戈入室可也。㉖

劉蕺山批評龍溪「直把良知作佛性看」，又謂之「操戈入室」，則無異於認為龍溪是「陽儒陰釋」。表面上滿口說的是良知，骨子裡卻盡是佛性的思想，這是打著良知的口號反良知，則龍溪豈不成了陽明的罪人？

㉖　黃宗羲：《明儒學案》，上冊，卷首，〈師說〉，頁9。

　　然而根據龍溪的傳記所載：龍溪於二十六歲正式進入陽明門下拜師受學，居師門一年，即「大悟，盡契師旨」。故自言曰：「我是師門一唯參。」❷時四方之士來學於越者甚眾，龍溪與緒山先疏通其大旨，兩人並稱為陽明門下之「教授師」。❷依此，龍溪對陽明「致良知」教之體悟不可謂不深矣。又陽明死後，龍溪於陽明祠中與同志聚會講學，曾有如下之自白云：

> 先師祠中，舊有初八、廿三會期，頻年以來，不肖時常出赴東南之會，動經旬月，根本之地，反致荒疏，心殊惻然。〔……〕爰念先師良知之教，人孰不聞，能實致其知者有幾？〔……〕不肖精神向衰，創悔頗切，亦覺有深省處，一脈精微，僅存如線，其所傳述，得於面授，自信頗真。❷

觸景生情，其情不可謂不真，龍溪於陽明祠中，想念陽明平日之教，而謂：「爰念先師良知之教，人孰不聞，能實致其知者有幾？」則其於良知教自省之真切者何如？又云：「一脈精微，僅存如線，其所傳述，得於面授，自信頗真。」則其於良知教自信自任之深且重者又何如？如此悃悃真情，念念不忘闡明師教，又如何教人相信龍溪竟「操戈入室」耶？《明儒學案》中黃梨洲述龍溪生平時云：

---

❷　王畿：《王龍溪全集》，第一冊，卷首，〈王龍溪先生傳〉，頁 19。
❷　黃宗羲：《明儒學案》，上冊，卷十一，〈浙中王門學案一〉，頁 225。
❷　王畿：《王龍溪全集》，第一冊，卷二，〈約會同志疏〉，頁 218-219。

> 先生林下四十餘年，無日不講學，自兩都及吳、楚、閩、
> 越、江、浙，皆有講舍，莫不以先生為宗盟。年八十，猶周
> 流不倦，萬曆癸未六月七日卒，年八十六。❸

龍溪一生以闡揚陽明良知教為己任，足跡廣佈，不辭辛勞，「年八十，猶周流不倦」，真可謂死而後已。其所到之處「皆有講舍，莫不以先生為宗盟」，若龍溪真如蕺山所謂「直把良知作佛性看」，則龍溪豈不欺盡天下乎？而天下儒者又豈皆無眼目者也，竟允許其如此魚目混珠？龍溪於〈遺言付應斌應吉兒〉中曾云：

> 師門致良知三字，人孰不聞，惟我信得及。致良知功夫，徹
> 頭徹尾，更無假借，更無包藏掩護。本諸身，根於心也，徵
> 諸庶民，不待安排，真是千聖相傳秘藏，舍此皆曲學小說
> 矣。明道云：「吾學雖有所受，天理二字，是吾體貼出
> 來。」吾於良知亦然。❹

此龍溪交付其子之遺言也，句句扣緊良知而發，既云對於陽明「致良知」三字，「人孰不聞，惟我信得及」；又云「致良知功夫，徹頭徹尾，更無假借，更無包藏掩護」，乃「真是千聖相傳秘藏」；又仿明道所云「吾學雖有所受，天理二字，是吾體貼出來」，而謂

---

❸　黃宗羲：《明儒學案》，上冊，卷十一，〈浙中王門學案二〉，頁 238。
❹　王畿：《王龍溪全集》，第三冊，卷十五，〈遺言付應斌應吉兒〉，頁 1103-
　　1104。

「吾於良知亦然」。觀此,可見龍溪一生學思之所宗惟在良知教而已。曾子曰:「人之將死,其言也善。」龍溪於此臨終遺言,又將誰欺乎?

至於蕺山批評龍溪:「懸空期個悟,終成玩弄光景」,此恐亦未能得其實也。如龍溪於〈留都會紀〉中曾云:

> 吾人才學,悟須實悟,修須真修。凡見解上揣摩,知識上轇泊,皆是從門而入,非實悟也。凡氣魄上承當,格套上模擬,皆是泥象而求,非真修也。實悟者,識自本心,如啞子得夢,意中了了,無舉似處。真修者,體自本性,如病人求醫,念中切切,無等待處。悟而不修,玩弄精魂。修而不悟,增益虛妄。二者名號種種,究而言之,致良知三字盡之。良知是本體,於此能日著日察,即是悟。致知是工夫,於此能勿助勿忘,即是修。㉜

「懸空期個悟,終成玩弄光景」者,畢竟是捕風捉影,未肯實作致良知工夫者也。若龍溪言「悟」,其功不如此其疏也,故謂「悟須實悟,修須真修」。「凡見解上揣摩,知識上轇泊,皆是從門而入」,非「實悟」也;「凡氣魄上承當,格套上模擬,皆是泥象而求」,非「真修」也。再者,「悟而不修,玩弄精魂。修而不悟,增益虛妄」,究而言之,「致良知」三字盡之。故依龍溪之見,「良知是本體,於此能日著日察」,即是「悟」;「致知是工夫,

---

㉜　同上,第一冊,卷四,〈留都會紀〉,頁303-304。

於此能勿助勿忘」，即是「修」。龍溪如此言「悟」言「修」，蓋實實在在依著良知教而用工夫也，又何來「懸空期個悟，終成玩弄光景」之譏？豈一旦言「悟」，即流入禪去？即是「直把良知作佛性看」？即是「操戈入室」耶？

　　繼蕺山如此批評之後，黃梨洲亦批評龍溪以「見在良知」為主之思想有「流入佛老」之嫌，其言曰：

> 夫良知既為知覺之流行，不落方所，不可典要，一著工夫，則未免有礙虛無之體，是不得不近於禪；流行即是主宰，懸崖撒手，茫無把柄，以心息相依為權法，是不得不近於老。雖云真性流行，自見天則，而於儒者之矩矱，未免有出入矣。❸❸

梨洲此評主要有兩個重點：一者以為「良知既為知覺之流行，不落方所，不可典要，一著工夫，則未免有礙虛無之體」，是不得不「近於禪」；二者以為「流行即是主宰，懸崖撒手，茫無把柄，以心息相依為權法」，是不得不「近於老」。以下試分別從龍溪思想的觀點加以回應和澄清。

　　首先，就第一點而言，龍溪在〈答羅念庵〉第一書中曾云：「良知非知覺之謂，然舍知覺無良知；良知即是主宰，而主宰淵寂，原無一物。吾人見在感應，隨物流轉，固是失卻主宰。若曰吾惟於此處，收斂握固，便有柄可執，認以為致知之實，未免猶落內

---

❸❸　同上，上冊，卷十二，〈浙中王門學案二〉，頁 239-240。

外二見。」❸這表明了「良知」不即是「知覺」，亦不離「知覺」。蓋並非所有的知覺活動皆是良知本體之流行，然良知本體之流行亦不得不透過知覺活動來表現。當良知本體透過知覺活動來表現時，並非完全隨順物欲流轉即以為是天理流行，然亦非須要收斂握固方以為是落實致知工夫，蓋「良知即是主宰，而主宰淵寂，原無一物」。龍溪〈答中淮吳子問〉便云：「良知自有天則，隨時酌損，不可得而過也」❸，可見良知自有天則，當其透過知覺活動表現時，原是自自然然地，卻又能隨時酌損而不過。龍溪〈松原晤語壽念庵羅丈〉亦云：「良知本虛，天機常活，未嘗有動靜之分。如目本明，如耳本聰，非有假於外也。致知之功，惟在順其天機而已。」❸真信得良知及時，致知之功惟在順其天機而已，此所以工夫要「不落方所，不可典要」，這原是龍溪所謂「無工夫中真工夫」也。但「無工夫中真工夫」並非全然不作工夫也，只是強調工夫的不可執著性，故不當因此便批評曰：「一著工夫，則未免有礙虛無之體，是不得不近於禪」。是禪不是禪，並不能只從強調工夫的不可執著性來分判，須就其思想的根本宗趣加以辨明才能論斷。龍溪於〈三山麗澤錄〉中曾云：

> 佛雖不入斷滅，畢竟以寂滅為宗。只如盧行者在忍祖會下，一言見性，謂「自性本來清淨，具足自性，能生萬法」，何

---

❸ 羅洪先：《念庵文集》，卷三，〈與尹道輿〉，頁 35 上-35 下。

❸ 王畿：《王龍溪全集》，第一冊，卷三，〈答中淮吳子問〉，頁 254-255。

❸ 同上，第二冊，卷十四，〈松原晤語壽念庵羅丈〉，頁 989-990。

故不循中國禮樂衣冠之教，復從寶林祝法弘教度生？蓋既以
寂滅為宗，到底不肯背其宗乘。雖度盡未來際，眾生同歸寂
滅，亦只是了得他教門中事，分明是出世之學。故曰要之不
可以治天下國家。吾儒卻是與物同體，乃天地生生之機。先
師嘗曰：「自從悟得親民宗旨，始堪破佛氏終有自私自利意
在。」此卻從骨髓上理會出來，所差只在毫釐，非言語比
並、知識較量所得而窺其際也。

夫吾儒與禪不同，其本只在毫釐。昔人以吾儒之學主於經
世，佛氏之學主於出世，亦大略言之耳。佛氏普渡眾生，盡
未來際，未嘗不以經世為念，但其心設法一切，視為幻相，
看得世界全無交涉處。視吾儒親民一體、肫肫之心，終有不
同。此在密體而默識之，非器數言詮之所能辨也。**❸⑦**

依龍溪之見，吾儒與禪之不同，只在毫釐之間。昔人以吾儒之學主
於「經世」，佛氏之學主於「出世」，僅說得禪儒不同之大略；若
說得更精細一點，則「佛氏普渡眾生，盡未來際，未嘗不以經世為
念，但其心設法一切，視為幻相，看得世界全無交涉處。視吾儒親
民一體、肫肫之心，終有不同」。蓋佛家依其緣起性空之義，視世
間萬法為如幻如化，雖云普渡眾生，畢竟以「寂滅」為宗；而吾儒
則本於一體之仁，重視親民而愛物，其肫肫之心，乃天地「生生」

---

❸⑦　此條不見於通行本《王龍溪先生全集》當中，見於《龍溪會語》卷二〈三山
　　　麗澤錄〉。參見彭國翔：〈明刊《龍溪會語》及王龍溪文集佚文──王龍溪
　　　文集明刊本略考〉一文，收入氏著：《良知學的展開──王龍溪與中晚明的
　　　陽明學》，附錄二，頁651。

之機也。由此看來，禪儒的分別主要在於彼此思想之宗趣上，而不在於強調工夫之自然無執這個側面，故梨洲純從強調工夫的不可執著性來批評龍溪思想「近於禪」並不恰當也。

其次，就第二點而言，梨洲的批評主要是就龍溪強調本體之「流行不滯」（所謂「流行即是主宰」）與工夫之「無為無執」（所謂「懸崖撒手，茫無把柄」），還有提到「調息」之工夫（所謂「以心息相依為權法」），故謂其不得不「近於老」。關此，在〈東遊會語〉中耿楚侗曾對龍溪提出「老佛虛無之旨與吾儒之學同異如何」之問，龍溪有如下詳實精闢之論：

> 先師有言：「老氏說到虛，聖人豈能于虛上加得一毫實？佛氏說到無，聖人豈能于無上加得一毫有？老氏從養生上來，佛氏從出離生死上來，卻在本體上加了些子意思，便不是他虛無的本色。」吾人今日未用屑屑在二氏身分上辨別同異，先須理會吾儒本宗明白，二氏毫釐，始可得而辨耳。聖人微言，見於大《易》，學者多從陰陽造化上抹過，未之深究。夫乾，其靜也專，其動也直，是以大生焉。夫坤，其靜也翕，其動也闢，是以廣生焉。便是吾儒說虛的精髓。無思也，無為也，寂然不動，感而遂通天下之故，便是吾儒說無的精髓。
>
> 自今言之，乾屬心，坤屬身，心是神，身是氣。身心兩事，即火即藥。元神元氣，謂之藥物；神氣往來，謂之火候。神專一，則自能直遂，性宗也；氣翕聚，則自能發散，命宗也。真息者，動靜之機，性命合一之宗也。一切藥物老嫩浮

沈，火候文武進退，皆於真息中求之。大生云者，神之馭氣
也；廣生云者，氣之攝神也。天地四時日月，有所不能違
焉，不求養生而所養在其中，是之謂至德。盡萬卷丹書，有
能出此者乎？

無思無為，非是不思不為。念慮酬酢，變化云為，如鑒之照
物，我無容心焉，是故終日思而未嘗有所思也，終日為而未
嘗有所為也。無思無為，故其心常寂，常寂故常感。無動無
靜、無前無後而常自然。不求脫離而自無生死可出，是之謂
大《易》。盡三藏釋典，有能外此者乎？

先師提出良知兩字，範圍三教之宗，即性即命，即寂即感，
至虛而實，千聖至此，騁不得一些精彩，活佛活老子至此，
弄不得一些伎倆。同此即是同德，異此即是異端。如開拳見
掌，是一是二，曉然自無所遁也。不務究明本宗，而徒言詮
意見之測，泥執名象，纏繞葛藤，只益紛紛射覆耳。㊳

龍溪於此先引述陽明論三教異同之說，其意固十分簡切而明白矣！
老氏說「虛」，聖人豈能于虛上加得一毫實？佛氏說「無」，聖人
又豈能于無上加得一毫有？只不過老氏說虛是從「養生」上來，佛
氏說無是從「出離生死」上來，卻在本體上加了些子意思，便不是
他虛無的本色。龍溪復從大《易》言乾坤之專、直、翕、辟之旨，
點出其為吾儒說「虛」的精髓；從大《易》言無思無為、寂然感通
之道，點出其為吾儒說「無」的精髓。可見「虛」「無」之說，並

㊳　王畿：《王龍溪全集》，第一冊，卷三，〈東遊會語〉，頁292-294。

非佛老之專利，吾儒本已有之，故不當一言虛無，即全然歸於佛老
也。龍溪最後歸本於陽明所言之「良知」，認為良知乃「即性即
命，即寂即感，至虛而實，千聖至此，騁不得一些精彩，活佛活老
子至此，弄不得一些伎倆」，故良知兩字可以「範圍三教之宗」
也。由此可知，單從談「虛」論「無」並不足以作為判別吾儒與佛
老思想同異之標準，惟有究明三教思想之根本宗趣，方能有切中肯
綮之論斷也。此外龍溪於〈三教堂記〉中亦曾有言：

> 人受天地之中以生，均有恒性，初未嘗以某為儒、某為老、
> 某為佛而分授也。良知者，性之靈，以天地萬物為一體，範
> 圍三教之樞。不徇典要，不涉思為。虛實相生而非無也；寂
> 感相乘而非滅也。與百姓同其好惡，不離倫物感應，而聖功
> 徵焉。學佛老者，苟能以復性為宗，不淪於幻妄，是即道釋
> 之儒也；為吾儒者，自私用智，不能普物而明宗，則亦儒之
> 異端而已。毫釐之辨，其機甚微。吾儒之學明，二氏始有所
> 證。須得其髓，非言思可得而測也。❸

龍溪於此指出：「良知者，性之靈，以天地萬物為一體，範圍三教
之樞。不徇典要，不涉思為。」正點出良知作為吾人之「恒性」，
實可以作為「範圍三教之樞」也。而良知之特性乃「虛實相生而非
無也；寂感相乘而非滅也。」故言虛，未嘗不實，「虛實相生」，
是「非無」也；言寂，未嘗不感，「寂感相乘」，是「非滅」也，

---

❸　同上，第三冊，卷十七，〈三教堂記〉，頁 1205-1206。

故能「與百姓同其好惡，不離倫物感應」，而「聖功」徵焉。可見，不是一言「虛」「寂」，即便流入「佛」「老」，要從其歸宗處論之方屬切題也。故龍溪曰：「學佛老者，苟能以復性為宗，不淪於幻妄，是即道釋之儒也。」從龍溪此處強調「復性」的說法來看，其思想之宗趣其實是定位在儒家。再者，關於龍溪曾提出「調息」工夫之說，實不同於老氏之論，不當泥於名象，遂妄加射覆。龍溪於〈天柱山房會語〉中曾回答裘子充詢問「衛生之經」時云：

> 人之有息，剛柔相摩、乾坤合辟之象也。子欲靜坐，且從調息入手。調息與數息不同，數息有意，調息無意。綿綿密密，若存若亡。息之出入，心亦隨之。息調則神自返，神返則息自定。心息相依，水火自交，謂之息息歸根，入道之初機也。然非致知之外另有此一段工夫，只於靜中指出機竅，令可行持。此機非臟腑身心見成所有之物，亦非外此別有他求。棲心無寄，自然玄會；恍惚之中，可以默識。要之無中生有一言盡之。愚昧得之，可以立躋聖地，非止衛生之經，聖道亦不外此。❹

龍溪本是應裘子充之問而答，故云：「子欲靜坐，且從調息入手」。而「調息」與「數息」之不同，在於「數息有意，調息無意」。龍溪並指出「調息」之作用為：「息調則神自返，神返則息自定。心息相依，水火自交，謂之息息歸根，入道之初機也。」此

---

❹　同上，第一冊，卷五，〈天柱山房會語〉，頁 375-376。

看似道家養生之工夫，然龍溪卻指出：「非致知之外另有此一段工夫，只於靜中指出機竅，令可行持。」可見龍溪是將道家的修煉工夫收攝到致良知工夫當中，並賦予它新的意涵，並非全然等同於道家修煉之宗趣也。龍溪在〈與李原野〉一書中，曾經對「息」字有一番解釋：

> 湖中請教息之一字，非止對治之方，乃是養生要訣，亦便是學問真正路頭。至人有息而無睡，睡是後天濁氣，息是先天清氣。莊生所謂六月息，孔子所謂向晦入燕息。息者，隨時休息之謂。終日間，眼視色，耳聽聲，鼻聞臭，口吐聲音，手足動觸，魂魄精神隨意流轉，隨在泄漏，是謂生機。循晦至夜，機事已忘，萬緣漸消，目無所見，耳無所聞，鼻無所臭，口止不言，四肢靜貼，魂魄藏伏，精神翕凝，一意守中，如潛如蟄，如枝葉剝落而歸其根，是謂殺機。生機為順，殺機為逆。逆順相因，如迴圈然，在知道者默而識之。若果信息之一字，可使終夜不打一鼾，不作一夢。一念炯然，自由自在，先天補益之功，自有出於昏睡之外者矣。若果信得及，可使終日酬應萬變，而此念寂然，不為緣轉，是謂通乎晝夜之道而知。聖功生焉，神明出焉。蓋養德養生，原非兩事，但其求端用力，作用不同。

龍溪認為「息」之一字，非止對治之方，乃是養生要訣，亦便是學問真正路頭。至人有息而無睡，「睡」是「後天濁氣」，「息」是「先天清氣」。至於孔子所謂「向晦入燕息」，「息」者，「隨時

休息」之謂。此「息」之意便不全然只從「氣」上說，更從「德」
上說。故曰：「若果信息之一字，可使終夜不打一鼾，不作一夢。
一念炯然，自由自在，先天補益之功，自有出於昏睡之外者矣。若
果信得及，可使終日酬應萬變，而此念寂然，不為緣轉，是謂通乎
晝夜之道而知。聖功生焉，神明出焉。」此中所謂「一念炯然，自
由自在，先天補益之功」，以及「終日酬應萬變，而此念寂然，不
為緣轉，是謂通乎晝夜之道而知」，此非就「德」而言為何？故總
結云：「養德養生，原非兩事，但其求端用力，作用不同。」由此
可見龍溪言「息」，其內涵實已超越道家養生所談之「氣」，而上
提到儒家所論之「德」的境界矣。龍溪於〈留都會記〉中亦曾言及
於此：

> 千古聖學，存乎真息。良知便是真息靈機。知得致良知，則
> 真息自調，性命自復，原非兩事。若只以調息為事，未免著
> 在氣上理會，與聖學戒慎不睹、恐懼不聞、致中和工夫，終
> 隔一層。邵子弄丸，亦只是邵子從入路頭。若信得良知過
> 時，方是未發先天宗旨，方是一了百當，默而存之可也。❹

從龍溪此處所言看來，龍溪所言「調息」之工夫，並非如道家專在
「氣」上理會，而是從修「德」下手，故曰：「良知便是真息靈
機。知得致良知，則真息自調，性命自復，原非兩事。」此即是將
養生之工夫納入養德之工夫當中，而以養德之道攝養生之道也。故

---

❹　同上，第一冊，卷四，〈留都會記〉，頁 326。

龍溪所使用之名象或與道家有相同之處，然其立言旨趣則不同矣。梨洲泥於外在名象之相似，而未能詳究其背後立言旨趣之不同，故其批評龍溪思想「不得不近於老」，實非相應而中肯之論也。

如果說從良知學內部之「義理層面」來批判龍溪的「見在良知」說缺乏效力的話；那麼，直接從產生各種流弊之「現實層面」來批判龍溪的「見在良知」說亦顯得在論理上失焦而不對題；同樣地，從「混同佛老」的角度來批判龍溪的「見在良知」說亦顯然不十分相應。然而，龍溪的「見在良知」說難道完全沒有可以批評之處嗎？此又不盡然也。筆者以為若從「為世人立教」的角度切入，則龍溪之到處宣揚「見在良知」說確實有可以批評之處。借用陽明在天泉證道上告誡龍溪的話來說便是：「汝中此意，正好保任，不宜輕以示人，概而言之，反成漏泄。」❷陽明此言正是著眼在「立教」的問題上。然而，這並非意謂著龍溪所悟得的理境本身有什麼錯誤，只是從教化的立場上實不得不考慮眾人根器的問題，故陽明云：「汝中所見，我久欲發，恐人信不及，徒增躐等之病，故含蓄到今，此是傳心秘藏，顏子明道所不敢言者。」❸陽明一方面既從悟境上肯定龍溪所見是「傳心秘藏」，另一方面又從立教上提醒龍溪注意「徒增躐等之病」。由此可見陽明立教吞吐之苦心。凡真正徹悟者必能通觀「究竟」與「方便」兩面而應機說法，雖悟得「究竟」亦不捨「方便」；雖以「方便」立教亦不離「究竟」也。❹由

---

❷　同上，第一冊，卷一，〈天泉證道記〉，頁 92。

❸　同上。

❹　龍溪嘗云：「聖賢立教，皆為未悟者說，因其未悟，所以有學。」（見同上，第二冊，卷九，〈答章介庵〉，頁 597。）又云：「古人立教，皆為未

於龍溪「資性明朗」，一向偏好取徑高明，故將原本適合用來接引上根人的教法「概而言之」，反而益增「躐等之病」，這是犯了「立教不當」之缺失。依此而言，龍溪亦當為現實上產生的流弊負責也。

悟者設，不得已而有言。」（見同上，第二冊，卷十一，〈與王敬所〉第二書，頁 744。）依此而論，一切言說教法，原是為未悟者設，亦皆只是方便之權施也。又云：「若夫法外之巧，則存乎心悟」。（見同上，第二冊，卷八，〈大學首章解義〉，頁 517。）可見若要契入究竟，則必須超乎言說思辨，悟得法外之巧，此又非一般教法本身所能提供也，要在受教者能默識心通而已。由此看來，龍溪亦未嘗不明立教之理，只是一味取徑高明，反被此高明所蔽，蓋亦受自身資質所限也。

第九章　結　論

　　通過以上各章所論，吾人對於以「見在良知」說為中心所建構而成之王龍溪哲學系統當有更為透徹的了解，同時對於以「見在良知」說為核心要義的王龍溪哲學之歷史評價亦當有更為清晰的掌握，此即是本文研究之最主要的目的。誠如筆者於前言中所言，本文在寫作的目標上比較偏重在一個哲學系統之建構與反省，而比較不重在思想史方面的檢討。筆者之所以如此設定研究的目標，理由有三：一者為了避免重覆前人研究之成果❶，二者為了使本研究之範圍與目標更加集中而明確，三者基於筆者目前關切之重點與學思之限制，故於思想史方面之種種問題便未予詳加深究，即便有所觸及亦總以彰顯龍溪之哲學理論為目的。這一方面固可說是本文研究之限制與不足，惟從另一方面來說這原是筆者一開始擬定題目時即已充分自覺而確立者，亦未嘗不可說是本文研究之特色。茲將本文研究所得最主要的論點羅列如下，以作為本文之結束。

　　一、王龍溪哲學是儒家整個心學傳統邁向更圓融高妙之理境的

---

❶　有關龍溪思想在中晚明思想史上之影響與發展，彭國翔先生之研究詳實可觀，頗值得參考。請參見氏著：《良知學的展開──王龍溪與中晚明的陽明學》。

開展：從先秦儒家到宋明儒者，「心即理」這個概念或隱或顯地成為儒家思想傳承上的一個統緒，它標誌著儒家的道德實踐是「由仁義行」的自律道德，而不是「行仁義」的他律道德，此一思想傳承的統緒可名之曰「心學傳統」。王龍溪哲學思想所遠紹者即此儒家之「心學傳統」，漢唐傳經諸儒乃至伊川、朱子不列入其中。

在此「心學傳統」之下，「心即理」一義固是貫串歷代正統儒者不同思想型態之間的共同原則，惟此一共同原則發展至王陽明又展現為「致良知」教的特殊型態，直接而深遠地影響龍溪的思想，故吾人可謂龍溪哲學之義理傳承即在於陽明之「致良知」教。特別是陽明晚年所揭櫫的「四句教」，對龍溪後來另提「四無」新說頗有啟迪之功。

雖然，龍溪的「四無」說是從陽明「四句教」首句推演而成，原屬陽明「四句教」中本有之義，不過由於「四句教」文字表達方式的限制，遂使得「即本體即工夫」一義成為陽明含蓄未發的「傳心秘藏」，待龍溪以「四無」四句加以說破，陽明遂有「天機發泄」之慨。及至嚴灘問答，陽明復舉「有心無心」四句為問，龍溪以其明朗聰慧之資道出其中妙蘊，故引發陽明莞爾一笑，進而認可為「究極之說」。誠如周海門所言：「『四無』之說，一一皆文成之秘密。」洵非誇奢之語也。由此看來，龍溪對於陽明晚年之微言固有闡揚發明之功，其「四無」說亦可視為承繼陽明「四句教」而來之一調適上遂的開展也。

二、王龍溪哲學是以「見在良知」為核心概念所建構而成的義理系統：雖然，「四無」說頗能代表龍溪承繼陽明思想而來之創發與開展，不過若從《王龍溪全集》中作一文獻上的考察，則除了述

及天泉證道一事外，幾乎找不到直接表示「四無」的語句，反而更多的是圍繞在「良知」這個概念而論及本體與工夫方面的陳述。因此，如果跳開天泉證道上「四無」說這一種絕無僅有的表達方式，直探「四無」說背後的根本洞見而抉發其義理基礎，那麼，「見在良知」無疑是更為切要的表達。而且從義理上來分析，「見在良知」這個概念較諸「四無」說實更能凸顯「本體」與「工夫」的意涵，同時也把「四無」說所隱含之「即本體即工夫」的洞見表達得更為親切明白，甚至於吾人可說「四無」之理境亦必先悟得「見在良知」方有下手處也，故筆者認為「四無」說的義理基礎在「見在良知」。

　　再者，若由陽明辭世以後龍溪與同門諸子之間爭辯致良知教宗旨的言論來看，龍溪所據以評論各家說法的判準，實不外強調良知即寂即感、即未發即已發、即主宰即流行，通貫本末、內外、始終，不待修證卻能感觸神應，直心以動卻能自然銷欲，此即指向「見在良知」這個概念。由此看來，「見在良知」實居於龍溪哲學系統中核心概念之地位，足以支撐和架構龍溪學說思想中有關本體論和工夫論的每一個面向，成為龍溪整個哲學系統的拱心石。

　　然而，所謂「見在良知」之根本意涵究竟為何呢？這主要可從以下兩義來加以理解：第一義，依良知之「見」而必「在」而言，可見良知本體為「即當下即圓滿」者也；第二義，依良知之「在」而能「見」而言，可見良知本體為「即存有即活動」者也。合此二義，則龍溪「見在良知」說之根本意涵當可明矣。

　　依此，則龍溪「見在良知」說觀點下之本體觀，若析分成兩義來說則曰：良知本體為「即當下即圓滿」者也，以及良知本體為

「即存有即活動」者也。若總合起來說則曰：良知本體為「即性即情」、「即寂即感」、「即中即和」、「即未發即已發」、「即先天即後天」、「即主宰即流行」、「無前後內外」而渾然一體者也。識得義理通透時，即簡括成：「良知本體為當下具足且隨時可以呈現者也」一句，亦已足矣。這便是龍溪哲學「見在良知」說觀點下對良知本體的特殊洞見也。

本體觀既如上述，工夫論又是如何呢？在王龍溪的「見在良知」說下，既信得及良知當下圓滿具足，據此當可以開出「從心上立根」之工夫；同時既信得及良知當下自然能動，據此當可以開出「好惡無所作」之工夫。「從心上立根」之工夫與「好惡無所作」之工夫，原都是以「正心」為核心概念所展開的一體兩面之工夫，這一體兩面之工夫便構成了王龍溪所謂的「先天之學」。而「先天之學」最大的特色便是強調「即本體即工夫」。這種工夫其實是建立在「悟」本體之基礎上的，所謂「君子之學，貴於得悟，悟門不開，無以徵學」。然而，「理乘頓悟，事屬漸修；悟以啟修，修以證悟」，王龍溪固然重視「悟」，然亦未嘗不言「修」也。真悟真修，方能真正契入王龍溪「見在良知」說所欲揭櫫的實踐理境，從而真正掌握王龍溪哲學之工夫論。

龍溪嘗曰：「天下未有無用之體、無體之用，故曰體用一原。」可見，既不可離體以言用，亦不可離用以言體也。龍溪又云：「聖人、學者，本無二學；本體、工夫，亦非二事。……舍工夫而談本體，謂之虛見，虛則罔矣；外本體而論工夫，謂之二法，二則支矣。」可見本體與工夫原是不可截然分割者也。依龍溪「見在良知」說的觀點，所謂的「體」與「用」，「本體」與「工

夫」，似乎皆一齊凝合於「當下」之中。龍溪復云：「若果信得良知及時，只此知是本體，只此知便是工夫。良知之外，更無致法；致知之外，更無養法。」準此，以「見在良知」為核心概念所建構而成之龍溪哲學，實不僅是在良知之存有論上展示為「即體即用」之義而已，亦必涵蘊著在工夫論上展示為「即本體即工夫」之義也。

三、王龍溪哲學未嘗流入佛老其思想宗趣在「以良知範圍三教之宗」：由於龍溪「見在良知」說主張「即本體即工夫」，故招來同門諸子如聶雙江、羅念庵等批評為「以見在為具足，以不犯作手為妙悟」，而有「脫略工夫」之譏；而隨著「見在良知」說在中晚明社會造成流弊的情形日益嚴重，遂又有劉蕺山提出所謂「虛玄而蕩」或「情識而肆」之評；甚至到最後如黃梨洲則從根本上質疑龍溪的思想有「流入佛老」之嫌。此中最主要的關鍵即在於先儒對於「虛」、「無」等概念有無謂的夾纏和顧忌。

其實，單從談「虛」論「無」並不足以批判龍溪思想一定會導致「脫略工夫」或「虛玄而蕩」等弊病，亦不足以作為判別吾儒與佛老思想同異之標準。誠如龍溪承陽明之說所指出：老氏說「虛」，聖人豈能於虛上加得一毫實？佛氏說「無」，聖人又豈能於無上加得一毫有？只不過老氏說虛是從「養生」上來，佛氏說無是從「出離生死」上來，卻在本體上加了些子意思，便不是他虛無的本色。而龍溪復從大《易》言乾坤之專、直、翕、辟之旨，點出其為吾儒說「虛」的精髓；從大《易》言無思無為、寂然感通之道，點出其為吾儒說「無」的精髓。可見「虛」「無」之說，並非佛老之專利，吾儒本已有之，故不當一言虛無，即全然歸於佛老也。龍溪最

後歸本於陽明所言之「良知」，認為良知乃「即性即命，即寂即感，至虛而實，千聖至此，騁不得一些精彩，活佛活老子至此，弄不得一些伎倆」，故良知兩字可以「範圍三教之宗」也。

　　值得一提的是，如果說先儒從良知學內部之「義理層面」來批判龍溪的「見在良知」說似乎缺乏理論效力的話；那麼，直接從產生各種流弊之「現實層面」來批判龍溪的「見在良知」說亦顯得在論理上失焦而不對題；同樣地，從「流入佛老」的角度來批判龍溪的「見在良知」說亦顯然不十分相應。然而，龍溪的「見在良知」說難道完全沒有可以批評之處嗎？此又不盡然也。筆者以為若從「為世人立教」的角度切入，則龍溪之到處宣揚「見在良知」說確實有可以批評之處。借用陽明在天泉證道上告誡龍溪的話來說便是：「汝中此意，正好保任，不宜輕以示人，概而言之，反成漏泄。」陽明此言正是著眼在「立教」的問題上。然而，這並非意謂著龍溪所悟得的理境本身有什麼錯誤，只是從教化的立場上實不得不考慮眾人根器的問題，故陽明云：「汝中所見，我久欲發，恐人信不及，徒增躐等之病，故含蓄到今，此是傳心秘藏，顏子明道所不敢言者。」陽明一方面既從悟境上肯定龍溪所見是「傳心秘藏」，另一方面又從立教上提醒龍溪注意「徒增躐等之病」。由此可見陽明立教吞吐之苦心。凡真正徹悟者必能通觀「究竟」與「方便」兩面而應機說法，雖悟得「究竟」亦不捨「方便」；雖以「方便」立教亦不離「究竟」也。由於龍溪「資性明朗」，一向偏好取徑高明，故將原本適合用來接引上根人的教法「概而言之」，反而益增「躐等之病」，這是犯了「立教不當」之缺失，依此而言，龍溪亦當為現實上產生的流弊負責也。

參考書目

一、古代文獻:

毛亨傳,鄭玄箋,孔穎達等正義:《毛詩正義》,收入《十三經注疏》(明
　　嘉慶二十年重刊宋本,阮元校勘),第 2 冊,臺北:藝文印書館,
　　1989 年。

王　弼,韓康伯注,孔穎達等正義:《周易正義》,收入《十三經注疏》
　　(明嘉慶二十年重刊宋本,阮元校勘),第 1 冊,臺北:藝文印書
　　館,1989 年。

王守仁:《王陽明全書》,臺北:正中書局,1976 年。

王守仁撰,吳光、錢明、董平、姚延福編校:《王陽明全集》,上海:上海
　　古籍出版社,1992 年。

王　艮:《王心齋全集》,臺北:廣文書局,1987 年。

王　畿:《龍谿王先生全集》(明萬曆乙卯〔43 年,1615〕嘉善丁賓編,山
　　陰張汝霖校刊本),臺北:國家圖書館善本微卷 12105。

王　畿:《王龍溪全集》(清道光壬午〔2 年,1820〕會稽莫晉刻本影印),
　　臺北:華文書局,1970 年。

王　畿:《王龍溪語錄》,臺北:廣文書局,1986 年。

王畿著,吳震編校整理:《王畿集》,南京:鳳凰出版社,2007 年。

王懋竑：《朱子年譜》，臺北：世界書局，1984 年。

朱　熹：《周易本義》，臺北：大安出版社，1999 年。

朱　熹：《四書章句集註》，臺北：鵝湖出版社，1984 年。

朱　熹：《朱文公文集》（四部叢刊本），臺北：臺灣商務印書館。

朱熹著，黎靖德編：《朱子語類》，臺北：文津出版社，1986 年。

朱熹著，黃坤校點：《四書或問》，上海：上海古籍出版社，2001 年。

朱熹著，朱傑人、嚴佐之、劉永翔主編：《朱子全書》上海：上海古籍出版
　　　社；合肥：安徽教育出版社，2002 年。

李　贄：《焚書》，臺北：河洛出版社，1974 年。

周敦頤：《周子通書》，臺北：中華書局，1978 年。

周汝登：《聖學宗傳》，山東：孔子文化大全編輯部編輯，山東友誼書社出
　　　版，1989 年。

胡　宏：《胡宏集》，北京：中華書局，1987 年。

唐順之：《唐荊川集》（四部叢刊本），臺北：臺灣商務印書館，1983 年。

班　固：《漢書》，北京：中華書局，1997 年。

徐愛、錢德洪、董澐著，錢明編校整理：《徐愛、錢德洪、董澐集》，南
　　　京：鳳凰出版社，2007 年。

陸九淵：《象山全集》，臺北：中華書局，1987 年。

陳奇猷校注：《韓非子集釋》，臺北：華正書局，1982 年。

陳獻章：《陳獻章集》，北京：中華書局，1987 年。

郭慶藩輯：《莊子集釋》，臺北：華正書局，1985 年。

張　載：《張載集》，臺北：漢京文化事業公司，1983 年。

張廷玉：《明史列傳》，臺北：明文書局，1991 年。

程顥、程頤：《二程集》，臺北：漢京文化事業公司，1983 年。

黃宗羲：《宋元學案》，臺北：華世出版社，1987 年。

黃宗羲：《明儒學案》，臺北：華世出版社，1987 年。

鄒守益著，董平編校整理：《鄒守益集》，南京：鳳凰出版社，2007 年。

劉宗周著，戴璉璋、吳光主編：《劉宗周全集》，臺北：中央研究院中國文
　　　哲研究所籌備處，1996 年。

歐陽德：《歐陽南野先生文集》（明嘉靖三十七年〔1558〕梁汝魁陝西刊
　　　本），臺北：國家圖書館善本微卷 11987。

歐陽德著，陳永革編校整理：《歐陽德集》，南京：鳳凰出版社，2007 年。

聶　豹：《雙江聶先生文集》（明嘉靖甲子〔43 年，1564〕永豐知縣吳鳳瑞
　　　刊隆慶六年增補序文本），臺北：國家圖書館善本微卷 11899。

聶豹著，吳可為編校整理：《聶豹集》，南京：鳳凰出版社，2007 年。

羅洪先：《念庵羅先生文集》（明隆慶元年〔1567〕刊本），臺北：臺灣大
　　　學總圖書館。

羅洪先：《石蓮洞羅先生文集》（明萬曆丙辰〔44 年，1616〕年陳于廷文江
　　　刊本），臺北：國家圖書館善本微卷 12048。

羅洪先：《念庵文集》，收入《文淵閣四庫全書》，集部第三八七冊，臺
　　　北：臺灣商務印書館，1986 年。

羅洪先著，徐儒宗編校整理：《羅洪先集》，南京：鳳凰出版社，2007 年。

羅汝芳：《盱壇直詮》，臺北：廣文書局，1977 年。

羅汝芳：《旴江羅近溪先生全集》（明萬曆戊午〔46 年，1618〕劉一焜浙江
　　　刊本），臺北：國家圖書館善本微卷 12362。

羅汝芳著，方祖猷、梁一群、李慶龍等編校整理：《羅汝芳集》，南京：鳳
　　　凰出版社，2007 年。

顧憲成：《顧端文公集》（明崇禎無錫顧氏家刊本），臺北：國家圖書館善
　　　本微卷 12739。

顧憲成：《小心齋劄記》，臺北：廣文書局，1975 年。

二、現代著作：

丁福保編纂：《佛學大辭典》，臺北：新文豐出版公司影印，1985 年。

方東美：《新儒家哲學十八講》，臺北：黎明文化事業公司，1985 年。

方祖猷：《王畿評傳》，南京：南京大學出版社，2000 年。

王邦雄、曾昭旭、楊祖漢著：《論語義理疏解》，臺北：鵝湖出版社，1994
　　　年。

王邦雄、曾昭旭、楊祖漢著：《孟子義理疏解》，臺北：鵝湖出版社，1998
　　　年。

印　順：《中國禪宗史》，臺北：正聞出版社，1998 年。

古清美：《明代理學論文集》，臺北：大安出版社，1990 年。

朱維煥：《周易經傳象義闡釋》，臺北：臺灣學生書局，1993 年。

朱鴻林：《明儒學案點校釋誤》，臺北：中央研究院歷史語言研究所，1991
　　　年。

牟宗三：《王陽明致良知教》，臺北：中央文物供應社，1980 年。

牟宗三：《中國哲學十九講》，臺北：臺灣學生書局，1983 年。

牟宗三：《中國哲學的特質》，臺北：臺灣學生書局，1984 年。

牟宗三：《現象與物自身》，臺北：臺灣學生書局，1984 年。

牟宗三：《從陸象山到劉蕺山》，臺北：臺灣學生書局，1984 年。

牟宗三：《才性與玄理》，臺北：臺灣學生書局，1984 年。

牟宗三：《心體與性體》，臺北：正中書局，1985 年。

牟宗三：《圓善論》，臺北：臺灣學生書局，1985 年。

牟宗三：《智的直覺與中國哲學》，臺北：臺灣商務印書館，1987 年。

牟宗三：《佛性與般若》，臺北：臺灣學生書局，1989 年。

余英時：《中國思想傳統的現代詮釋》，臺北：聯經出版事業公司，1987
年。

余英時：《宋明理學與政治文化》，臺北：允晨文化實業公司，2004 年。

杜維明：《人性與自我修養》，臺北：聯經出版事業公司，1992 年。

杜維明：《儒家思想——以創造轉化為自我認同》，臺北：東大圖書公司，
1992 年。

岑溢成：《大學義理疏解》，臺北：鵝湖出版社，1986 年。

何淑靜：《孟荀道德實踐理論之研究》，臺北：文津出版社，1988 年。

呂妙芬：《胡居仁與陳獻章》，臺北：文津出版社，1996 年。

呂妙芬：《陽明學士人社群——歷史、思想與實踐》，臺北：中央研究院近
代史研究所，2003 年。

呂　澂：《中國佛學源流略講》，臺北：里仁書局，1985 年。

李明輝：《儒家與康德》，臺北：聯經出版事業公司，1990 年。

李明輝：《康德倫理學與孟子道德思考之重建》，臺北：中央研究院中國文哲研究所，1994 年。

李明輝：《孟子思想的哲學探討》，臺北：中央研究院中國文哲研究所，1995 年。

李明輝：《儒家思想的現代詮釋》，臺北：中央研究院中國文哲研究所籌備處，1997 年。

李明輝：《孟子重探》，臺北：聯經出版事業公司，2001 年。

李明輝：《當代儒學之自我轉化》，臺北：中央研究院中國文哲研究所，1994 年。

李明輝編：《儒家經典詮釋方法》，臺北：臺大出版中心，2004 年。

李明輝：《四端與七情──關於道德情感的比較哲學探討》，臺北：臺大出版中心，2005 年。

李紀祥：《兩宋以來大學改本之研究》，臺北：臺灣學生書局，1988 年。

吳光主編：《陽明學研究》，上海：上海古籍出版社，2000 年。

吳　震：《聶豹、羅洪先評傳》，南京：南京大學出版社，2001 年。

吳　震：《陽明後學研究》，上海：上海人民出版社，2003 年。

吳　震：《羅汝芳評傳》，南京：南京大學出版社，2005 年。

林月惠：《良知學的轉折──聶雙江與羅念庵思想之研究》，臺北：臺大出版中心，2005 年。

林月惠：《詮釋與工夫──宋明理學的超越蘄向與內在辯證》，臺北：中央研究院中國文哲研究所，2008 年。

林安梧：《存有、意識與實踐》，臺北：東大圖書公司，1993 年。

岡田武彥著，吳光、錢明、屠承先譯：《王陽明與明末儒學》，上海：上海古籍出版社，2000年。

侯外盧、邱漢生、張豈之主編：《宋明理學史》，北京：人民出版社，1987年。

姜允明：《心學的現代詮釋》，臺北：東大圖書公司，1986年。

范良光：《易傳道德的形上學》，臺北：臺灣商務印書館，1990年。

徐復觀：《中國經學史的基礎》，臺北：臺灣學生書局，1996年。

徐復觀：《中國人性論史・先秦篇》，臺北：臺灣商務印書館，1987年。

唐君毅：《中國哲學原論・原教篇》，臺北：臺灣學生書局，1984年。

唐君毅：《中國哲學原論・導論篇》，臺北：臺灣學生書局，1986年。

唐君毅：《中國哲學原論・原道篇》，臺北：臺灣學生書局，1986年。

唐君毅：《中國哲學原論・原性篇》，臺北：臺灣學生書局，1989年。

唐君毅：《哲學論集》，臺北：臺灣學生書局，1990年。

秦家懿：《王陽明》，臺北：東大圖書公司，1987年。

荒木見悟著，廖肇亨譯：《明末清初的思想與佛教》，臺北：聯經出版事業公司，2006年。

荒木見悟著，廖肇亨譯注：《儒教與佛教》，臺北：聯經出版事業公司，2008年。

袁保新：《孟子三辨之學的歷史省察與現代詮釋》，臺北：文津出版社，1992年。

袁保新：《從海德格、老子、孟子到當代新儒學》，臺北：臺灣學生書局，2008年。

容肇祖：《明代思想史》，臺北：臺灣開明書店，1978 年。

高瑋謙：《王門天泉證道研究——從實踐的觀點衡定「四無」、「四有」與「四句教」》，臺北：花木蘭文化出版社，2009 年 9 月，收在林慶彰主編，《中國學術思想研究輯刊》六編，第 19 冊。

陳　來：《朱熹哲學研究》，臺北：文津出版社，1990 年。

陳　來：《宋明理學》，臺北：洪葉文化事業公司，1993 年。

陳　來：《有無之境——王陽明哲學的精神》，臺北：佛光文化事業公司，2000 年。

陳榮捷：《王陽明與禪》，臺北：臺灣學生書局，1984 年。

陳榮捷：《王陽明傳習錄詳註集評》，臺北：臺灣學生書局，1988 年。

陳榮捷：《朱學論集》，臺北：臺灣學生書局，1988 年。

陳榮捷：《新儒學論集》，臺北：中央研究院中國文哲研究所籌備處，1995 年。

陳榮捷：《宋明理學之概念與歷史》，臺北：中央研究院中國文哲研究所籌備處，1996 年。

陳立勝：《王陽明「萬物一體」論——從「身－體」的立場看》，臺北：臺大出版中心，2005 年。

麥仲貴：《王門諸子致良知學之發展》，香港：香港中文大學，1973 年。

麥仲貴：《明清儒學家著述生卒年表》，臺北：臺灣學生書局，1980 年。

湯用彤：《漢魏兩晉南北朝佛教史》，臺北：臺灣商務印書館，1991 年。

勞思光：《中國哲學史》，臺北：三民書局，1984 年。

勞思光：《思辯錄——思光近作集》，臺北：東大圖書公司，2003 年。

嵇文甫：《左派王學》，臺北：國文天地雜誌社，1990 年。

傅偉勳：《從西方哲學到禪佛教》，臺北：東大圖書公司，1986 年。

傅偉勳：《批判的繼承與創造的發展》，臺北：東大圖書公司，1986 年。

傅偉勳：《從創造的詮釋學到大乘佛學》，臺北：東大圖書公司，1990 年。

傅偉勳：《學問的生命與生命的學問》，臺北：正中書局，1993 年。

馮耀明：《中國哲學的方法論問題》，臺北：允晨文化實業公司，1989 年。

彭國翔：《良知學的展開——王龍溪與中晚明的陽明學》，臺北：臺灣學生
　　　　書局，2003 年。

彭國翔：《儒家傳統——宗教與人文主義之間》，北京：北京大學出版社，
　　　　2007 年。

黃進興：《優入聖域：權力、信仰與正當性》，臺北：允晨文化實業公司，
　　　　1994 年。

張君勱：《新儒家思想史》，臺北：弘文館出版社，1986 年。

張君勱著，江日新譯：《王陽明》，臺北：東大圖書公司，1991 年。

張永儁：《二程學管見》，臺北：三民書局，1988 年。

張立文：《宋明理學研究》，北京：中國國人民大學出版社，1985 年。

張學智：《明代哲學史》，北京：北京大學出版社，2000 年。

曾陽晴：《無善無惡的理想道德主義》，臺北：臺灣大學出版社，1992 年。

楊國榮：《心學之思：王陽明哲學的闡釋》，北京：三聯書店，1997 年。

楊國榮：《王學通論：從王陽明到熊十力》，臺北：五南圖書出版公司，
　　　　1997 年。

楊伯峻編著：《論語譯注》，臺北：華正書局，1990 年。

楊伯峻編著：《孟子譯注》，臺北：華正書局，1990 年。

楊祖漢：《儒家的心學傳統》，臺北：文津出版社，1992 年。

楊祖漢：《中庸義理疏解》，臺北：鵝湖出版社，1997 年。

楊祖漢：《當代儒學思辨錄》，臺北：鵝湖出版社，1998 年。

楊祖漢：《從當代儒學觀點看韓國儒學的重要論爭》，臺北：臺大出版中心，2005 年。

楊惠南：《禪史與禪思》，臺北：東大書局，1995 年。

熊十力：《讀經示要》，臺北：明文書局，1984 年。

蒙培元：《中國心性論》，臺北：臺灣學生書局，1990 年。

蒙培元：《理學的演變──從朱熹到王夫之、戴震》，臺北：文津出版社，1992 年。

蔡仁厚：《新儒家的精神方向》，臺北：臺灣學生書局，1984 年。

蔡仁厚：《孔孟荀哲學》，臺北：臺灣學生書局，1984 年。

蔡仁厚：《儒家心性之學論要》，臺北：文津出版社，1990 年

蔡仁厚：《王陽明哲學》，臺北：三民書局，1992 年。

蔡仁厚：《王學流衍──江右王門思想研究》，北京：人民出版社，2006 年。

劉述先：《朱子哲學思想的發展與完成》，臺北：臺灣學生書局，1984 年。

劉述先：《黃宗羲的心學及其定位》，臺北：允晨文化實業公司，1986 年。

劉述先：《理想與現實的糾結》，臺北：臺灣學生書局，1993 年。

劉述先：《當代儒學論集：挑戰與回應》，臺北：中央研究院中國文哲研究所籌備處，1995 年。

劉述先：《儒家思想在現代東亞——中國大陸與臺灣篇》，臺北：中央研究院中國文哲研究所籌備處，2000 年。

劉述先：《全球倫理與宗教對話》，臺北：立緒文化事業公司，2001 年。

劉述先：《論儒家哲學的三個大時代》，香港：中文大學出版社，2008 年。

錢　明：《陽明學的形成與發展》，南京：江蘇古籍出版社，2002 年。

錢　穆：《陽明學述要》，臺北：正中書局，1979 年。

錢　穆：《中國學術思想史論叢》（七），臺北：東大圖書公司，1986 年。

錢　穆：《宋明理學概述》，臺北：臺灣學生書局，1987 年。

賴賢宗：《體用與心性——當代新儒家哲學新論》，臺北：臺灣學生書局，2001 年。

戴瑞坤：《陽明學漢學研究論集》，臺北：臺灣學生書局，1988 年。

鍾彩鈞：《王陽明思想之進展》，臺北：文史哲出版社，1983 年。

龔鵬程：《晚明思潮》，臺北：里仁書局，1994 年。

三、期刊論文：

王汎森：〈「心即理」說的動搖與明末清初學風之轉變〉，《中央研究院歷史語言研究所集刊》，第 65 本，第 2 分（1994 年 6 月）。

王財貴：《王龍溪良知四無說析論》，臺北：臺灣師範大學國文研究所碩士論文，1990 年 6 月，收入《臺灣師範大學國文研究所集刊》，第 35 期（1991 年 6 月）。

王財貴：〈儒家判教之基型——有關王龍溪四無圓教義之探討〉，《鵝湖學誌》，第 13 期（1994 年 12 月）。

王財貴：《從天臺圓教論儒家心學建立圓教之可能性》，臺北：中國文化大

學哲學研究所博士論文，1996 年。

水野實、永富青地、三澤三知夫校注，張文朝譯：《稽山承語》，收入《中國文哲研究通訊》，第 8 卷，第 3 期（1998 年 9 月）。

牟宗三：〈陸王一系之心性之學〉，原刊於《自由學人》，第 1 卷，第 1 期至第 3 期（1956 年 8 月至 10 月）；今收入《牟宗三先生全集》，第 30 冊，臺北：聯經出版公司，2003 年。

牟宗三：〈研究中國哲學之文獻途徑〉，原刊於《鵝湖月刊》，第 121 期（1985 年 7 月）；今收入《牟宗三先生全集》，第 27 冊，臺北：聯經出版公司，2003 年。

牟宗三：〈客觀的了解與中國文化之再造——「當代新儒學國際研討會」主題演講〉，收入《當代新儒學論文集·總論篇》，臺北：文津出版社，1991 年；今復收入《牟宗三先生全集》，第 27 冊，臺北：聯經出版公司，2003 年。

牟宗三：〈《孟子》演講錄（六）〉，《鵝湖月刊》，第 353 期（2004 年 11 月）。

岑溢成：〈王心齋安身論今詮〉，《鵝湖學誌》，第 14 期（1995 年 6 月）。

呂妙芬：〈顏子之傳：一個為陽明學爭取正統的聲音〉，《漢學研究》，第 15 卷，第 1 期（1997 年 6 月）。

呂妙芬：〈陽明學派的建構與發展〉，《清華學報》，第 29 卷，第 2 期（1999 年 6 月）。

李明輝：〈朱子論惡之根源〉，收入鍾彩鈞主編：《國際朱子學會議論文集》（上冊），臺北：中央研究院中國文哲研究所，1993 年。

李明輝：〈從康德的實踐哲學論王陽明的「知行合一」說〉，《中國文哲研究所集刊》第 4 期（1994 年 3 月）。

李明輝：〈牟宗三先生的哲學詮釋中之方法論問題〉，收入李明輝主編，蔡仁厚等著：《牟宗三先生與中國哲學之重建》，臺北：文津出版社，1996年。

李明輝：〈劉蕺山論惡之根源〉，收入鍾彩鈞主編：《劉蕺山學術思想論集》，臺北：中央研究院中國文哲研究所，1998年。

李明輝：〈存心倫理學、形式倫理學與自律倫理學〉，《國立政治大學哲學學報》，第5期（1999年1月）。

林月惠：《陽明「內聖之學」研究》，臺北：臺灣師範大學國文研究所碩士論文，1988年6月。

林月惠：〈從宋明理學「性情論」考察劉蕺山對《中庸》「喜怒哀樂」的詮釋〉，《中央研究院中國文哲研究所期刊》，第25期（2004年9月）。

林月惠：〈王龍溪「見在良知」釋疑〉，《詮釋與工夫——宋明理學的超越蘄向與內在辯證》，臺北：中央研究院中國文哲研究所，2008年。

林志欽：〈王龍溪四無說釋義〉，《鵝湖月刊》，第184期（1990年10月）。

林惠勝：〈試論王龍溪「三教合一說」——以《調息說》為例〉，《中國學術年刊》，第14期（1993年）。

林維杰：〈朱子體用論衡定〉，收入黃俊傑、林維杰編：《東亞朱子學的同調與異趣》，臺北：臺大出版中心，2006年。

林鎮國：〈中國佛教形上學的虛說形態——新儒家論佛家體用論〉，收入劉述先編：《儒家思想在現代東亞——中國大陸與臺灣篇》，臺北：中央研究院中國文哲研究所籌備處，2000年。

洪漢鼎：〈從詮釋學看中國傳統哲學「理一分殊」命題的意義變遷〉，《中

國文哲研究通訊》，第 9 卷，第 3 期（1999 年 9 月）。

高瑋謙：〈牟宗三先生論「天泉證道」之檢討〉，收入李明輝主編，蔡仁厚等著：《牟宗三先生與中國哲學之重建》，臺北：文津出版社，1996 年。

高瑋謙：〈宗密對儒道兩家思想之批判與肯定〉，《鵝湖月刊》，第 308 期（2001 年 2 月）。

高瑋謙：〈唐君毅先生論「德性之知」與「知識之知」的關係之檢討〉，《鵝湖月刊》，第 316 期（2001 年 10 月）。

高瑋謙：〈《明儒學案·浙中王門學案》中錢緒山與王龍溪思想之述評〉，《鵝湖學誌》，第 27 期（2001 年 12 月）。

陳　來：〈自然為學：王畿哲學的本質特徵——兼論中純夫先生王門三派說質疑〉，《寧波大學學報》（人文科學版），第 3 期，1999 年。

陳　來：〈《遺言錄》《稽山承語》與王陽明晚年思想〉，收入吳光主編：《陽明學研究》，上海：上海古籍出版社，2000 年。

陳明彪：《王龍溪心學《易》研究》，臺北：臺灣師範大學國文研究所碩士論文，2002 年 6 月，收入《臺灣師範大學國文研究所集刊》，第 47 期（2003 年 6 月）。

陳熙遠：〈黃黎洲對陽明「心體無善無惡」說的疏解與其在思想史上的意涵〉，《鵝湖月刊》，第 177 期（1990 年 3 月）。

屠承先：〈陽明學派的本體功夫論〉，《中國社會科學》，第 6 期（1990 年）。

張永儁：〈朱熹哲學思想之「方法」及其實際運用〉，收入鍾彩鈞主編：《國際朱子學會議論文集》（上冊），臺北：中央研究院中國文哲研究所籌備處，1993 年。

張鼎國：〈「較好地」還是「不同地」理解？——從詮釋學論爭看經典注疏
　　　　中的詮釋定位與取向問題〉，《中國文哲研究通訊》，第 9 卷，第 3
　　　　期（1999 年 9 月）。

彭國翔：〈王龍溪的先天學及其定位〉，《鵝湖學誌》，第 21 期（1998 年
　　　　12 月）。

彭國翔：〈王龍溪的《中鑒錄》及其思想史研究〉，《漢學研究》，第 19
　　　　卷，第 2 期（2001 年 12 月）。

彭高翔（彭國翔）：〈王龍溪先生年譜〉，原刊於《中國文哲研究通訊》，
　　　　第 7 卷，第 4 期（1997 年 12 月）；今收入氏著：《良知學的展開
　　　　——王龍溪與中晚明的陽明學》，附錄一，臺北：臺灣學生書局，
　　　　2003 年。

彭國翔：〈明刊《龍溪會語》及王龍溪文集佚文——王龍溪文集明刊本略
　　　　考〉，原刊於《鵝湖月刊》，第 286-288 期（1999 年 4 月至 6
　　　　月）；今收入氏著：《良知學的展開——王龍溪與中晚明的陽明
　　　　學》，附錄二，臺北：臺灣學生書局，2003 年。

楊國榮：〈王門後學致良知說的演進〉，《學術界》，第 5 期（1988 年）。

楊國榮：〈從現成良知說看王學的衍化〉，《哲學與文化》，第 17 卷，第 7
　　　　期（1990 年 7 月）。

楊祖漢：〈王龍溪對王陽明良知說的繼承與發展〉，《鵝湖學誌》，第 11 期
　　　　（1993 年 12 月）。

楊祖漢：〈王龍溪哲學與道德教育〉，《鵝湖月刊》，第 231 期（1994 年 9
　　　　月）。

楊祖漢：〈從王學的流弊看康德道德哲學作為居間型態的意義〉，《鵝湖學
　　　　誌》，第 33 期（2004 年 12 月）。

蔡家和：《王龍溪思想的衡定》，桃園：國立中央大學哲研所碩士論文，
　　　　2000 年 6 月。

劉桂光：《王龍溪與聶雙江、羅念庵論辯之研究──以陽明學為判準》，臺
　　　　北：中國文化大學哲學研究所碩士論文，1995 年。

鄭址郁：〈王龍溪「現成論」的考察〉，《鵝湖月刊》，第 269 期（1997 年
　　　　11 月）。

錢　明：〈陽明學派分化的思想基礎〉，《浙江學刊》，第 4 期（1986 年）。

錢　明：〈王學流派的演變及其異同〉，《孔子研究》，第 6 期（1987 年 4
　　　　月）。

鍾彩鈞：〈錢緒山及其整理陽明文獻的貢獻〉，《中國文哲研究通訊》，第 8
　　　　卷，第 3 期（1998 年 9 月）。

四、外文論著及期刊：

Bleicher, Josef: *Contemporary Hermeneutics: Hermeneutics as Method, Philosophy
　　　　and Critique.* London: Routledge & Kegan Paul, 1980.
　　　　中譯：賴曉黎：《當代詮釋學》，臺北：使者出版社，1990 年。

Ching, Julia (秦家懿): "Beyond Good and Evil: The Culmination of the Thought of
　　　　Wang Yang-ming (1472-1529)", *Numen*, No.22, 1973, pp.127-136.

Gadamer, Hans-Georg: *Wahrheit und Methode: Grundzüge einer Philosophischen
　　　　Hermeneutik.* Tübingen: J.C.B. Mohr (Paul Siebeck), 1986.
　　　　中譯：洪漢鼎：《真理與方法》，臺北：時報出版公司，1993 年。

Kant, Immanuel: *Critique of Practical Reason.* trans. by Lewis White Beck. New
　　　　York: Liberal Arts Press, 1956.
　　　　中譯：牟宗三譯註：《康德的道德哲學》，臺北：臺灣學生書局，
　　　　1983 年。

Kant, Immanuel: *Grundlegung zur Metaphysik der Sitten*. In: *Kants Gesammelte Schriften* (Akademieausgabe), Berlin: de Gruyter 1902 ff., Bd. 4.
中譯：李明輝譯：《道德底形上學之基礎》，臺北：聯經出版社，1990 年。

Tang, Chun-I (唐君毅): "The Development of the Concept of Moral Mind from Wang Yang-ming to Wang Chi", Wm. T. de Bary, eds., *Self and Society in Ming Thought*, New York: Columbia University Press, 1970, pp.93-119.

後 記

　　本書係根據我的博士論文《王龍溪「見在良知」說研究》加以修訂而成，今更名為《王龍溪哲學系統之建構——以「見在良知」說為中心》，相信不僅更能恰如其分地反映本書研究之旨趣，同時也更能精確地表顯王龍溪哲學之特色。這可以說是繼我的碩士論文《王門天泉證道研究——從實踐的觀點衡定「四無」、「四有」與「四句教」》之後，對於王龍溪哲學所進行的一次更為深入而系統的研究，也代表了個人這些年來鑽研王學的一點點心得。

　　選擇王學作為研究對象並不純粹是滿足學術理論探索的興趣，背後更有著回應生命具體實踐的需求。中國哲學無疑地是一種「實踐的智慧學」，而王學承繼整個儒學傳統之發展，復受到佛老思想之刺激，其義理內容之豐富性實更能解答生命實踐中諸多可能遭遇的問題；不僅如此，王學修養工夫的簡易性亦使得吾人在追求德行智慧之圓滿上更容易悟入究竟。這正是王學最吸引我的地方。特別是王龍溪哲學，精微透闢、圓融高妙，把王學的特色發揮得淋漓盡致。反覆咀嚼玩味，足以開人眼目、啟發心智，令人不覺手之舞之足之蹈之。一直以來，我把研讀中國古代典籍，視為與往聖先賢生命人格的真實照面，在虛心涵泳、切己體察當中，表面上冰冷的文字頓時化為生動的智慧法語，讓人身心得著莫大的受用。我個人認

為這也才是研究中國哲學最相應的態度，畢竟實踐的智慧學不應只是以研究客觀理論的進路便奢望能夠探驪得珠。

　　回顧自己所以會走上研究中國哲學的道路，其中實有許多原因和機緣。從小家庭生活環境的困頓造成我多愁善感的性格，國中階段便開始思索生命的意義與價值。高中接觸中國文化基本教材，對於孔孟的義理似懂非懂，卻已有一種說不出來的親切感，混沌闇昧的心靈似乎從此注入了一道清明智慧之光，冥冥中指引著我生命前進的方向。初上大學，有感於當時學風頹靡不振，根本不足以興發吾人志學向道之心，一時之間悵然若失。然就在失望之際，因著參與系刊《文風》的編輯工作，採訪了當時就讀師大國研所碩士班的顏國明學長。訪談之中顏學長述及師大國文系傳統學風之鼎盛、前輩學長們講論談辯之激越，深深觸動我的心弦，當下幾乎感動落淚，心想這不正是我所企盼之「以文會友，以友輔仁」的境界嗎？於是開始了我與「鵝湖」師長們的不解之緣。從參加楊祖漢老師在師大國研所主持的義理組討論會，到每兩週一次在王財貴學長家中進行的《西洋哲學史》（傅偉勳著）讀書會，以及參與連續幾期由王邦雄、曾昭旭等老師所開設的「文化講座」，和在王邦雄老師家中所進行的《攝大乘論》讀書會等等。一路走來，「鵝湖」諸位師長的循循善誘，道義提撕，令人終身感念不已。其間，牟宗三先生應邀回師大講學，有幸得以親炙大師風範，更是令我深刻體悟到莊子所謂「有真人而後有真知」之切義，也讓我洞澈時下浮泛淺薄的理智之學實不足以言真正的學問。就在當代新儒家慧命相續的精神感召底下，深化了我對聖賢人格的嚮往，加強了我對文化薪傳的使命。

　　聖賢人格的嚮往誠屬個人修心養性之事，而文化薪傳的使命卻不得不推擴於社會成為客觀的事業。在博士論文撰寫期間，除了致力於學術研究的工作之外，復因關懷現實的教育問題，遂與王財貴學長一起投入兒童讀經之宣導工作。由於兒童讀經是一合乎人性、順乎潮流的文化教育改造運動，故能跨越時空、不分宗教、無分黨派，廣為社會普羅大眾所接受。自 1994 年正式對外推廣以來，短短十數年間，蔚然成風，成效顯著。未來，我們期望能把兒童讀經的教育理念傳遍到全世界，讓每一個有華人的地方就有讀經的聲音，為中國文化的復興奠下堅實的基礎。

　　王邦雄老師作為我博士論文的指導教授，對於我分心投入兒童讀經的推廣工作總能懷抱著同情的理解，對於我論文撰寫上的延宕也一直有著最寬厚的包容，同時對於我的論文觀點與牟先生不同又能給予支持和肯定，這些都令人非常感激和敬佩。此外，曾昭旭老師對於我的論文作了鉅細靡遺的審閱與指正，著實教人感動；楊祖漢老師平日對於我宋明理學的悉心教導以及對此篇論文的寶貴建議，真可謂惠我良多；張永儁老師與陳鼓應老師也對本論文不吝賜正，在此謹申最高謝意；而同樣對於王龍溪哲學有深切了解的王財貴學長，透過平時的談學論道，對於本論文的內容思想亦多所啟發，值得感念！

　　本書之出版首先要感謝業師王邦雄教授的推薦，臺灣學生書局陳仕華教授的玉成，還有陳蕙文小姐的協助，使得本書得以順利通過國立編譯館之審查，獲得補助發行。其次，值得一提的是當代新儒家中極受景仰的蔡仁厚教授，慨然應允為本書寫序，獎掖與勉勵後輩之情充分流露在字裡行間，令人動容。而業師王邦雄教授為本

書所作之序言，對個人多所謬讚，更教人愧不敢當。現下若有一點努力的成果可言，蓋皆平日師長教誨啓迪之功也。

最後，還要感謝一生劬勞、含辛茹苦的雙親，以及犧牲奉獻、相互扶持的姐妹，有了他們無私的付出，我才得以接受高等教育，邁入學術的殿堂。而與我結褵十幾載的妻子基華，肩挑所有家務，照顧四個孩子，讓我沒有後顧之憂，更是我生命中堅定穩固力量的來源，在此也要獻上我衷心的謝忱！

高瑋謙　記於南華大學哲學系

2009 年 7 月 28 日

國家圖書館出版品預行編目資料

王龍溪哲學系統之建構——以「見在良知」說為中心
高瑋謙著. - 初版. - 臺北市：臺灣學生，2009.10
面；公分
參考書目：面

ISBN 978-957-15-1471-0 (平裝)

1.（明）王畿 2. 學術思想 3. 陽明學

126.84   98014206

王龍溪哲學系統之建構——以「見在良知」說為中心

著　作　者：高　　　　瑋　　　　謙
主　編　者：國　　立　　編　　譯　　館
　　　　　　10644臺北市和平東路一段一七九號
　　　　　　電　話：（02）33225558
　　　　　　傳　眞：（02）33225598
　　　　　　網　址：ｗｗｗ．ｎｉｃｔ．ｇｏｖ．ｔｗ

著作財產權人：國　　立　　編　　譯　　館
出　版　者：臺　灣　學　生　書　局　有　限　公　司
　　　　　　10648臺北市和平東路一段一九八號
　　　　　　郵　政　劃　撥　帳　號：00024668
　　　　　　電　話：（02）23634156
　　　　　　傳　眞：（02）23636334
　　　　　　E-mail：student.book@msa.hinet.net
　　　　　　http：//www.studentbooks.com.tw

展　售　處：國　家　書　店　松　江　門　市
　　　　　　10485臺北市松江路209號一樓
　　　　　　電話：02-2518-0207（代表號）
　　　　　　國家網路書店http://www.govbooks.com.tw
　　　　　　台　中　五　南　文　化　廣　場
　　　　　　40042臺中市中區中山路6號
　　　　　　電話：04-22260330　傳眞：04-22258234

定價：平裝新臺幣四○○元

西　元　二　○　○　九　年　十　月　初　版

12611　　　　有著作權‧侵害必究
ISBN 978-957-15-1471-0(平裝)
GPN：平裝 1009802513

臺灣 **學生書局** 出版

中國哲學叢刊

臺灣 **學ⴺ書局** 出版

經學研究叢刊